KB253995

쉽게 배우는 기술적 분석

왕초보투자자도 쉽게 배우는 기술적 분석

실전차트를 통해 보다 쉽게, 보다 알차게

박영호 | 저

출판 진리탐구

왕초보투자자도
쉽게 배우는 기술적 분석

재판인쇄 2023년 11월 22일

지은이   박영호
펴낸이   조현수
펴낸곳   도서출판 진리탐구

주소   서울특별시 마포구 용강동 494-53번지
전화   02)703-6943~4
전송   02)701-9352
E-mail   jinlee21@chollian.net
홈페이지   www.plusinvest.co.kr

등록번호   제 10-808호
ISBN 978-89-8485-018-7

가격은 표지에 있습니다.
잘못된 책은 교환해 드립니다.

기아그룹의 위기설로 시작된 시장이 IMF를 거치면서 혹독한 구조조정을 단행하게 하였고, 이로 인해 많은 기업들이 역사 속으로 사라지는 과도기를 거쳤다. 그 이후 정부의 벤처기업 활성화 대책으로 코스닥 시장을 부양하면서 대부분의 투자자들이 대박을 기대하며 증권시장으로 물밀듯이 자금이 유입되었고, 구조조정에 대한 기대감이 외국인 매수를 촉발하면서, 투신권으로 유입된 자금이 매수를 시작하자 5년여만에 종합주가지수 1000P 시대를 경험하기도 하였다.

하지만 지나치게 과열되었던 시장이 벤처기업의 부작용과 대우그룹사태, 일부그룹의 위기설로 무너지면서 다시 한번 투자자들은 크다란 손실을 경험하게 되었고, 이로 인해 시가총액이 100조 이상 하락하는 과정이 전개되었다.

Daytrading이 기승을 부리면서 각 증권사들은 시스템트레이딩, 매매신호 제공 등 다양한 Cyber환경을 앞다투어 내놓았고, 현재는 누구나 할 것 없이 데이트레이딩에 상당한 관심을 가지고 있는 것이 지금의 현실이다.

이로 인해 투자자들은 각종 매매기법을 보고, 듣고, 배우고자 하는 욕구가 증대되었으며, 전문데이트레이더로부터 수강료를 지급하면서 다양한 매매기법을 습득하고 있다.

주식투자는 한마디로 종합예술이다. 최근에는 미국시장과 동조화 되면서 국내경기동향, 해외경기동향을 종합적으로 전망해야 하는 정도로 분석의 범위가 확대되었으며, 불행히도 이러한 경제전망을 개개인이 소화하기는 어려운 상황이다.

　따라서 기본적인 분석기법 보다는 기술적인 분석에 치중을 하게 되었고, 각종 차트에 대한 관심이 증대되면서 개개인에 적합한 투자기법을 연구하는 투자자들이 증가하고 있는 것이다.

　대규모의 운용자금과 정보력, 분석력으로 주식투자를 하는 외국인과 기관에 비해 투자규모는 적지만 개인투자자들이 이러한 공룡과 대응하기 위해서는 최소한 기술적 분석 기법에 대해서는 빈틈없는 무장이 필요한 것으로 보기 때문이다.

　주식투자를 기술적 분석에만 의존하기에는 한계가 있지만 이러한 지표들을 효과적으로 활용하는 기법만 습득한다면 약세장에서도 상당한 수익을 기대할 수 있으며, 본서는 이러한 투자자들의 욕구를 다소나마 해소하는 데 많은 도움이 될 것으로 기대한다.

메리츠증권 *e-Business* 팀

이 사 **김 성 태**

저자가 증권회사에 입사할 당시(96년) 지수는 대략 1,000p에 있었고, 이후 IMF를 겪으면서 지수 300p가 붕괴되는 최악의 시련을 맛보았으며, 2000년 초까지 재차 1000p까지 급등하는 전대미문의 강세장을 경험하기도 하였습니다.

입사하면서 각종 기술적 분석과 관련된 책들을 탐독해가면서 과연 이러한 기법들이 투자의사결정에 얼마나 많은 도움이 될 것인가 하는 의구심에서 벗어나려는 즈음에 IMF를 겪게 되자 역시 기술적 분석만으로 투자결정을 내리기는 한계가 있다는 것을 깨달았습니다. 즉, 기본적 분석을 배제한 채 차트만으로 종목을 발굴하고 기대수익을 실현하기가 쉽지 않다는 것을 알게되었던 것입니다.

이후 인터넷환경의 급속한 발전으로 인해 투자자들은 굳이 증권회사 객장에 나오지 않고서도 개인PC, 휴대폰, Airpost 등 다양한 매체를 통해 주식투자를 할 수 있게 되었고, 이와 더불어 당일매수-당일매도를 통해 초단기 차익을 실현하는 이른바 "Daytrading"이 새로운 투자기법으로 자리를 잡게 되었습니다.

Daytrading이 건전한 투자기법은 아니라는 의견도 있지만 이러한 초단기 매매가 시장에서 차지하는 비중이 높아지면서 바야흐로 각종 기술적 기법에 대한 연구가 "System Trading", "매매신호제공", "Cyber 투자상담" 등의 개념으로 확대되었고, 이로 인해 재차 각종 기술적 기법에 대한 투자자들의 학습욕구는 증대되었습니다. 즉, 단기매매를 통해 낮은 차익을 실현하는 투자자들에게는 Fundmantal 분석을 통해 투자종목을 결정하기 보다는 각종 기술적 지표를 통해 단기매매시점을 포착하는 것에 보다 비중을 두게 되었던 것입니다.

  본서의 경우 과거부터 주로 사용해왔었던 차트를 비롯해 현재 단기매매에 응용할 수 있는 차트 등을 실전차트를 통해 보다 쉽게 설명하는 데 중점을 두었으며, 텍스트를 통해 읽어 내려가는 형식보다는 그림을 통해 해당 차트의 개념을 숙지할 수 있는 데 주력하였습니다. 또한 주식투자를 위해서는 기본적으로 이해를 하고 있어야 할 것으로 판단한 지표들만을 선정하여 간략한 개요와 실전차트를 병행하였습니다.

  또한 일봉차트를 중심으로 종목분석기법, 매매신호 포착기법, 매매신호 후행성극복기법, 대세판단기법, 속임형 대응기법, 각종 패턴분석기법 등을 서술하였으며, 더불어 S&P와 MOODY'S의 신용등급 현황, Elliott 파동이론, Candle분석기법, 유용한 투자격언 등을 담았습니다. 한가지 일봉차트를 기본개념으로 하였으나 단기매매를 하는 투자자들이라면 언급된 기법들을 분봉차트에 적용하여 단기매매에 적용할 수도 있을 것으로 판단됩니다.

  주식투자자들을 위해 보다 쉽고, 보다 알차게 내용을 구성하느라 많은 고민을 하였으나 여전히 부족한 것이 많아 보여 나름대로 한계를 느끼지만, 또 한편으로는 이 책을 통해 단 한 분의 투자자라 할 지라도 많은 도움이 되었으며 하는 생각에서 인쇄를 결정하게 되었습니다.

  끝으로 출판을 위해 도움을 주신 메리츠증권 황건호 사장님, 김성태 이사님, 김규 부장님, 이하 임직원들께 감사를 드리며, 진리탐구의 조현수 사장님, 양순선 차장님께 사의를 표하며, 사랑하는 제 아내 혜진에게도 감사의 마음을 전하는 바입니다.

저자

왕^{초보투자자도}

쉽게 배우는 기술적 분석

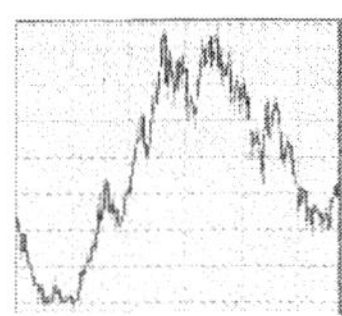

I. 기술적 분석의 개념

1. 정의

내재가치 결정에 영향을 주는 기본적 요인들보다 주가와 거래량의 과거 흐름을 분석하여 주가의 매매시점을 파악하는 것이다. 즉, 주가의 수급에 영향을 미치는 외부요인보다는 그 외부요인으로 나타나는 주가 그 자체를 연구함으로써 미래의 가격변화를 예측하고자하는 것이다.

2. 기본가정

(1) 주가는 시장내 수요와 공급의 상호작용에 의해서만 결정된다.

(2) 사소한 시장의 변동(minor fluctuation)을 무시할 경우, 주가는 추세에 따라 상당기간 움직이는 경향이 있다.
- 즉, 뉴턴의 관성의 법칙처럼 "주가의 추세는 일단 형성되면 그 반대 방향으로 움직이려는 경향보다는 기존추세를 계속 유지하려는 힘"이 강하기 마련이라는 것이다.
- Prices moves in trend.

(3) 추세의 변화는 수급의 변동에 의해 발생한다.

(4) 수급의 변동은 시장의 움직임에 의해 나타나는 도표에 의해 추적할 수 있으며, 도표에 나타나는 주가의 모형은 추세(Trend)와 주기(Cycle)를 가지며 반복되는 경향이 있다.

● 차트상에 나타난 가격움직임은 결국 시장참여자들에 의해 형성되는 것이며, 이는 시장참여자들의 심리상태를 객관적으로 나타내주는 것이다.

● Price repeats itself.

(5) 시장의 가격추이(움직임)에는 시장에 영향을 주는 정치적, 경제적, 사회적요인 등 모든 요인이 반영되어 있다.

● Market action discounts everything.

3. 장, 단점

(1) 장 점

① 기본적 분석으로 평가하기 어려운 심리적 요인을 반영한다.

② 기본적 분석으로 접근하기 어려운 매매시점 포착이 용이하다.

③ 가격변동의 불안정성(volatility)을 판단하기 쉽다. 즉, 차트를 이용하면 어떤 거래에 수반되는 위험(risk)의 정도가 어느 정도인지 판단하기가 용이하다.

④ 기본적 분석을 검증할 수 있다. 즉, 과거의 차트와 그 당시의 경제적인 요인들을 대비-분석할 경우 향후 보다 정확한 분석이 가능하다.

⑤ 차트는 어떤 상황에서 지속적, 반복적인 패턴을 보여주므로, 시장의 분위기를 파악하는데 유용하다.

(2) 단 점

① 추세와 주기가 반복된다는 것이 비현실적이다.

② 내재가치를 무시하고 시장의 변동에만 집착하기 때문에 시장이 변화하는 원인을 분석할 수 없다.

※ 기술적 분석은 주가변화의 결과만을 중시하며, 기본적 분석은 주가변화의 원인을 밝히는 기법이다.

4. 기술적분석 유형

(1) 패턴분석(Pattern Analysis) : 반전형 & 지속형

- 반전형 패턴(Reversal Pattern) : 해드 & 숄더형(Head & Shoulder), 이중바닥/천장 형(Double Bottom/Top), 원형바닥/천정형(Round Bottom/Top), 확대형, V자형
- 지속형 패턴(Continuation Pattern) : 삼각형,깃발형,패넌트형,쐐기형,직사각형

(2) 추세분석(Trend Following Methods) : 상승추세 & 하락추세

(3) 시장특성분석(Character of The Market Analysis) : 과매수 & 과매도, 과열 & 침체, 저항 & 지지

(4) 심리분석(Psychological Analysis) : "대중은 항상 틀리다(Public is always wrong.)"라는 가설을 근거로 하며, 시장참여자들 중 90% 이상의 생각과 반대로 행동하는 것이다.

(5) 시장구조이론(Structural Theories) : 엘리어트파동이론, 갠이론, 다우이론 등

※ 유연한 사고방식 : 주가는 사춘기 소녀의 마음과 같다는 말처럼 변화무쌍한 상품이므로 유연한 사고방식을 갖추어야 한다. 즉, 기술적 분석으로 매수신호가 출현하여 해당종목을 매수했을 경우에도 주가가 더 이상 상승을 지속하지 못하고 하락세로 반전된다면, 속임수임을 깨닫고 곧바로 손절매를 실행하는 결단력이 필요하다는 것이다.

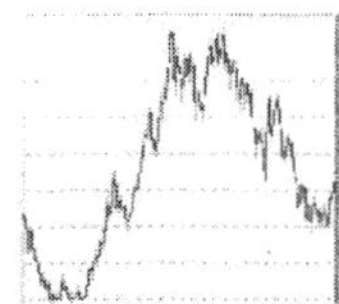

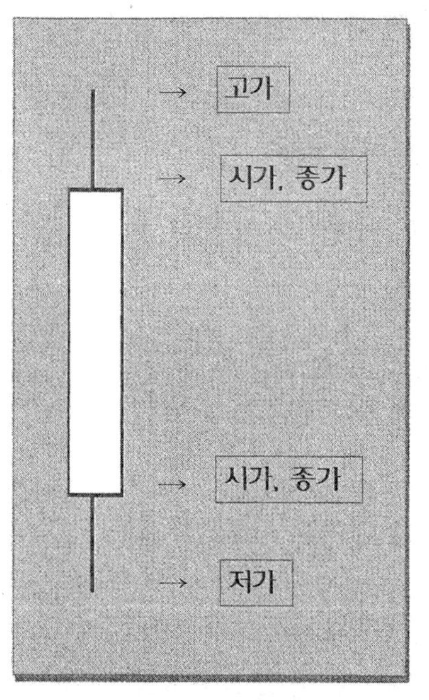
고가
시가, 종가
시가, 종가
저가

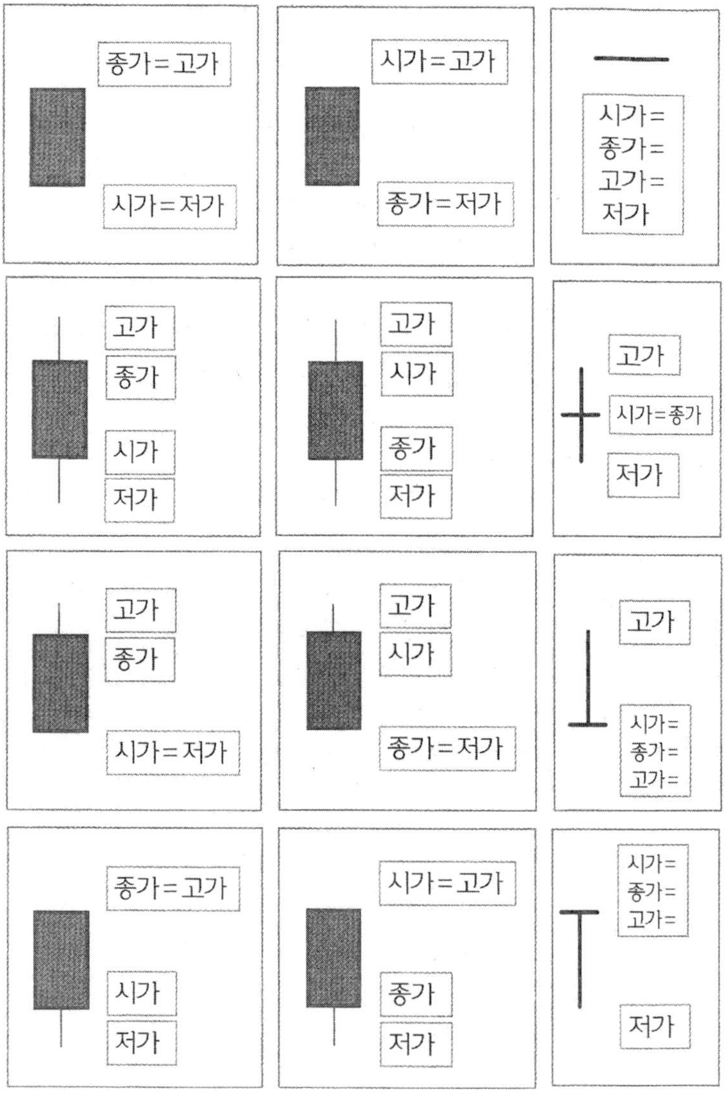

종가=고가
시가=저가

시가=고가
종가=저가

시가=
종가=
고가=
저가

고가
종가
시가
저가

고가
시가
종가
저가

고가
시가=종가
저가

고가
종가
시가=저가

고가
시가
종가=저가

고가
시가=
종가=
고가

종가=고가
시가
저가

시가=고가
종가
저가

시가=
종가=
고가=
저가

1. Marubozu(Long Body)의 형태

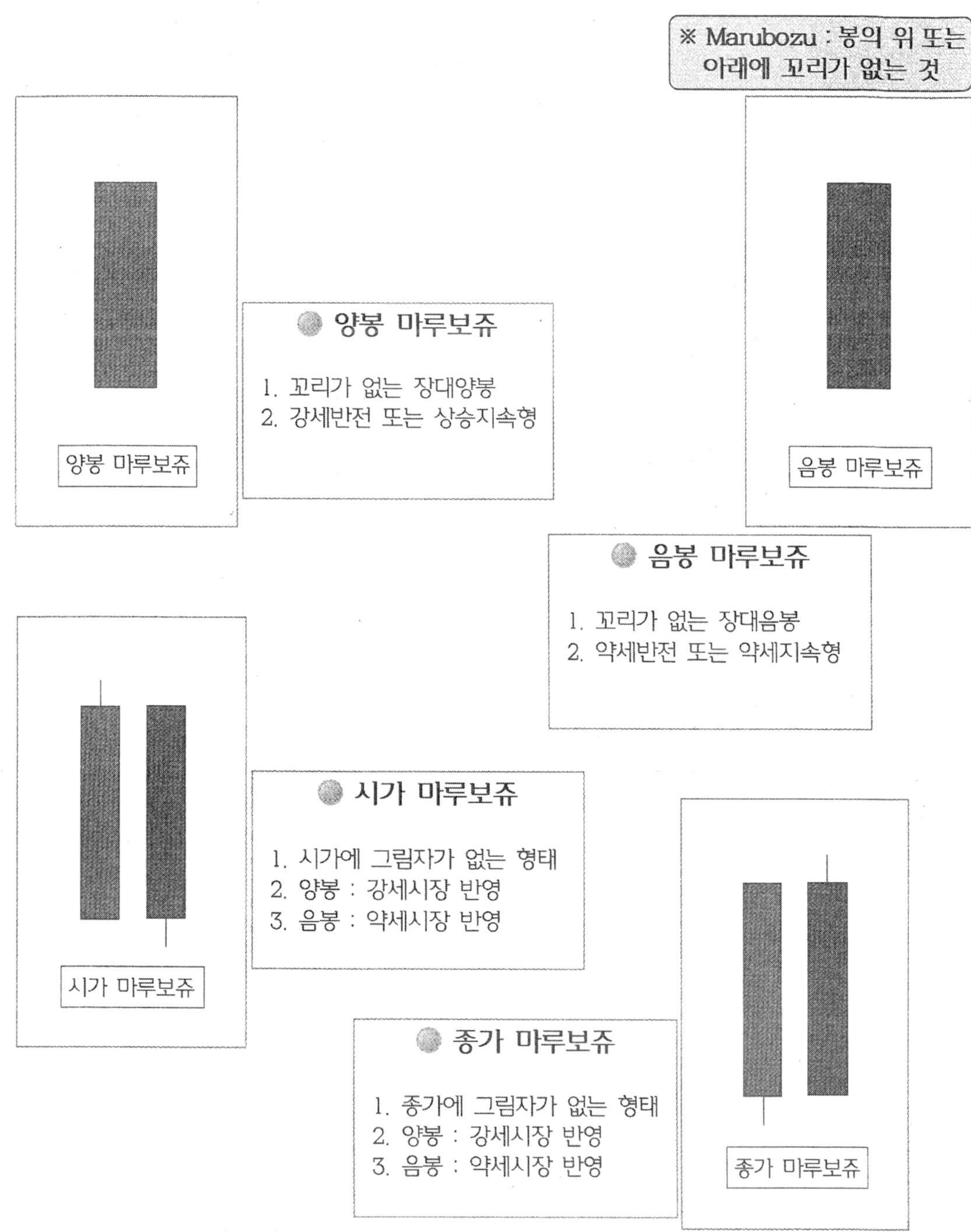

2. Marubozu 분석기법

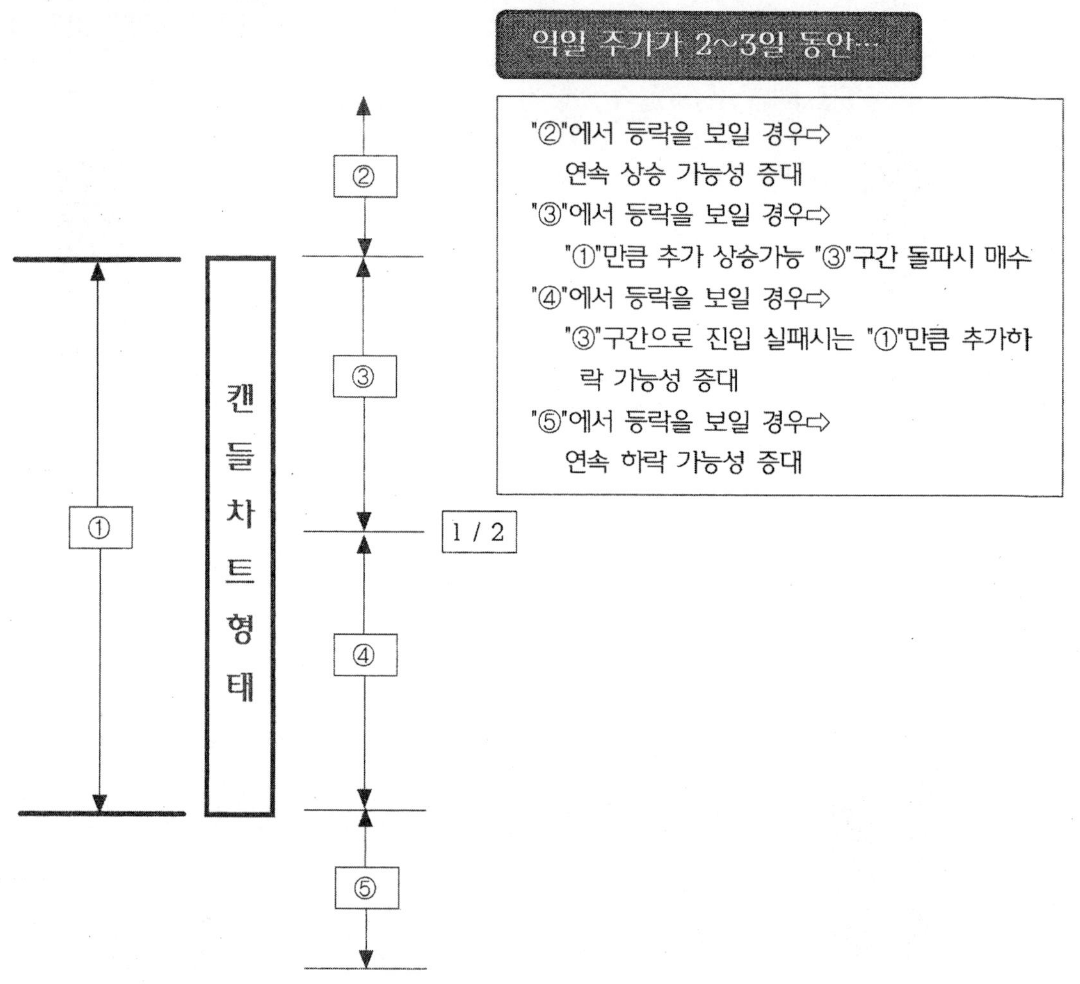

3. 추진형(Belt Hold Line : 샅바형)

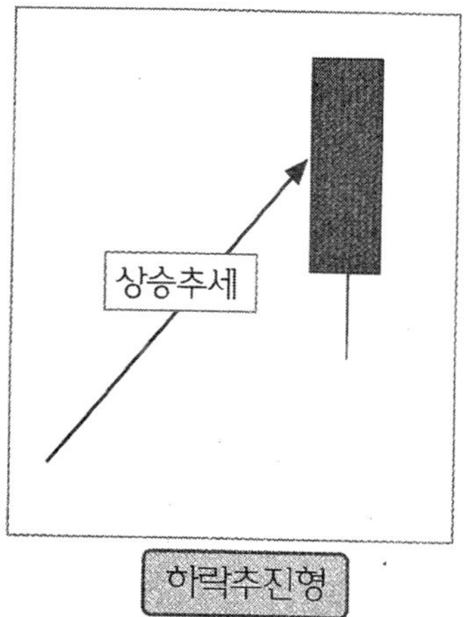

● 특징

1. 상승추세 속 단일봉 형태로 출현
2. 몸통이 길수록 신뢰성 증대
3. 몸통 윗그림자가 없다.
4. 하락반전형
⇨ 단, 익일 종가가 음봉 위에서 형성된다면 상승지
속형을 의미하기도 한다.

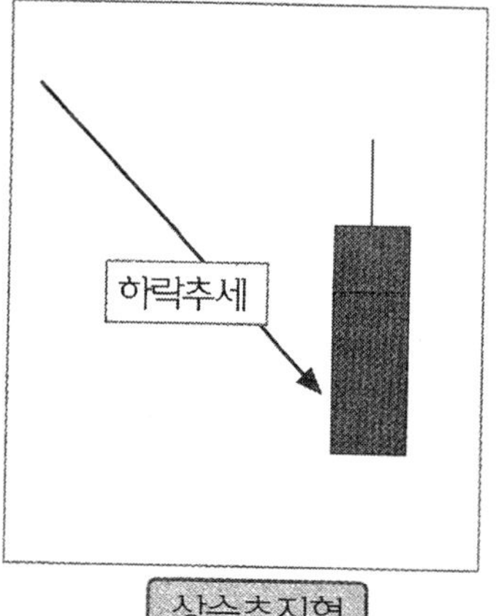

● 특징

1. 하락추세 속 단일봉 형태로 출현
2. 몸통이 길수록 신뢰성 증대
3. 몸통 아래그림자가 없다.
4. 상승반전형
⇨ 단, 익일 종가가 양봉 아래 형성된다면 하락
지속형을 의미하기도 한다.

4. Candle 반전형 분석

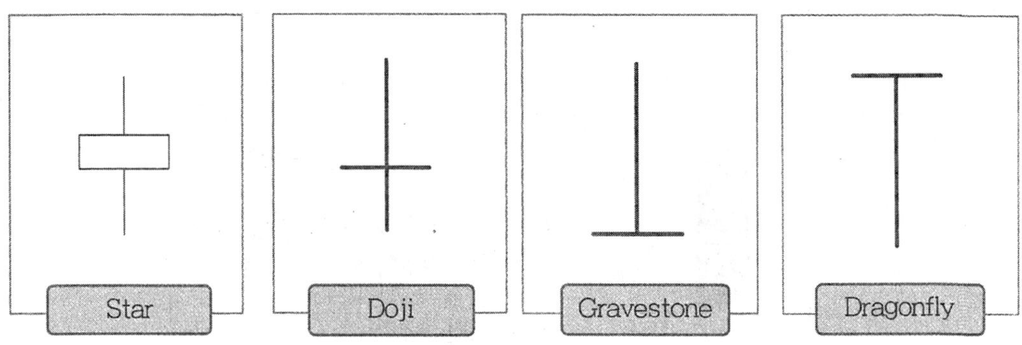

고점에서 출현 : 하락반전 신호
저점에서 출현 : 상승반전 신호

속임형 대응 : 속임형이 많아 단일봉으로 판단하기 보다는 익일 차트의 형태를 확인하는 접근이 필요함

5. Doji Pattern

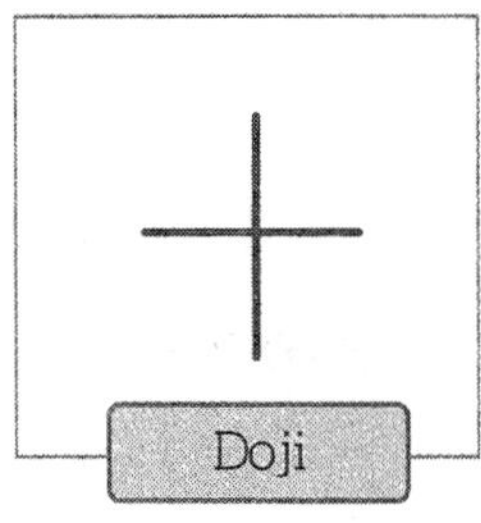

● 특징

1. 시가와 종가가 동일 또는 거의 일치하는 경우 발생
2. 추세반전의 신호로 판단
3. 하락추세 바닥보다는 상승추세 고점에서 발생할 경우가 신뢰성이 높다.

● 특징

1. 시가와 종가가 동일 또는 거의 일치하는 경우 발생
2. 추세반전의 신호로 판단 : Doji보다 신뢰성이 높다.
3. 위, 아래 그림자가 길다.
   ⇨ 매도, 매수세력이 서로 확신을 갖지 못하고 뇌동매매하고 있음을 암시함.
4. 하락추세 바닥보다는 상승추세 고점에서 발생할 경우가 신뢰성이 높다.

6. 비석형(Gravestone) & 잠자리형(Dragonfly)

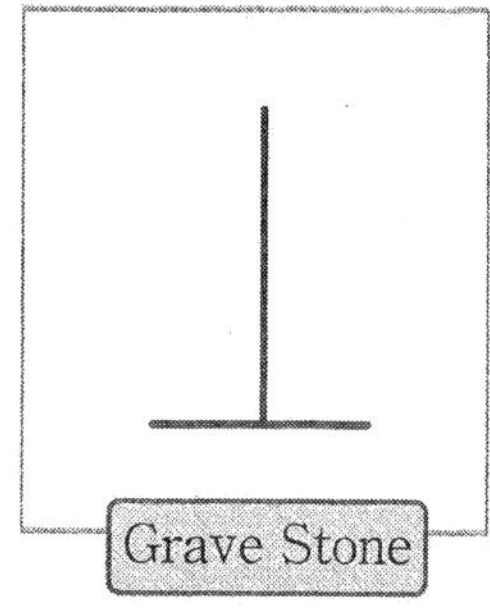

● 특징

1. 시가와 종가가 당일 저가와 일치하는 경우 발생
2. 추세반전형 : 위 그림자가 길수록 하락전환의 가능성이 높다는 것을 의미
3. 천장권에서 신뢰도가 높으며, 그림자가 길면 길수록 신뢰성이 높다.
   ⇨ **상승반전신호** : 횡보국면이나 하락국면의 바닥에서 출현할 경우 종종 상승반전의 신호로 작용하기도 한다.

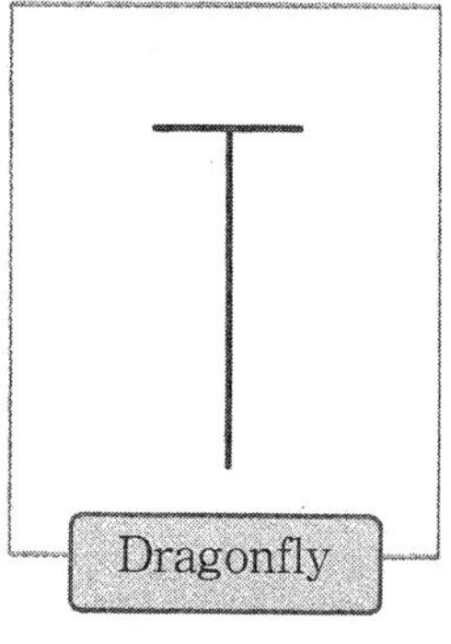

● 특징

1. 시가와 종가가 당일 고가와 일치하는 경우 발생
2. 추세반전형 : 하락추세의 바닥권에서 출현하면 상승반전의 신호로 판단⇨ **대량거래 수반**
3. 지속형 : 상승추세 중에 거래량이 수반되면서 발생할 경우는 추세지속을 의미
4. 바닥권에서 신뢰도가 높으며, 그림자가 길면 길수록 신뢰성이 높다.

7. 우산형 : 망치형(Hammer) & 교수형(Hanging Man)

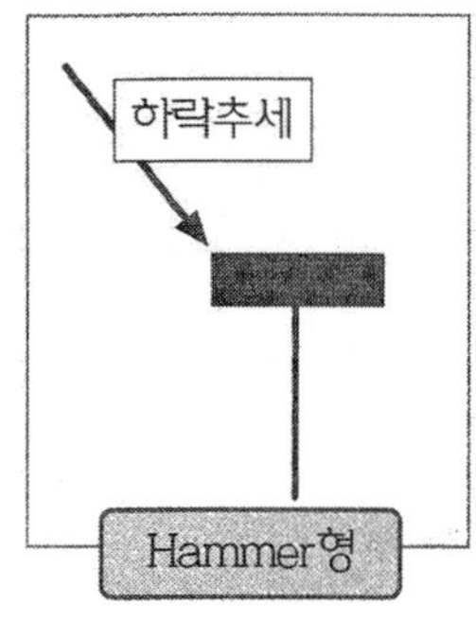

● 특징

1. 꼬리길이 : 몸통의 2배 이상
2. 하락장 저점에서 출현 : **상승반전 암시**
3. 몸통의 색깔과는 무관 ▷ 양봉일 경우 신뢰성 증가
4. 윗그림자 : 거의 없거나 전혀 없음

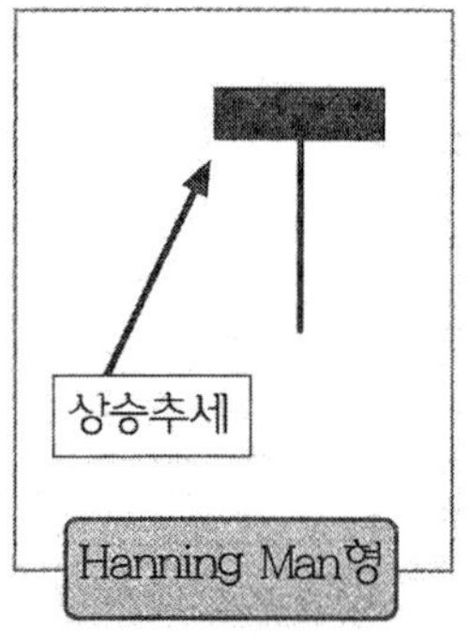

● 특징

1. 꼬리길이 : 몸통의 3배 이상
2. 상승장 고점에서 출현 : **하락반전 암시**
3. 몸통의 색깔과는 무관 ▷ 음봉일 경우 신뢰성 증가
4. 윗그림자 : 거의 없거나 전혀 없음

➡ 매수시점 : 주가 큰 폭 하락 후 바닥권에서 Hammer 출현
▷ 매도시점 : 주가 큰 폭 상승 후 천정권에서 Hanging Man 출현

8. 장악형(Engulfing)

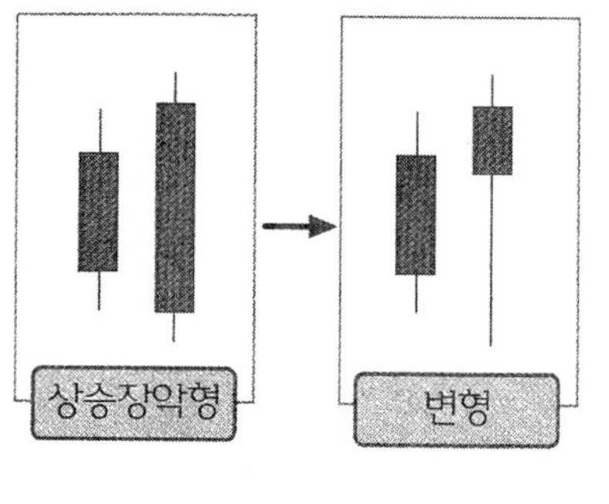

🔵 특징(Bullish Engulfing)

1. 하락장세 바닥권에서 형성됨 : **상승반전형**
2. 둘째 날의 몸통이 첫째 날의 몸통을 둘러싼 형태
3. 첫째 날과 둘째 날 봉의 색깔이 상반되는 형태
4. 현재까지 하락세 마감 가능성 암시
5. 변형 : 둘째 날에 해머형이 나타날 수도 있음

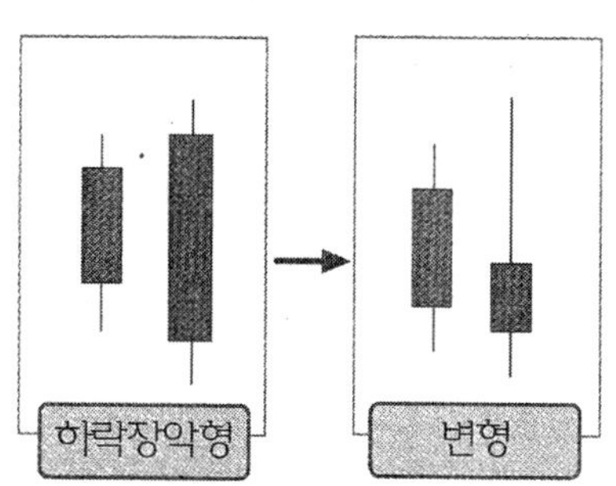

🔵 특징(Bearish Engulfing)

1. 상승장세 천장권에서 형성됨 : **하락반전형**
2. 둘째 날의 몸통이 첫째 날의 몸통을 둘러싼 형태
3. 첫째 날과 둘째 날 봉의 색깔이 상반되는 형태
4. 현재까지 상승세 마감 가능성 암시
5. 변형 : 둘째 날에 유성형이 나타날 수도 있음

9. Three Outside Up & Three Outside Down

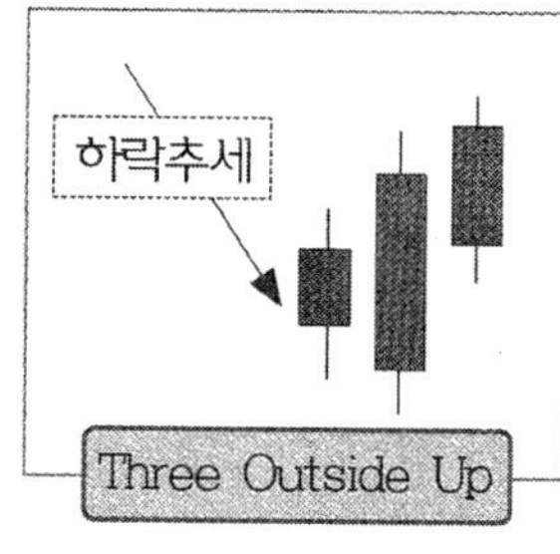

🔵 특징

1. 첫째 날과 둘째 날 : 상승장악형 출현
2. 셋째 날 : 상승장악형 확인 양봉 출현

⇨ 상승장악형 확인패턴으로 **상승반전형**

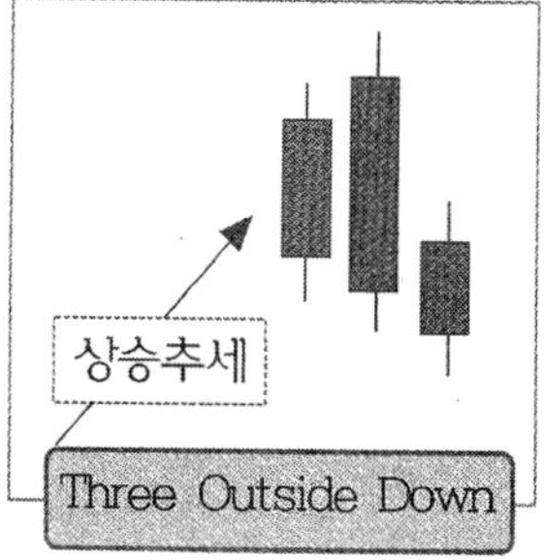

🔵 특징

1. 첫째 날과 둘째 날 : 하락장악형 출현
2. 셋째 날 : 하락장악형 확인 음봉 출현

⇨ 하락장악형 확인패턴으로 **하락반전형**

10. 포아형(Harami) & 십자포아형(Harami Cross)

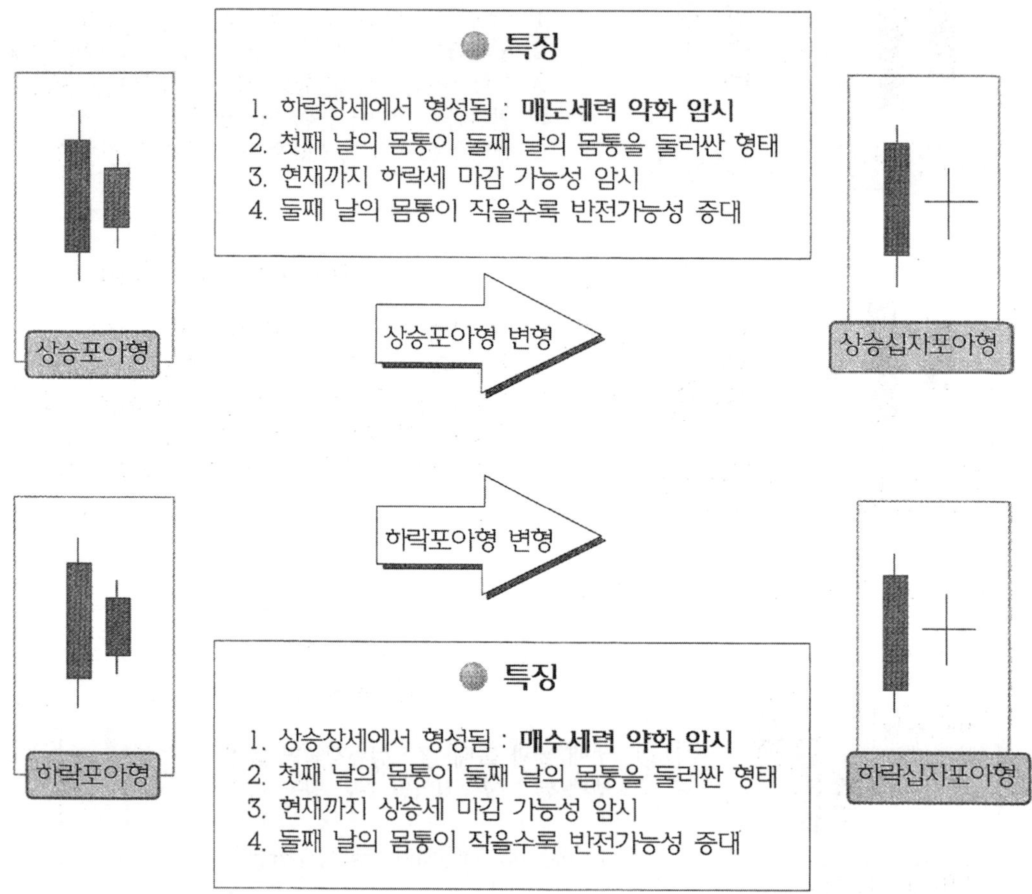

11. Three Inside Up & Three Inside Down

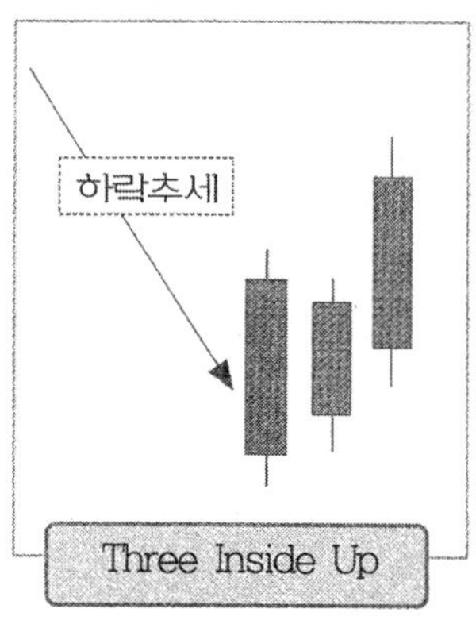

◉ 특징

1. 하락장세에서 형성됨
2. 첫째 날의 몸통이 둘째 날의 몸통을 둘러싼 형태
3. 셋째 날은 새로운 고가를 기록하면서 종가 형성

⇨ 상승포아형을 확인시켜주는 패턴
⇨ 즉, **강세전환형**

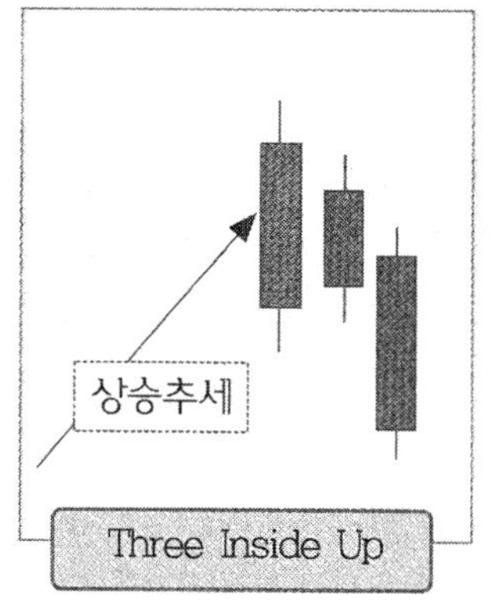

◉ 특징

1. 상승장세에서 형성됨
2. 첫째 날의 몸통이 둘째 날의 몸통을 둘러싼 형태
3. 셋째 날은 새로운 저가를 기록하면서 종가 형성

⇨ 하락포아형을 확인시켜주는 패턴
⇨ 즉, **약세전환형**

12. 관통형(Piercing Line) & 흑운형(Dark Cloud Cover)

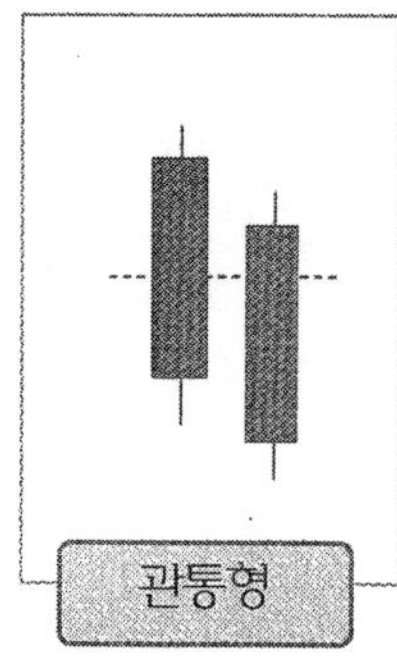

● 특징

1. 하락장세 바닥권에서 형성
2. 첫째 날 장대음봉, 둘째 날 장대양봉 형성
3. 둘째 날 장대양봉은 전일 음봉 몸통의 중간 이상에서 형성⇨ 50% 이상 관통 못할 시는 추세 확인과정 필요
4. **상승반전 신호**
5. 변형: 둘째 날의 양봉이 해머형으로 나타날 수도 있음

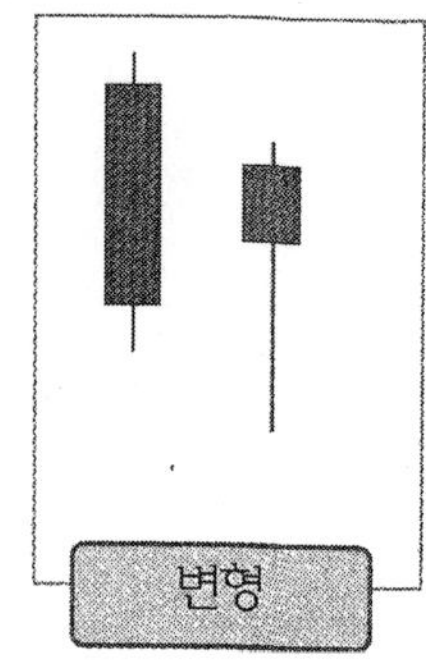

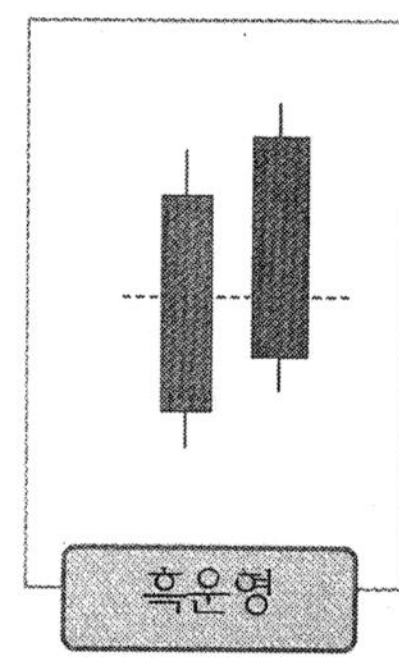

● 특징

1. 상승장세 천정권에서 형성
2. 첫째 날 장대양봉, 둘째 날 장대음봉 형성
3. 둘째 날 장대음봉은 전일 양봉 몸통의 중간 이상에서 형성⇨ 50% 이상 하락 못할 시는 추세 확인과정 필요
4. **하락반전 신호**
5. 변형: 둘째 날의 양봉이 해머형으로 나타날 수도 있음

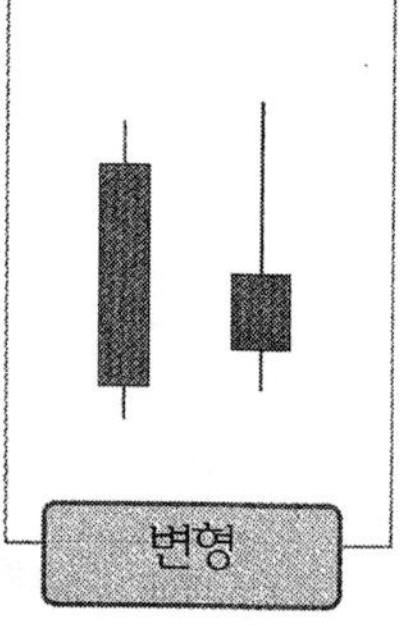

13. 반전해머형(Inverted Hammer) & 유성형(Shooting Star)

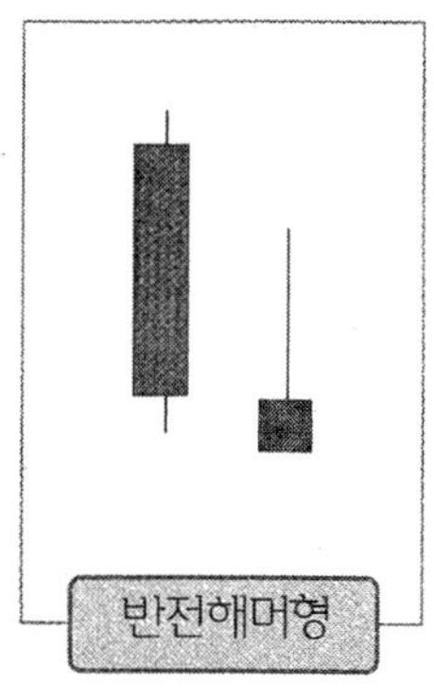

> ● **특징**
>
> 1. 하락장세 바닥국면에서 형성 : 저점 암시 신호
> 2. 몸통 : 시가부근에 종가 형성(전일시가<당일종가)
> 3. 그림자 :아래그림자 없음, 위그림자는 최소한 몸통의 2배 이상⇨ 몸통의 색깔은 중요하지 않음
> 4. **상승반전 신호** : 하락추세 말기 형성시 신뢰성 증가
>   ⇨ 익일 갭이나 양봉이 출현하면 강한 상승반전신호

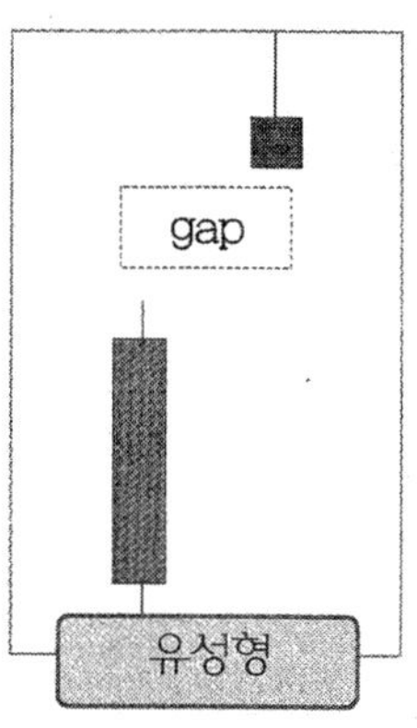

> ● **특징**
>
> 1. 상승장세 천정권에서 형성 : 고점 암시 신호
> 2. 몸통 : 시가부근에 종가 형성(전일시가>당일종가)
> 3. 그림자 : 아래그림자 없음, 위그림자는 최소한 몸통의 2배 이상⇨ 몸통의 색깔은 중요하지 않음(음봉일 경우 신뢰성 증가)
> 4. 갭을 형성하면서 상승하지만 꼬리를 형성한다.
> 5. **하락반전 신호** : 상승추세 말기 형성시 신뢰성 증가

14. Doji Star형

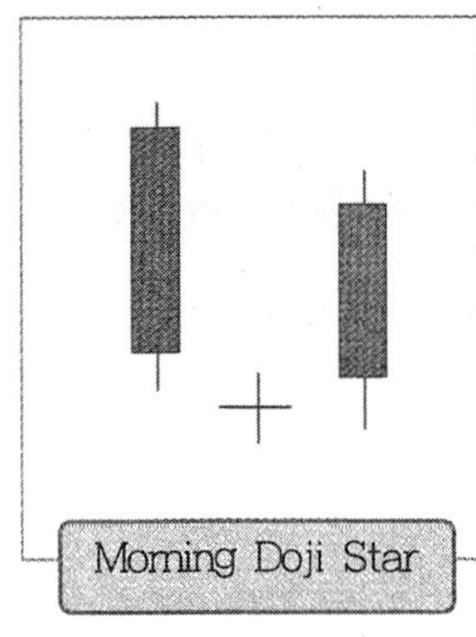

● 특징

1. 하락장세에서 형성
2. 매도세력 우위⇨ 매도, 매수세력 간 균형진입 암시
3. Doji(십자가) : 갭하락 이후 치열한 매매공방 전개
4. **상승반전 신호** : 하락추세 말기 형성시 신뢰성 증가

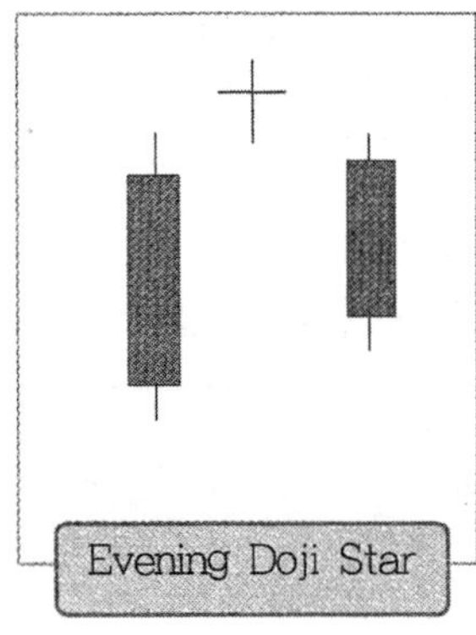

● 특징

1. 상승장세에서 형성
2. 매수세력 우위⇨ 매수, 매도세력 간 균형진입 암시
3. Doji(십자가) : 갭상승 이후 치열한 매매공방 전개
4. **하락반전 신호** : 상승추세 말기 형성시 신뢰성 증가

15. 샛별형(Mornging Star) & 저녁별형(Evening Star)

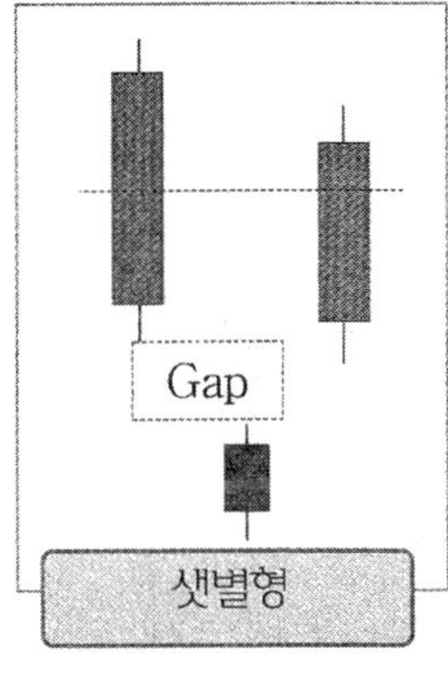

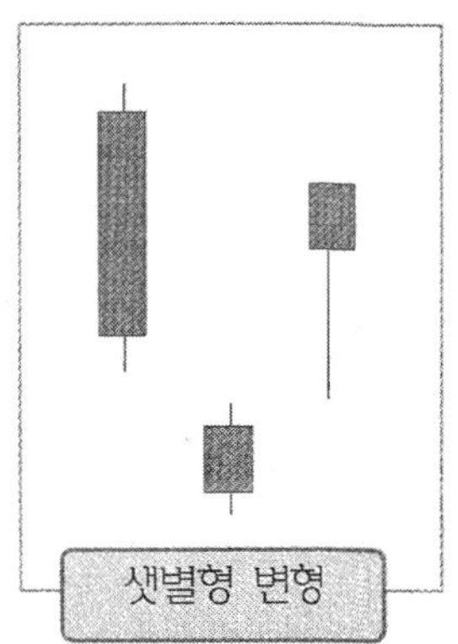

● 특징

1. 첫째 날 : 장대음봉 출현
2. 둘째 날 : 갭을 동반한 작은 몸통 형성(색깔무관) 단, 양봉일 경우 신뢰성 증가
3. 셋째 날 : 첫째 날의 음봉범위 내에서 양봉 형성 단, 중심선 상향돌파
   ⇨ 셋째 날 갭을 동반할 경우 신뢰성 증가
   ⇨ 바닥권에서 출현하면 **강세전환 신호**로 판단

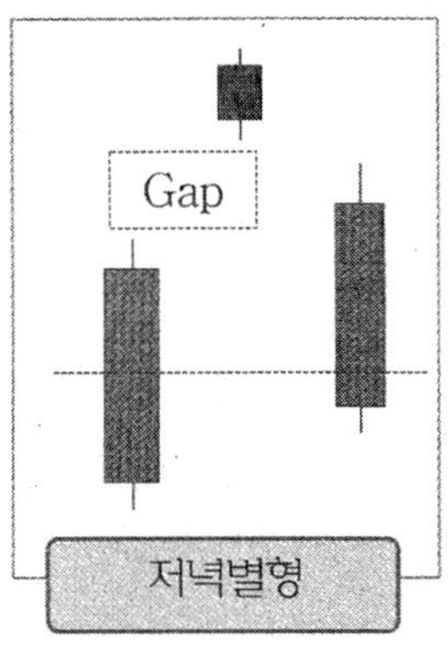

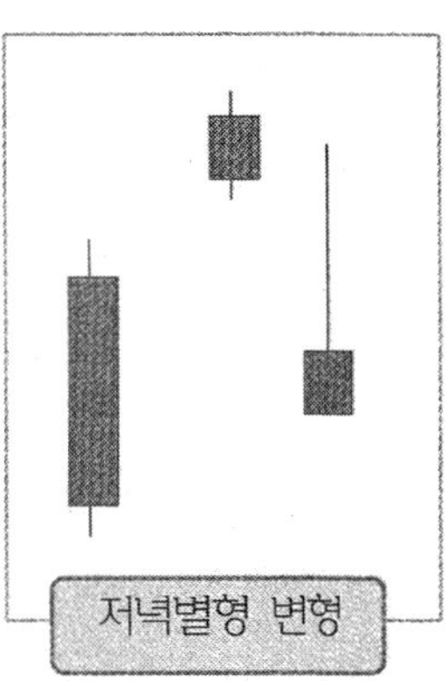

● 특징

1. 첫째 날 : 장대양봉 출현
2. 둘째 날 : 갭을 동반한 작은 몸통 형성(색깔무관) 단, 음봉일 경우 신뢰성 증가
3. 셋째 날 : 첫째 날의 양봉범위 내에서 음봉 형성 단, 중심선 하향돌파
   ⇨ 셋째 날 갭을 동반할 경우 신뢰성 증가
   ⇨ 천정권에서 출현하면 **약세전환 신호**로 판단

16. 아침십자별형(Morning Doji Star) & 저녁십자별형(Evening Doji Star)

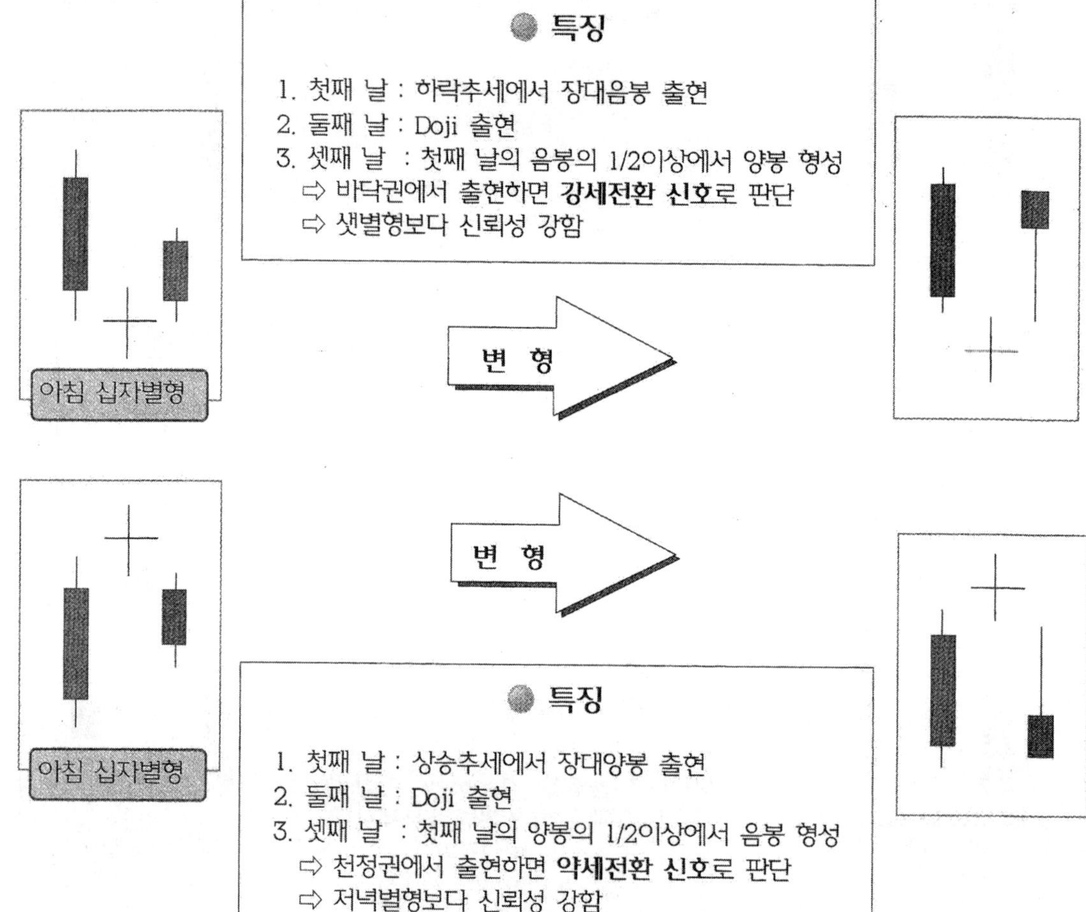

17. Abandoned Baby Top & Abandoned Baby Buttom

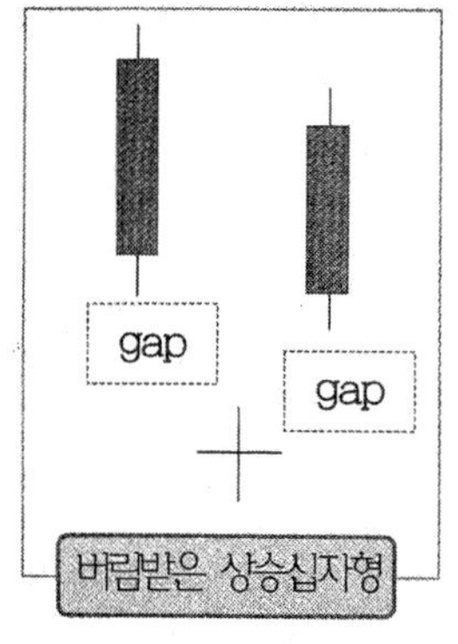

● 특징

1. 첫째 날 : 하락추세에서 장대음봉 출현
2. 둘째 날 : 갭을 동반한 Doji 출현
3. 셋째 날 : 갭을 동반한 장대양봉 출현
   ⇨ 바닥권에서 출현하면 **강세전환 신호**로 판단
   ⇨ 샛별형보다 신뢰성 강함

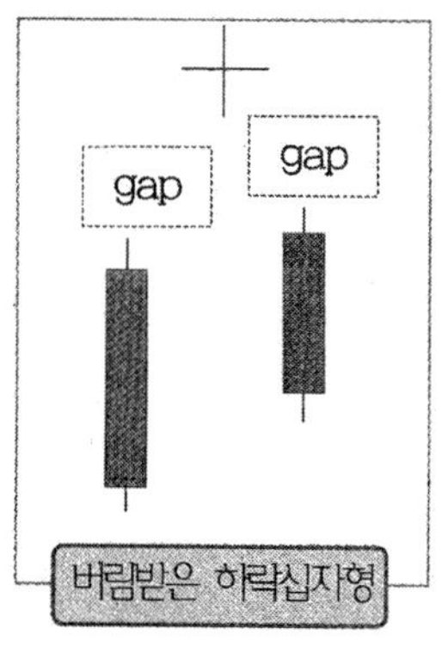

● 특징

1. 첫째 날 : 상승추세에서 장대양봉 출현
2. 둘째 날 : 갭을 동반한 Doji 출현
3. 셋째 날 : 갭을 동반한 장대음봉 출현
   ⇨ 천정권에서 출현하면 **약세전환 신호**로 판단
   ⇨ 저녁별형보다 신뢰성 강함

18. 집게형(Tweezers Formation)

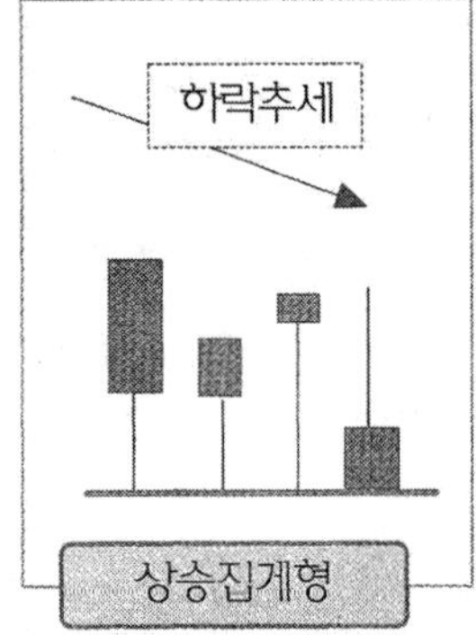

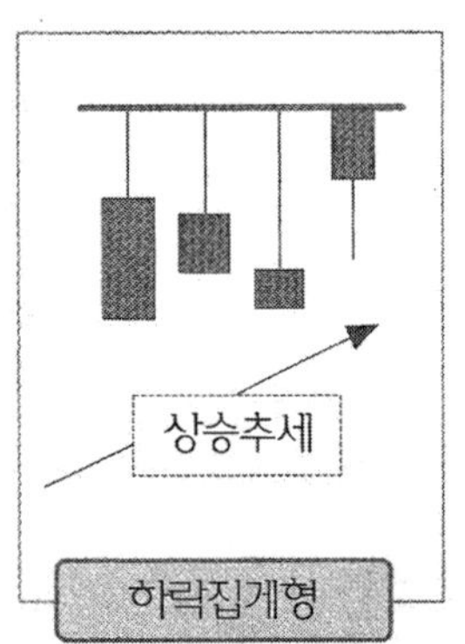

⬤ 특징(Tweezers Bottom)

⇨ 하락추세에서 두 개 이상의 캔들차트가 저가를 더
   이상 갱신하지 못하고 저점을 일치시킴
⇨ **강세전환 신호**

⇨ 일정기간 상승 또는 하락 이후 휴식기간으로 형성되기도
   하며, 휴식 이후 기존추세를 유지하는 경우가 일반적이다.

⬤ 특징(Tweezers Top)

⇨ 상승추세에서 두 개 이상의 캔들차트가 고가를 더
   이상 갱신하지 못하고 고점을 일치시킴
⇨ **약세전환 신호**

19. 까마귀형(Two Crow)

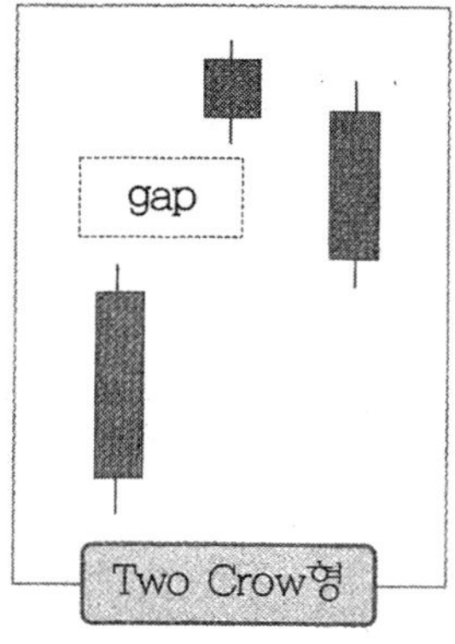

● 특징

1. 첫째 날 : 상승추세 속 장대양봉 출현
2. 둘째 날 : Gap 상승을 하지만 작은 몸통의 음봉 출현
3. 셋째 날 : 둘째 날의 몸통 범위 내에서 시가를 형성하고, 첫째 날의 몸통 범위 내에서 종가를 형성한다.
   ⇨ "Gap 해소"
   ⇨ 반전패턴으로 **하락전환 신호**

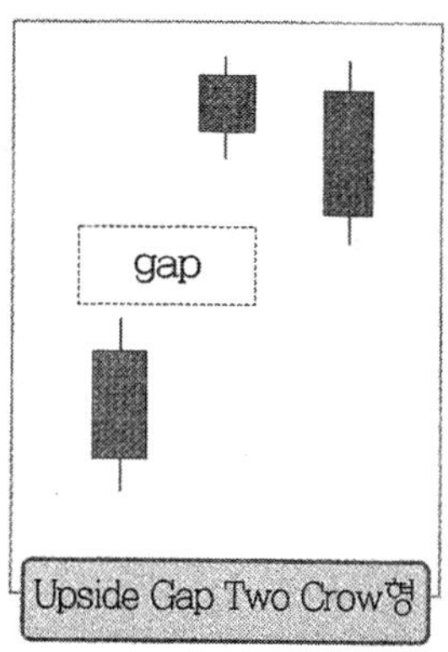

● 특징

1. 첫째 날 : 상승추세 속 장대양봉 출현
2. 둘째 날 : Gap 상승을 하지만 작은 몸통의 음봉 출현
3. 셋째 날 : 둘째 날의 음봉을 감싸는 형태이며, 첫째 날의 양봉과 갭이 유지되어야 한다.
   ⇨ 반전패턴으로 **하락전환 신호**

20. Dumpling Tops & Fry Pan Bottoms pattern

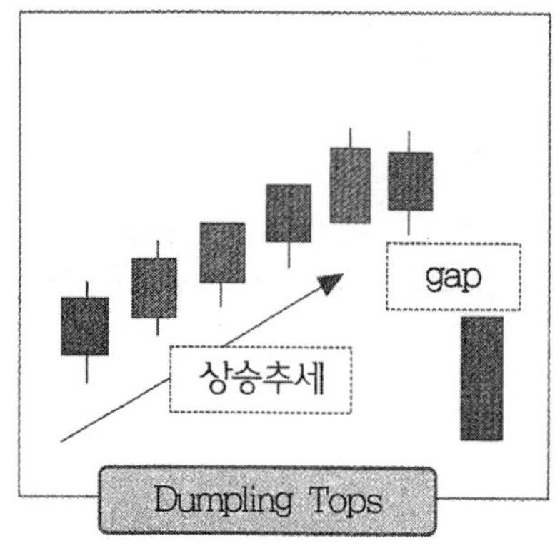

● 특징
⇨ 상승추세 말기에 출현하는 형태
1. 완만한 상승세를 지속함
2. 고점에서 추가 상승이 저항받음
3. 이후 갭을 동반한 장대음봉 출현으로 완성
   ⇨ **하락반전형**

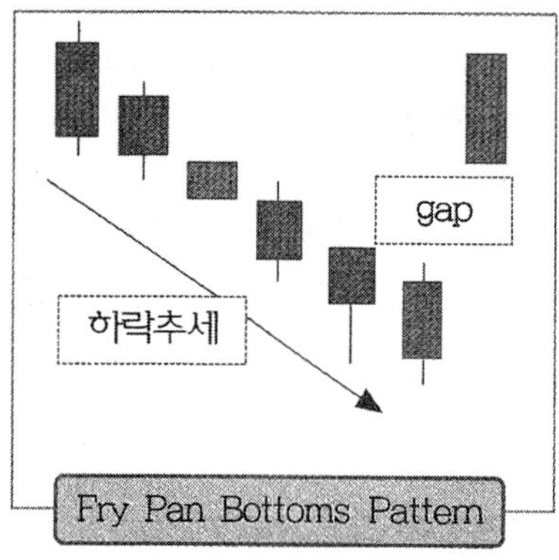

● 특징
⇨ 하락추세 말기에 출현하는 형태
1. 완만한 하락세를 지속함
2. 저점에서 추가 하락이 방어되고 있음
3. 이후 갭을 동반한 장대양봉 출현으로 완성
   ⇨ **상승반전형**

21. 흑삼병 : Three Black Crows & Identical Three Crows Pattern

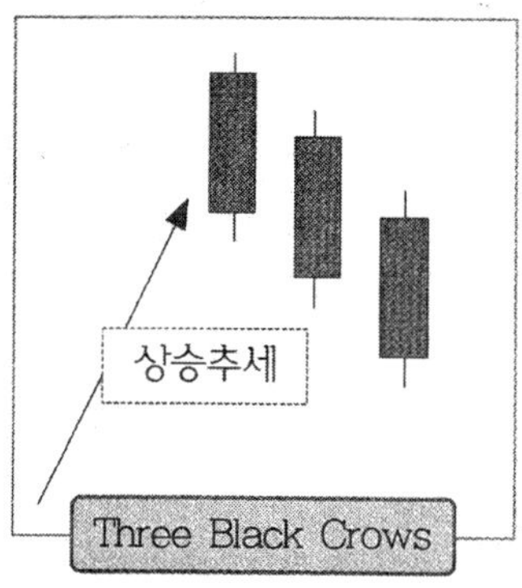

● 특징

⇨ 고가권에서 돌발 악재의 출현 등으로 인해 추세가 반전
   되는 형태
1. 첫째 날 : 고가권에서 음봉 출현
2. 둘째 날 : 시가는 전일 종가 위에서 형성되나 종가는 저
            점 갱신
3. 새로운 저점을 지속적으로 갱신하는 형태
   ⇨ 신뢰성 높은 **약세반전형**

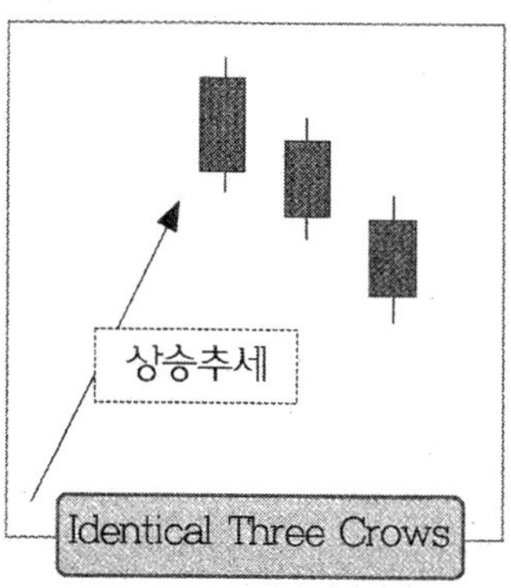

● 특징

⇨ 고가권에서 돌발 악재의 출현 등으로 인해 추세가 반전
   되는 형태
1. 첫째 날 : 고가권에서 음봉 출현
2. 둘째 날 : 시가는 전일 종가 위에서 형성되나 종가는 저
            점 갱신
3. 새로운 저점을 지속적으로 갱신하는 형태
   ⇨ 상기 TBC보다 신뢰성 높은 **약세반전형**

22. 적삼병 : Three White Soldiers Pattern

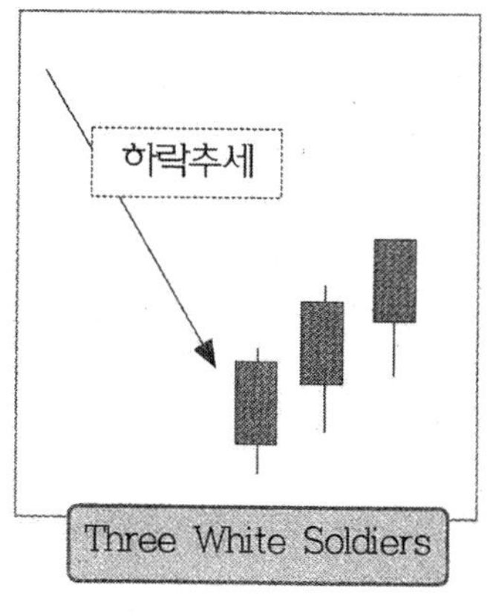

● 특징

⇨ 하락추세 바닥권에서 양봉이 3개 연속 출현하는 형태
1. 시가 : 각각 전일의 몸통 범위 내에서 형성됨
2. 종가 : 각각 당일의 고가를 형성함
3. 바닥권에서 반등함에 따라 장중 등락 폭이 심하다.
4. 위그림자가 짧거나 없는 것이 일반적이다.
   ⇨ **강세전환형**

23. Advance Block(상승적삼병) & Stalled Pattern(정체적삼병)

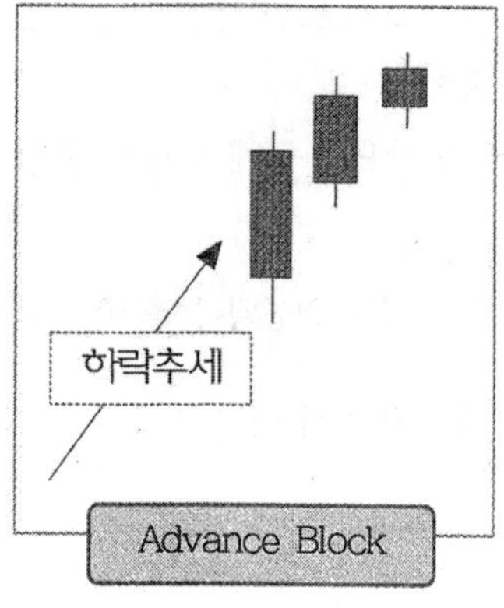

● 특징

⇨ 상승추세 속 양봉 연속 3개 출현
1. 봉의 크기가 갈수록 작아지는 형태
2. 추가 상승을 위한 후발 매수세의 약화를 암시
3. 단기 고점 또는 고점이 임박했음을 암시
　　⇨ 보유주 매도 후 단기 관망 필요한
　　　비전형적 **하락전환형**

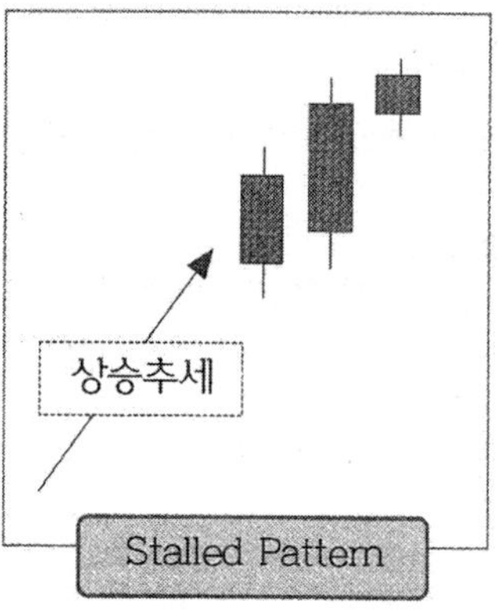

● 특징

⇨ 상승추세 속 양봉 연속 3개 출현
1. 봉의 크기가 둘째 날이 가장 긴 형태
2. 추가 상승을 위한 후발 매수세의 약화를 암시
3. 단기 조정 가능성 증대
　　⇨ 보유주 매도 후 단기 관망 필요한
　　　비전형적 하락전환형

24. Tower Top Pattern : 두봉고점형

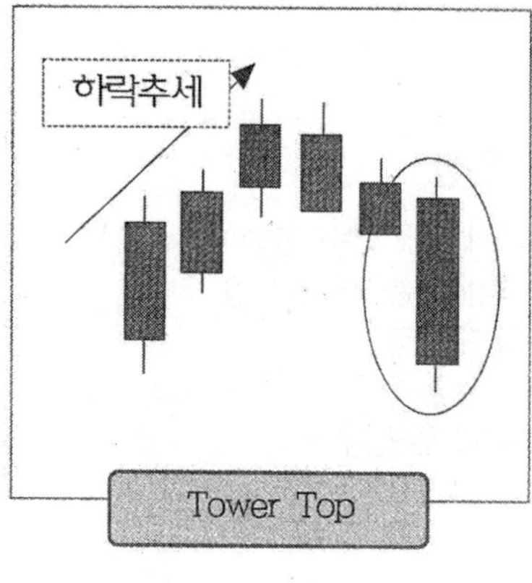

● 특징

⇨ 상승후기에 나타나는 반전형 패턴
1. 상승세를 지속하다 음봉이 1~2개 출현
2. 이후 상승강도 둔화되며 제한적인 등락
3. 이후 장대음봉이 출현함으로써 완성
　　⇨ 상승추세 말기에 출현할 경우 신뢰성이 높은
　　　하락전환형

25. Ladder Bottom Pattern : 사다리 바닥형

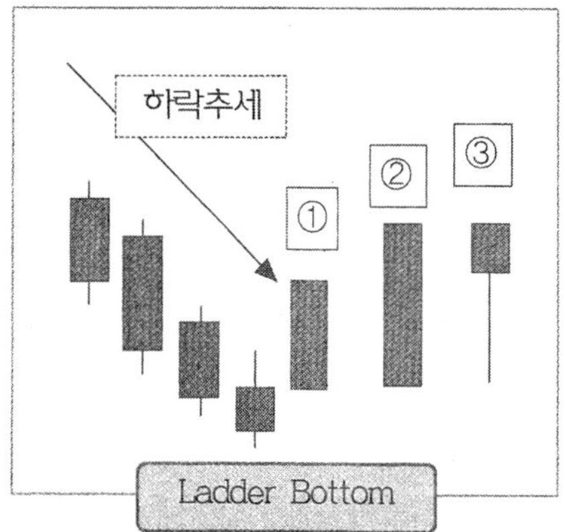

특징

⇨ 약세장의 바닥권에서 출현
1. 음봉을 추가하며 하락세 지속
2. 이후 장대양봉 출현
   ⇨ 양봉의 시가는 전일 종가 이상에서 형성
   ⇨ 양봉의 종가는 전일과 전전일의 가격보다 높게 형성
   ⇨ 양봉의 형태는 "①, ②, ③" 등으로 형성
   ⇨ 강력한 **상승반전환형**

26. On Neck, In-Neck, Thrusting

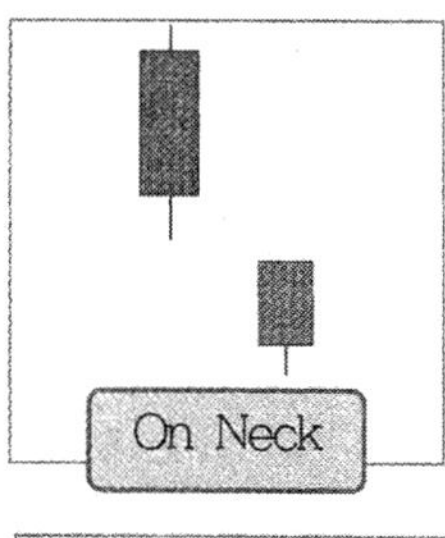

특징

⇨ 하락추세에서 출현
1. 장대음봉 이후 갭하락을 하는 패턴
2. 종가는 시가보다 높아 둘째 날은 양봉이 출현
3. 거래량 : 둘째 날의 거래량이 증가함 ⇨ **하락지속형**

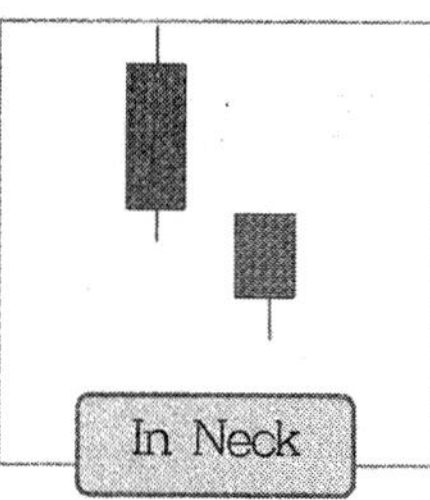

특징

⇨ 하락추세에서 출현
1. 장대음봉 이후 전일종가 부근에서 금일종가 형성
2. 종가는 시가보다 높아 둘째 날은 양봉이 출현
3. 거래량 : 둘째 날의 거래량이 증가함 ⇨ **하락지속형**

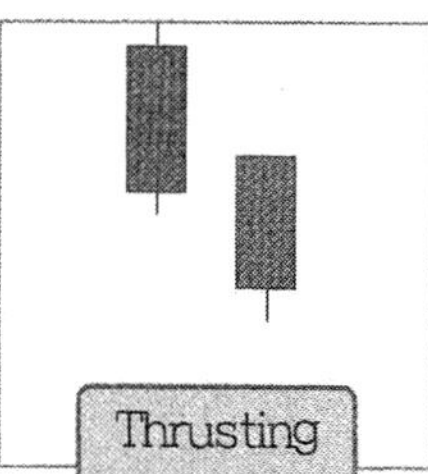

특징

⇨ 하락추세에서 출현
1. 장대음봉 이후 전일종가보다 높은 가격형성 : 전일음봉의 50%를 초과하지는 못함
2. 종가는 시가보다 높아 둘째 날은 양봉이 출현
3. 거래량 : 둘째 날의 거래량이 증가함 ⇨ **하락지속형**

27. Three Method Pattern(삼법형)

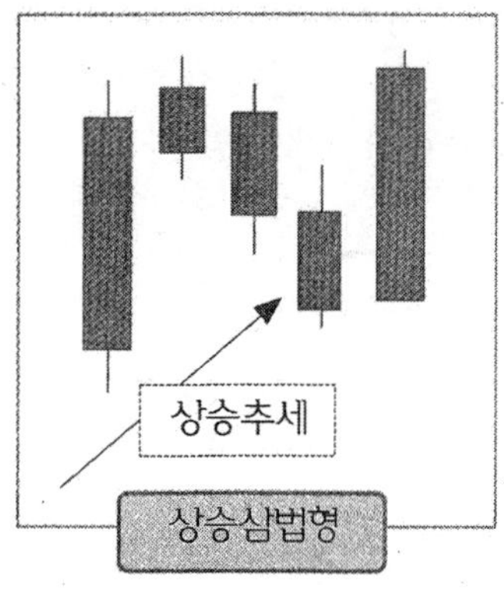

● **특징**

⇨ 상승추세에서 출현
1. 첫째 날 : 장대양봉 형성
2. 이후 : 작은 몸통 음봉 형성
3. 마지막날 장대양봉 시가 : 전일 종가보다 높은 부분에서 형성
4. 마지막 날 장대양봉 종가 : 최근 신고가를 갱신할 것

⇨ 상승지속형 신호

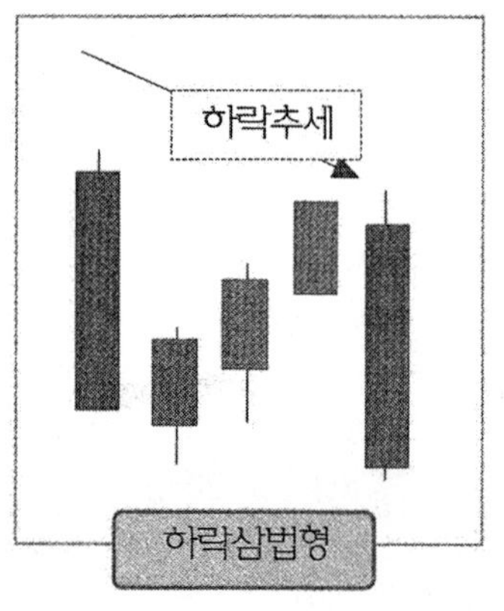

● **특징**

⇨ 하락추세에서 출현
1. 첫째 날 : 장대음봉 형성
2. 이후 : 작은 몸통 양봉 형성
3. 마지막날 장대음봉 시가 : 전일 종가보다 높은 부분에서 형성
4. 마지막 날 장대음봉 종가 : 최근 신저가를 갱신할 것

⇨ 하락지속형 신호

28. 상승돌파갭(Upside Gap) & 하락돌파갭(Downside Gap Tatsuki)

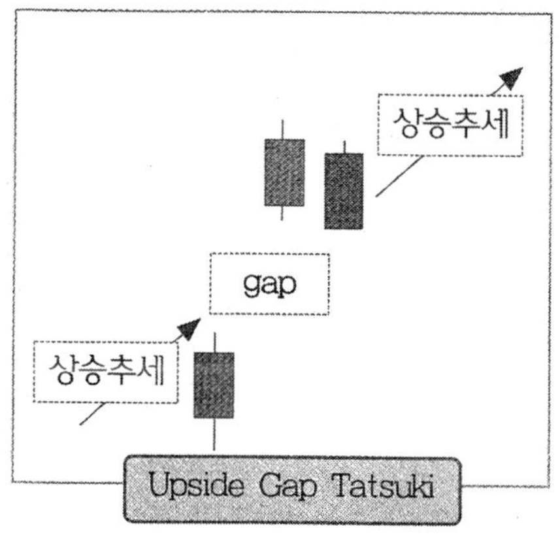

● 특징

⇨ 상승추세 중에 출현하는 형태
1. 완만한 상승세를 지속함
2. 이후 갭을 동반하면서 상승지속
3. 이후 갭을 해소하지 않는 범위 내 조정
4. 이후 재상승 패턴
   ⇨ **상승지속형**
⇨ 갭을 해소하는 경우도 있음

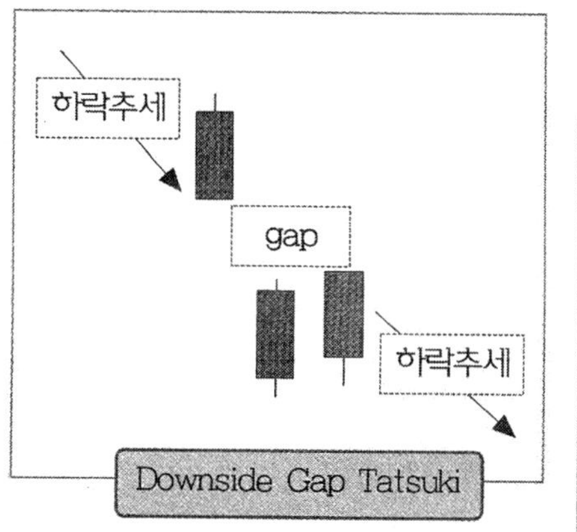

● 특징

⇨ 하락추세 중에 출현하는 형태
1. 완만한 하락세를 지속함
2. 이후 갭을 동반하면서 하락지속
3. 이후 갭을 해소하지 않는 범위 내 반등
4. 이후 재하락 패턴
   ⇨ **하락지속형**
⇨ 갭을 해소하는 경우도 있음

29. High-Price Gapping Play & Low-Price Gapping Play

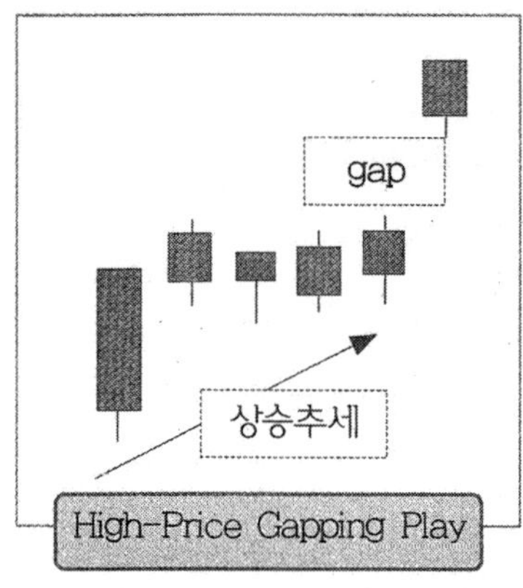

● 특징

⇨ 상승추세 중에 출현하는 형태
1. 완만한 상승세를 지속함
2. 장대양봉 출현 이후 단기박스권 등락
3. 제한적 등락 속에 돌파갭 출현
4. 이후 재상승 패턴
   ⇨ **상승지속형**
     ⇨ 매수시점 : 갭출현 확인 후 매수

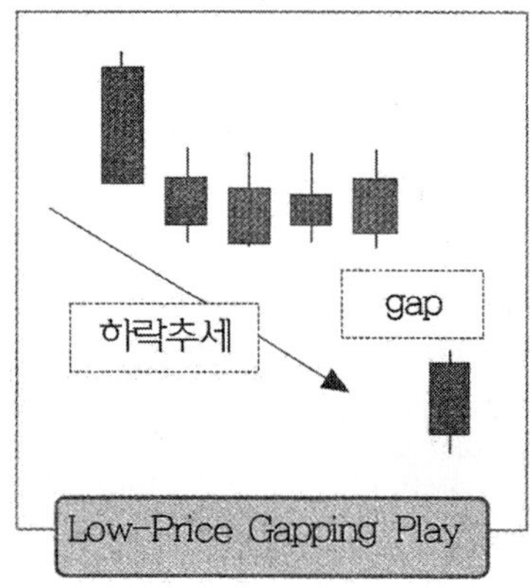

● 특징

⇨ 하락추세 중에 출현하는 형태
1. 완만한 하락세를 지속함
2. 장대음봉 출현 이후 단기박스권 등락
3. 제한적 등락 속에 돌파갭 출현
4. 이후 재하락 패턴
   ⇨ **하락지속형**
     ⇨ 매도시점 : 갭출현 확인 후 매도

30. Three-Line Strike

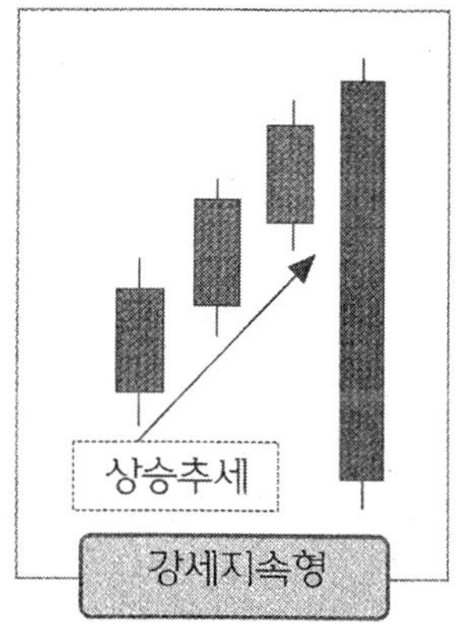

특징

➪ 상승추세 속 일시 급매물 출현
1. 네 번째 날의 시가는 이전일보다 고가에서 형성됨
2. 네 번째 날의 종가는 첫째 날의 시가 아래에서 형성됨
3. 프로그램 매물 등 급매물이 출회될 경우 형성
   ➪ 현재까지의 강세패턴이 지속됨을 암시

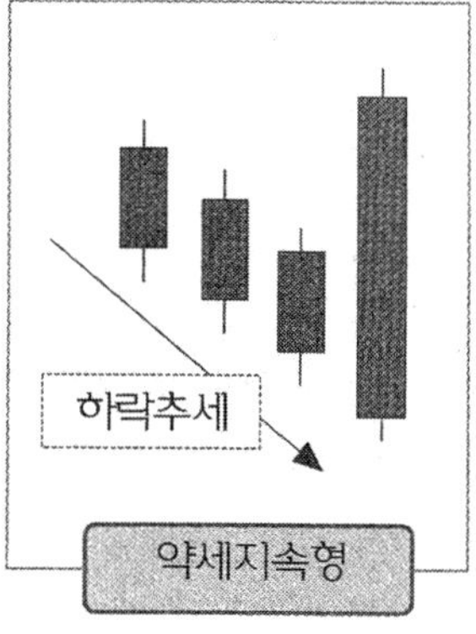

특징

➪ 하락추세 속 일시 반발매수세 출현
1. 네 번째 날의 시가는 이전일보다 저가에서 형성됨
2. 네 번째 날의 종가는 첫째 날의 시가 위에서 형성됨
3. 일회성 돌발호재가 낙폭과대와 맞물려 출현
   ➪ 현재까지의 약세패턴이 지속됨을 암시

31. 격리형(Separating Pattern)

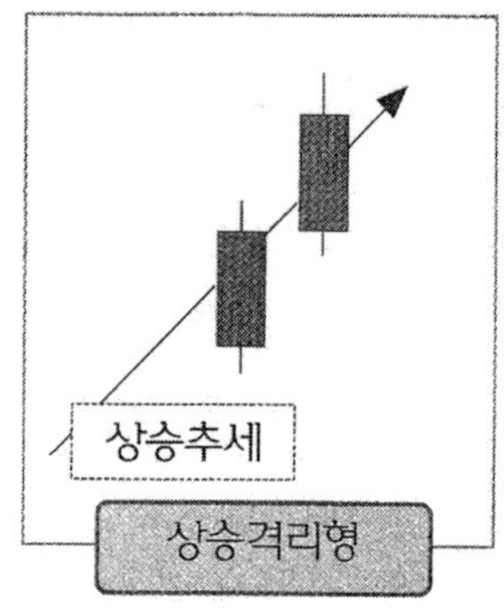

<table><tr><td>

● **특징**

⇨ 상승추세 속에
1. 첫째 날 : 장대음봉 출현
2. 둘째 날 : 시가가 전일시가와 동일하게 형성되면서 양봉형성
3. 기존 매수세의 성급한 이익실현을 암시
　⇨ **상승지속형**

</td></tr></table>

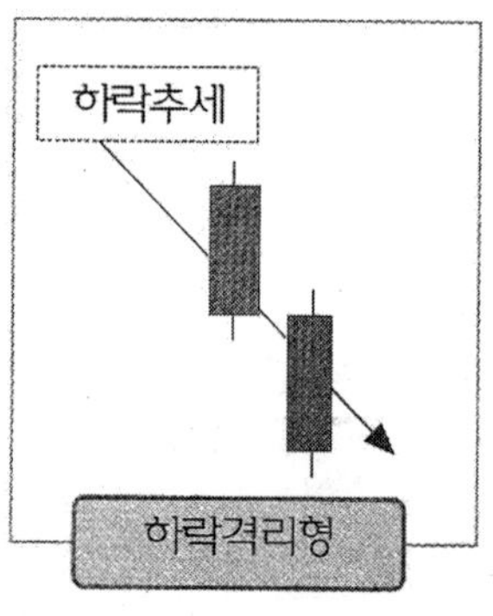

<table><tr><td>

● **특징**

⇨ 하락추세 속에
1. 첫째 날 : 장대양봉 출현
2. 둘째 날 : 시가가 전일시가와 동일하게 형성되면서 음봉형성
3. 반등을 예상한 성급한 매수세의 유입암시
　⇨ **하락지속형**

</td></tr></table>

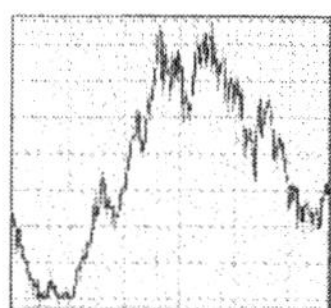

III. 주가이동평균선(MAL)

1. 개 념

   일정기간 동안에 형성된 비정상적인 주가변동을 제거하고, 안정적이고 연속적인 변동치를 순차적으로 산술평균한 값을 해당 분석기간으로 나누어 계산된 평균주가를 선으로 나타낸 것이다.

2. 작성이유

   일정기간의 주가변동을 확인하여 "현재주가의 진행방향과 어떠한 관계" 에 있는 지를 분석하여 미래의 주가 방향을 예측함에 있다.

3. 작성방법

일자	1	2	3	4	5	6	…	18	19	20
주가	10	20	30	40	50	60	…	180	190	200

⇨ 5일 MAL : (10+20+30+40+50)/5 = 30

⇨ 20일 MAL : (10+20+30+······180+190+200)/20 = 105

※ 기타 60일,120일,240일 MAL도 동일한 방법으로 산출함. (종가기준)

※ 이격도가 100% 이상이면, 현재주가는 이동평균선보다 높다는 것을,
   이격도가 100% 미만이면, 현재주가는 이동평균선보다 낮다는 것을 의미한다.

4 기간에 따른 분류

(1) 단기지표 : 5일,20일선   (금리와 밀접)

(2) 중기지표 ; 60일,120일선 (거래량과 밀접)

(3) 장기지표 : 240일,300일 (경기와 밀접)

5. 권리락 또는 배당락 발생시 계산방법

유무상증자로 인한 권리락 또는 배당을 통해 배당락이 발생한 경우는 이론주가를 계산하여 수정된 것으로 산출한다.

6. 분석기법

(1) 방향성 분석

각 이동평균선이 상승 또는 하락 중인지를 분석하는 방법이다.

➡ 상승장세 : 단기⇨ 중기⇨ 장기이동평균선 순으로 상승전환 된다.

⇨ 하락장세 : 단기⇨ 중기⇨ 장기이동평균선 순으로 하락전환 된다.

(2) 지지선 · 저항선 분석

➡ 상승장세 : 각각의 MAL이 지지선의 역할을 하면서 주가는 상승을 지속한다.

⇨ 하락장세 : 각각의 MAL이 저항선의 역할을 하면서 주가는 하락을 지속한다.

➡➡ 즉, 강세장에서는 주가가 이동평균선 위에서 등락을 하면서 MAL의 지지속에 상승하게 되고, 약세장에서는 주가가 이동평균선 아래에서 등락을 하면서 MAL의 저항속에 하락하게 되는 것이다.

(3) 배열도 분석

●정배열 : 전형적인 상승추세에서 나타나며 위로부터 단기⇨ 중기⇨ 장
기 MAL순으로 배열된상태.

●역배열 : 전형적인 하락추세에서 나타나며 위로부터 장기⇨ 중기⇨ 단
기 MAL순으로 배열된상태.

(4) CROSS 분석

●GOLDEN CROSS : 단기MAL(20일선)이 중장기(60일선)MAL을 아래에서
위로 상향돌파⇨ 매수

●DEAD CROSS : 단기MAL(20일선)이 중장기(60일선)MAL을 위에서 아래
로 하향돌파⇨ 매도

(5) 이격도(Disparity) 분석

●주가는 이동평균선과 수렴,확산의 관계를 유지하며 등락을 반복한다.
통상 20일MAL과 60일MAL과 주가의 이격도가 신뢰성이 높다.

7. 주가와 MAL의 관계

(1) 강세시장 : 일반적으로 주가가 MAL 위에서 등락을 보이면서 상승

(2) 보합시장 : 일반적으로 주가가 MAL과 밀착하면서 방향탐색

(3) 약세시장 : 일반적으로 주가가 MAL 아래에서 등락을 보이면서 하락

(4) 하락반전형 : 상승하고 있는 MAL을 주가가 하향돌파 할 경우

(5) 상승반전형 : 하락하고 있는 MAL을 주가가 상향돌파 할 경우

(6) 추세반전형 : 주가가 장기MAL을 돌파할 경우는 현재까지의 주추세가 반전
될 가능성이 높다

추세	기준 MAL	이격도 상태	투자전략
UP	20일 이격도	98%이하	BUY
	60일 이격도	98%이하	
	20일 이격도	106%이상	SELL
	60일 이격도	110%이상	
DOWN	20일 이격도	93%이하	BUY
	60일 이격도	88%이하	
	20일 이격도	102%이상	SELL
	60일 이격도	104%이상	

8. MAL 상관분석 실례

**(1) GOLDEN CROSS :
강력한 강세전환신호**

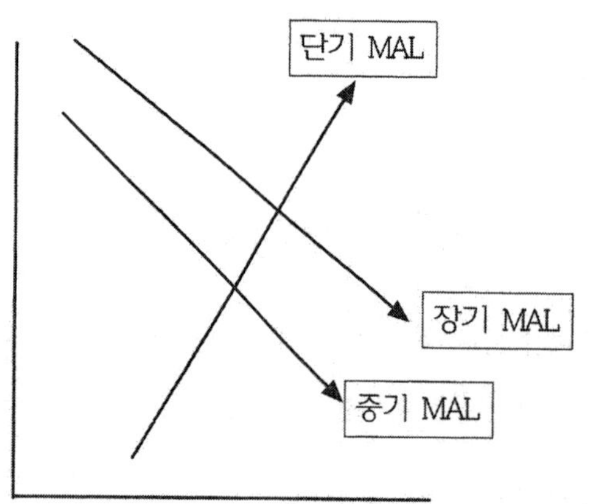

**(2) 매수신호 : 상향하고 있는
중장기 MAL을 상향돌파**

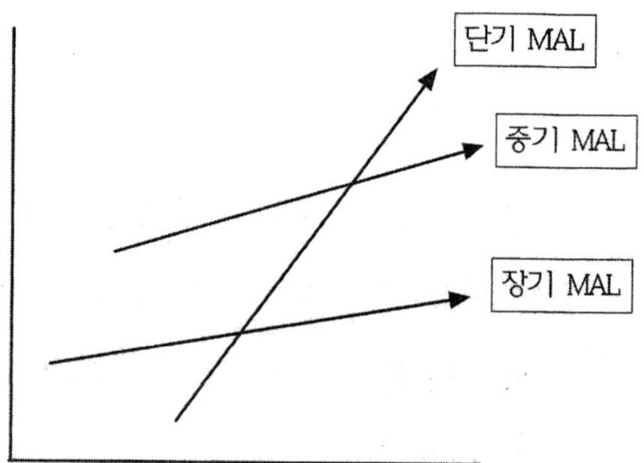

(3) 강세지속 :
　　제 MAL 상향지속

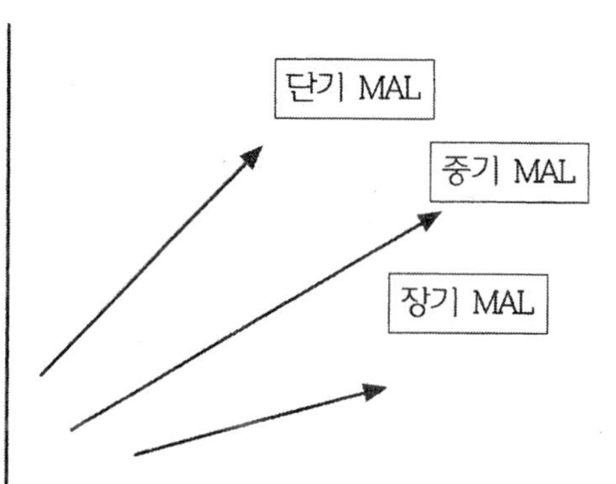

(4) 천장권 예고 : 상승이 일정기간
　　진행된 이후 단기 MAL의 하향반전

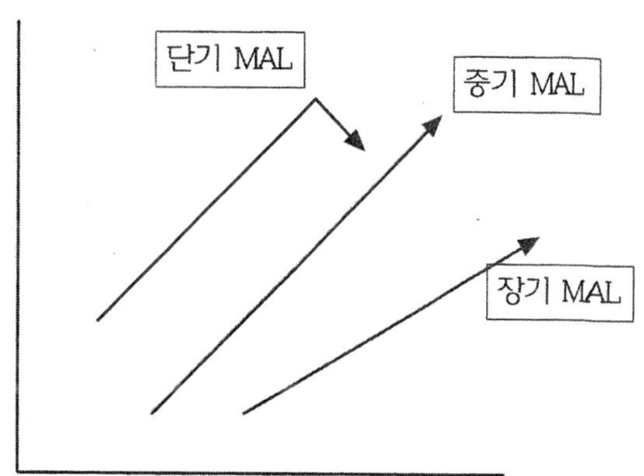

(5) DEAD CROSS :
　　강력한 약세전환 신호

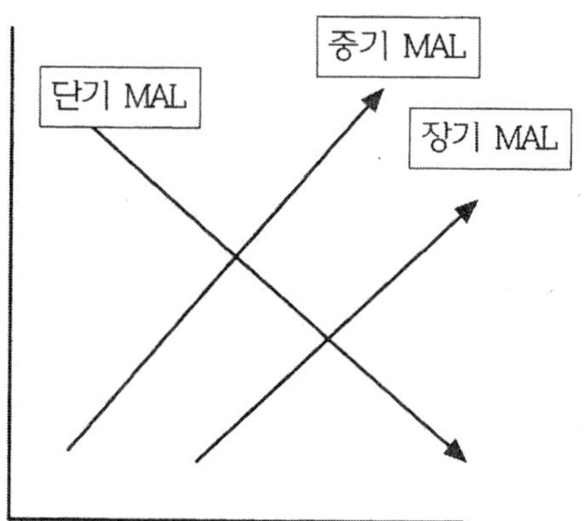

(6) 매도신호 : 단기 MAL이
　　중장기 MAL을 하향돌파

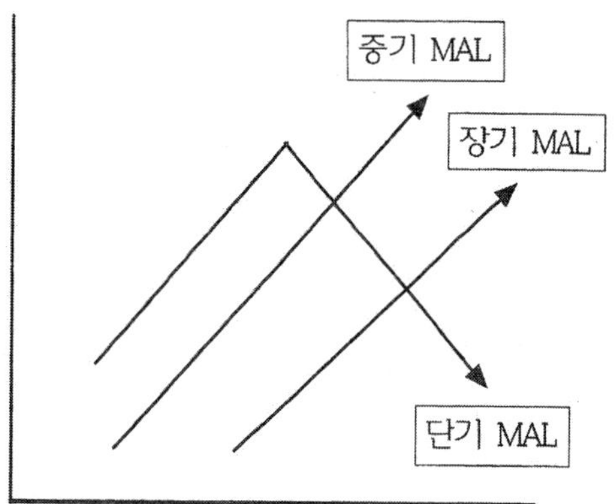

(7) 약세지속

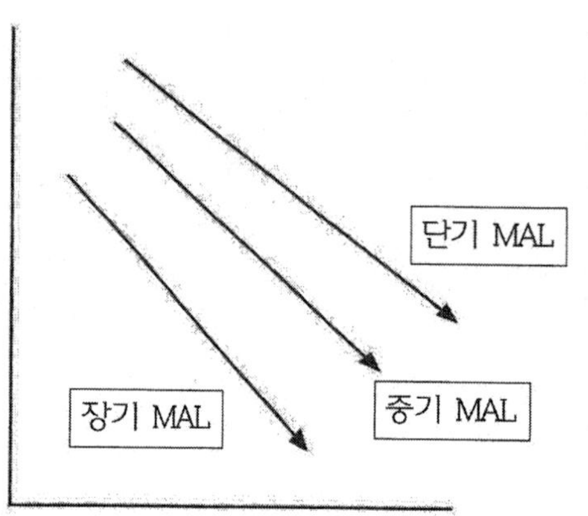

(8) 바닥권 예고

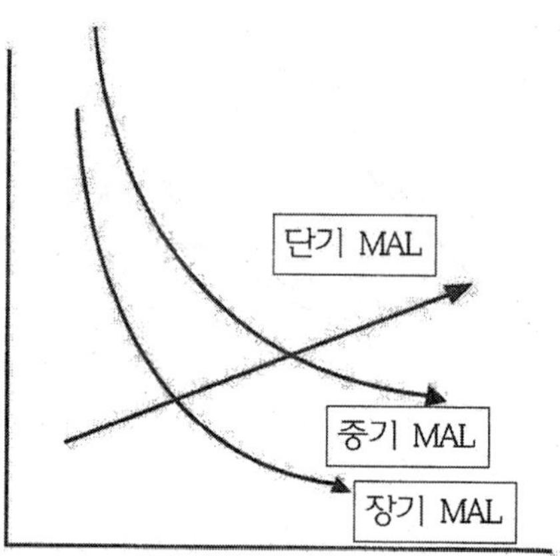

9. 그랜빌에 의한 주가 · 이동평균선 상관 분석기법

(1) 매수신호

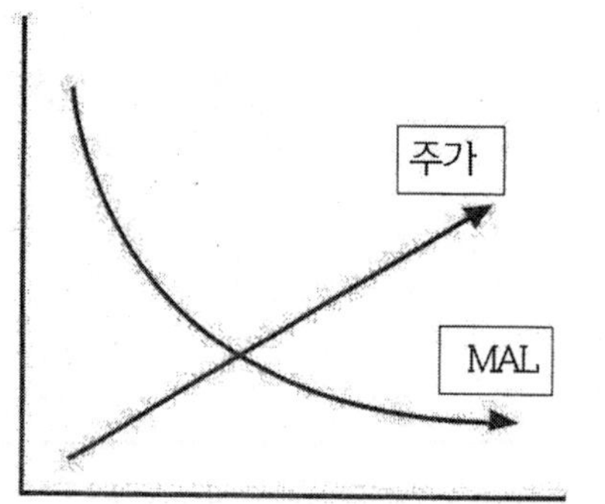

하락하고 있는 MAL을 주가가 상향돌파할
때➡ 거래량이 수반될 경우 신뢰성 증가

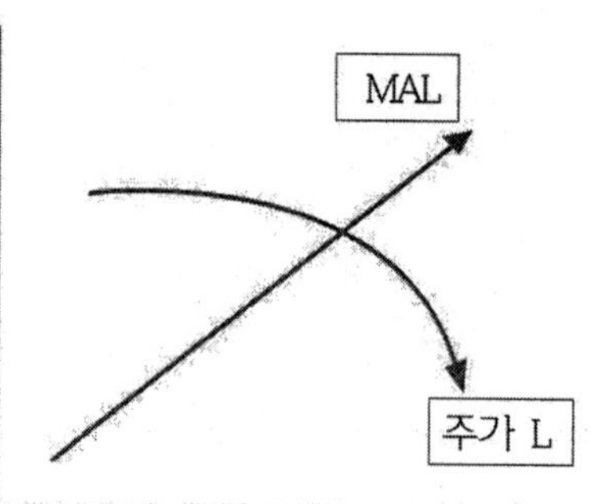

상향하고 있는 MAL을 주가가 하향돌파할
때➡ 일시적 반락의 마무리로 판단

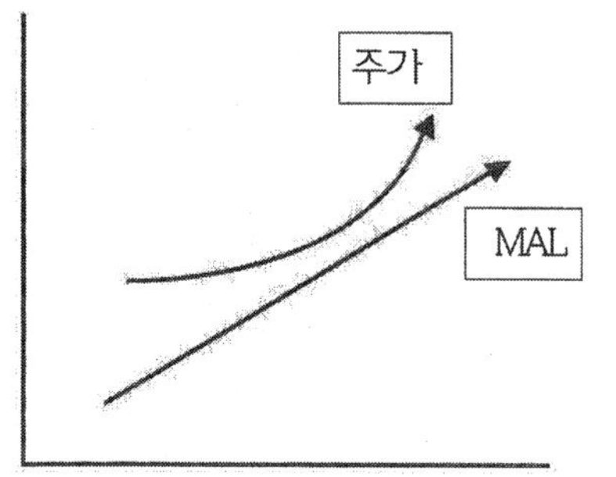

MAL을 향해 하락하던 주가가 MAL을 하향
돌파하지 않고 재상승할 때

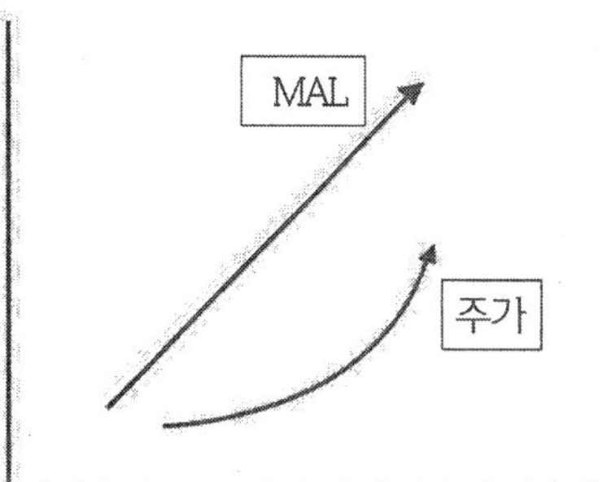

주가가 MAL 밑에서 급락하다 재차 MAL로
접근하려 할 때

2) 매도신호

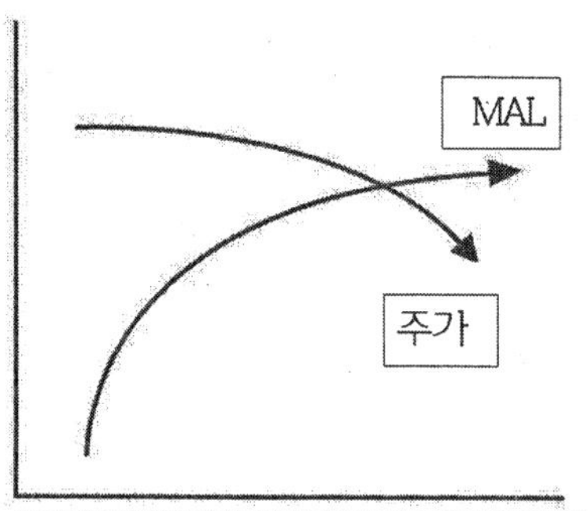

하락전환한 MAL을
주가가 하향 돌파할 때

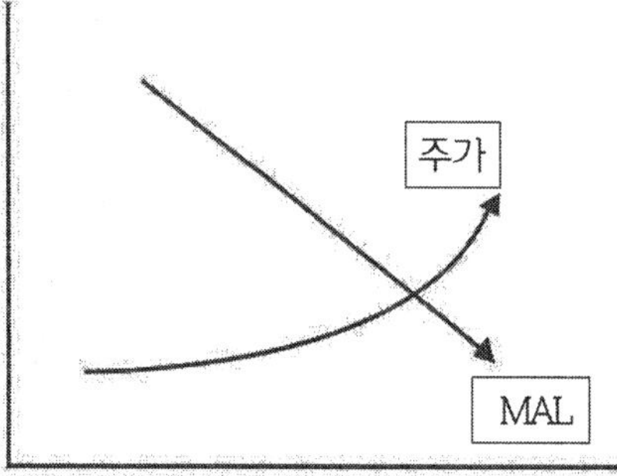

하락하고 있는 MAL을
주가가 일시 상향돌파

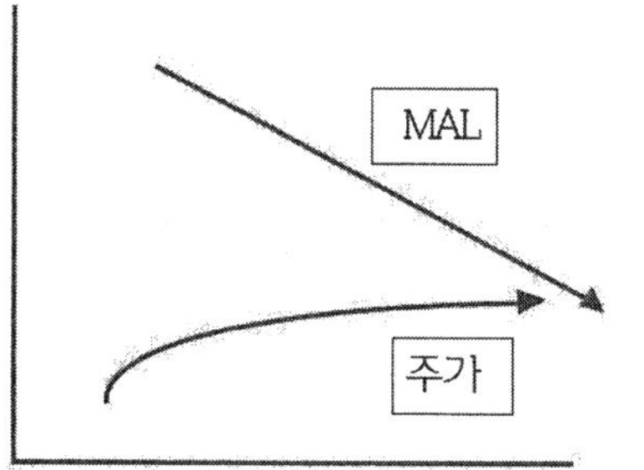

하락하고 있는 MAL로 주가가 접근하다
재차 하락할 때

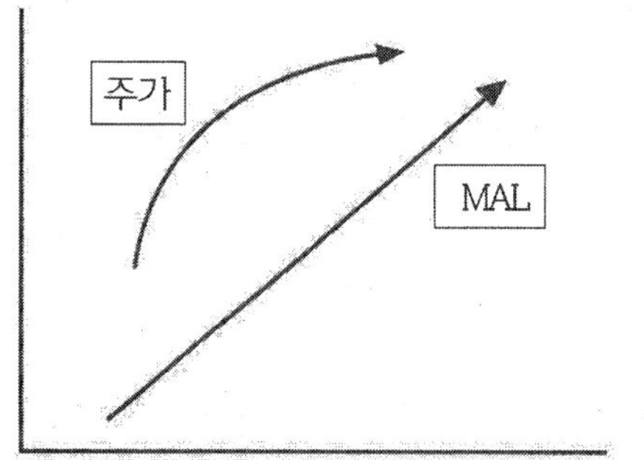

주가가 급등하다 상승하고 있는 MAL을
향해 급락할 때 단기적인 매도시점이다.

배열도 분석

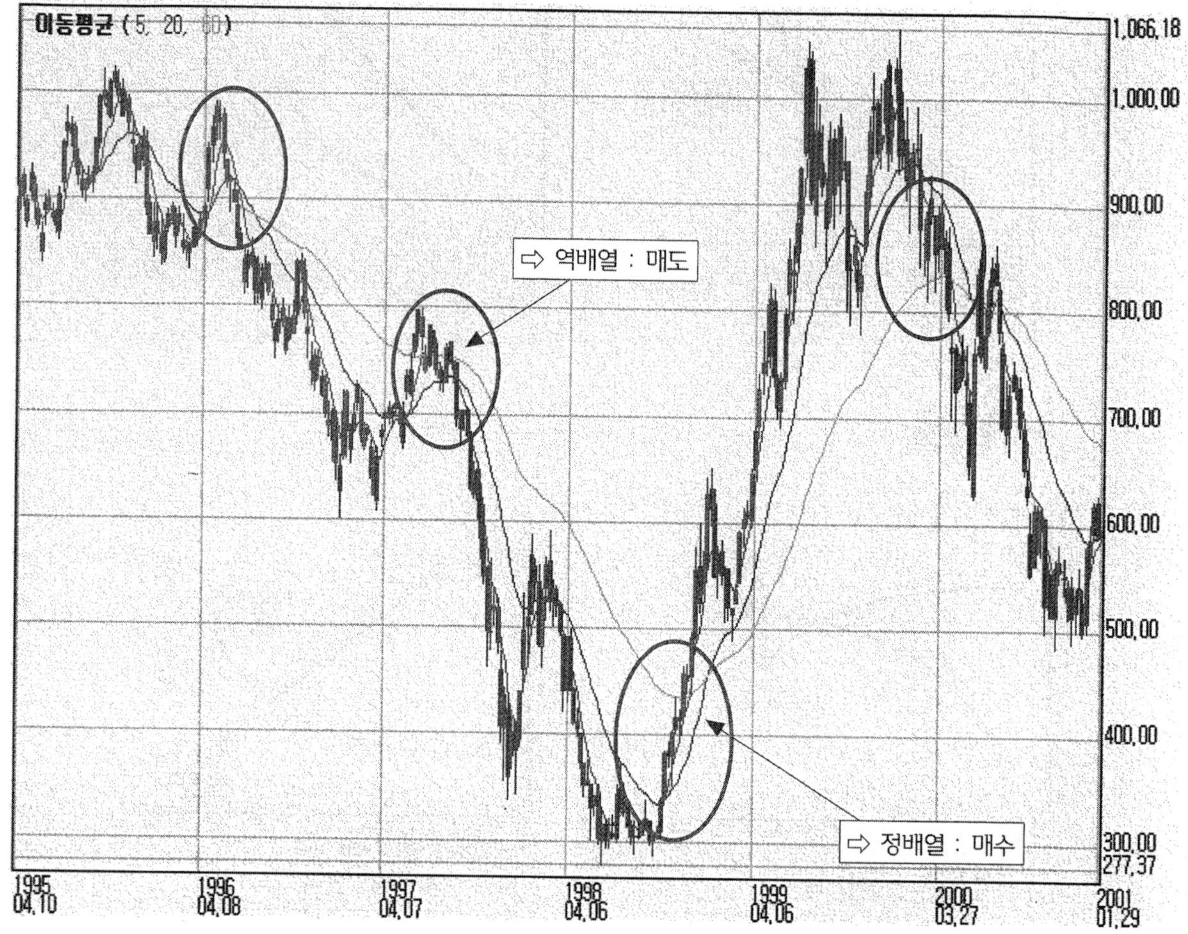

● **정배열 : 적극적 매수신호**

- 이동평균선이 5일⇨ 20일⇨ 60일⇨ 120일 순으로 상승 전환하는 형태
- 강세전환 패턴

● **역배열 : 적극적 매도신호**

- 이동평균선이 5일⇨ 20일⇨ 60일⇨ 120일 순으로 하락 전환하는 형태
- 약세전환 패턴

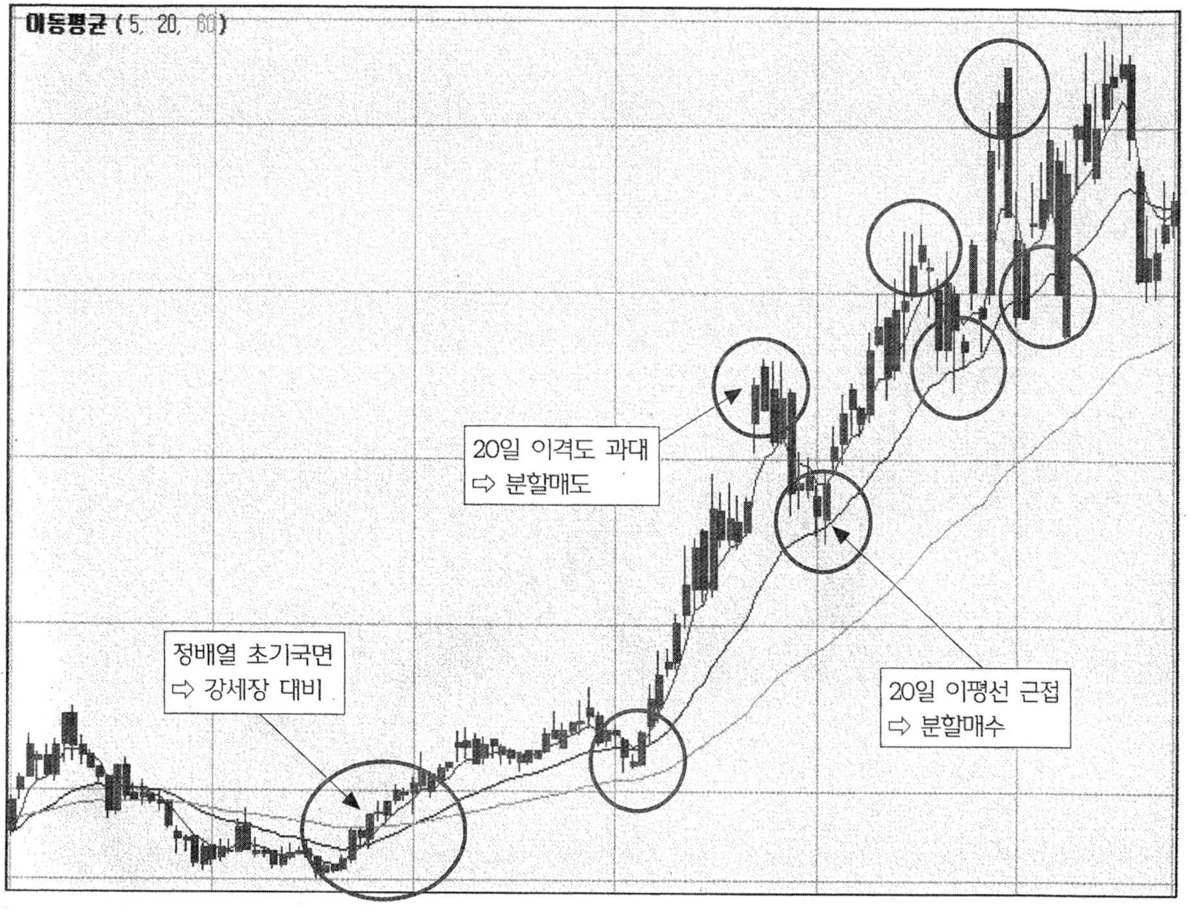

● **강세시장 : 제반 이동평균선을 지지선으로 설정함**

투자전략 : 이격도를 활용하여 고점분할 매도
　　　　　⇨ 이평선을 활용하여 저점분할 매수 병행

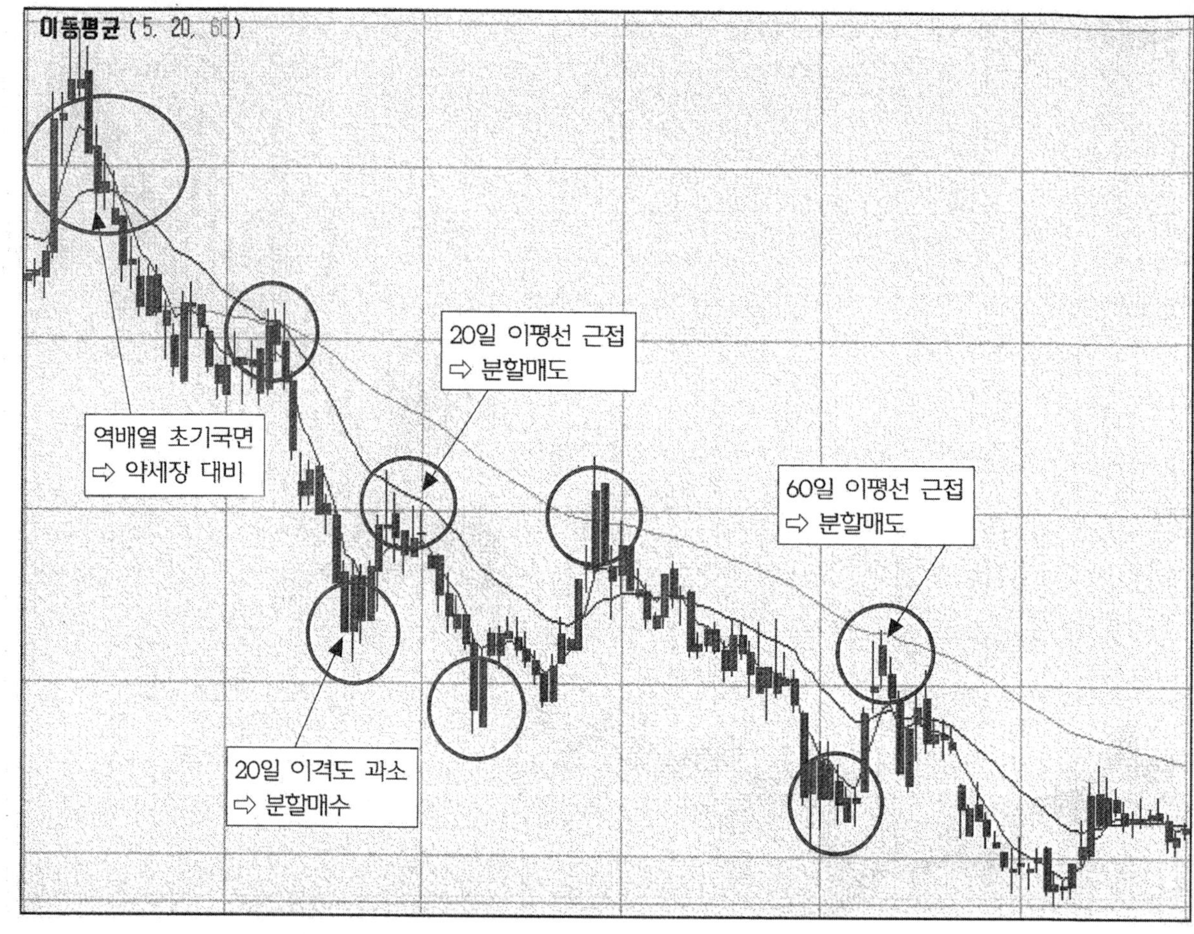

● **약세시장 : 제반 이동평균선을 저항선으로 설정함**

투자전략 : 이평선을 활용하여 고점분할 매도
⇨ 이격도를 활용하여 저점포착 주력

CROSS

● Golden Cross : 20일 MA가 60일 MA를 상향 돌파하는 형태
  ⇨ 매수신호
● Dead Cross : 20일 MA가 60일 MA를 하향 돌파하는 형태
  ⇨ 매도신호

IV. Elliott 파동이론

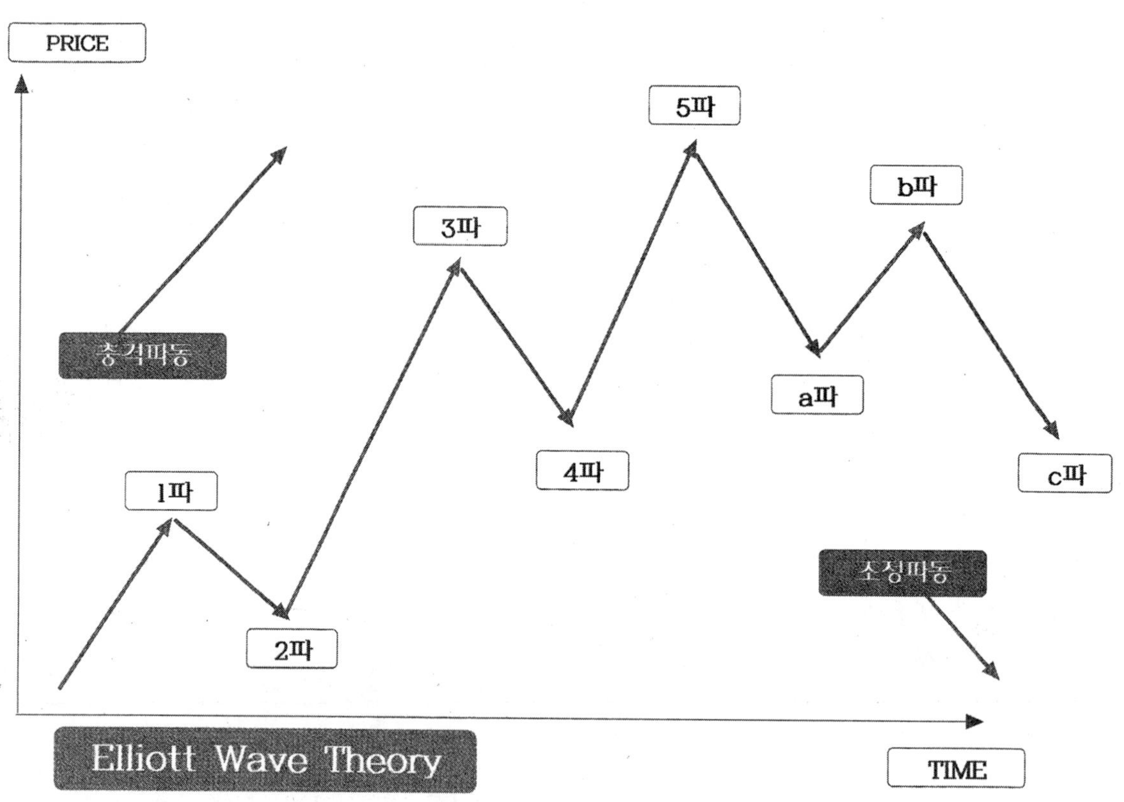

1. 개 념

1930년 당시 철도 노동자였던 Ralph Nelson Elliott이 1937년 미국 다우존스 지수의 대폭락을 예언해 유명해진 이론이다.

자연에는 일정한 법칙이 존재하듯이 증권시장의 가격변화에도 일정한 법

칙이 존재한다는 전제하에 이러한 대자연의 법칙을 따르는 것이 바로 가격
변화를 예측 가능케 하는 방법이라고 했다.

또한 주식시장에 참여하고 있는 개개인도 우주를 구성하고 있는 자연물
에 속하기 때문에 투자가들의 행동에도 반드시 일정한 법칙이 존재하며,
이법칙을 연구하는 것이 주가를 예측하는 방법이라고 설명했다.

2. 기본법칙

(1) 가격의 변화는 5개의 상승파동(충격파동)과 3개의 하락파동(조정파동)으
로 구성된다.
　　⇨ "상승5파, 하락3파"

(2) **충격파동(impulsive wave)** : 전체적인 시장움직임과 동일한 파동(1,3,5,a,c
파)으로 반드시 5개의 파동으로 세분되어야 한다.

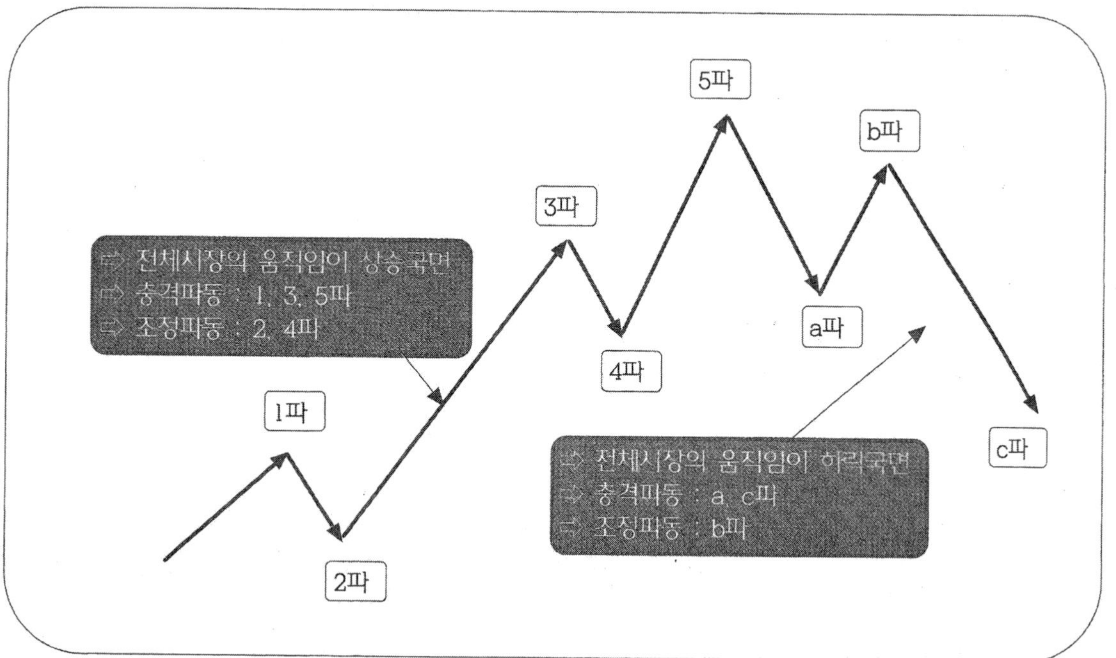

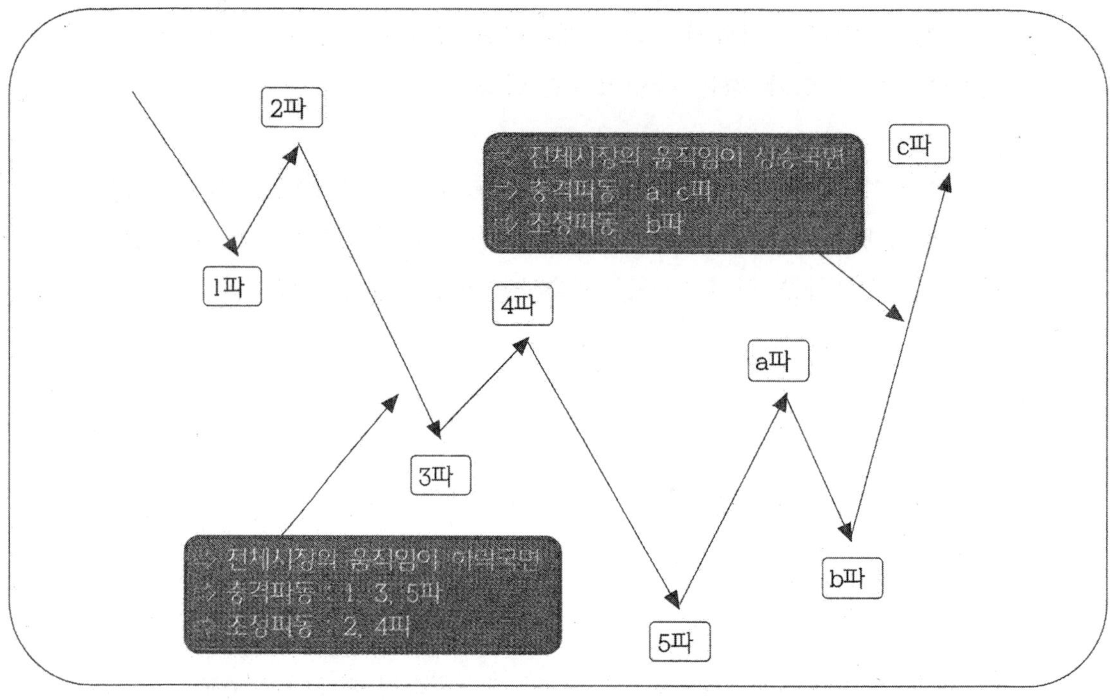

(3) **조정파동(corrective wave)** : 전체적인 시장움직임과 반대로 움직이는 파동(2,4,b파)으로 반드시 3개의 파동으로 세분되어야 한다.

(4) **결 론** : 완전한 하나의 주기는 1파동에서 c파동으로 끝난다는 것이다.(8개의 파동으로 구성)

※ 주의점 : 충격파와 조정파의 구분에 앞서 전체 시장의 방향을 먼저 파악해야 한다. 즉, 현재 시장이 하락추세라면, 하락파가 충격파가 되는 것이다.

3. 파동의 특징 : 상승추세 기준

(1) 1번 파동

① 1번 파동은 새로운 추세의 출발점이다. 만약 지금까지의 추세가 대세하락추세였다면 이제는 하락추세를 마감하고 시나브로 대세상승을 시작하는 초기국면에 진입하는 것을 말한다. 다만, 현실적으로는 현재의 파동이 1번 파동인지 구분하기란 쉽지가 않다. 확실히 추세가 반전된

것인지 아닌지를 검증하기가 힘들며, 추세전환에 확신을 갖지 못한 매도세력에 의해 상승에너지가 충분히 발산되지 못하기 때문이다.

② 간접적인 확인방법

㉠ 악재에 대한 내성이 강화되면서 시장은 각종 악재에 둔감하게 된다.

㉡ 제반 기술적인 지표가 과매도 상태인 침체권을 벗어나게 되면서 시장의 추세와 역행하는 움직임이 나타난다.

즉, 주가는 하락을 하고 있으나 일부 기술적인 지표는 상승으로 반전하게 되는 이른바 "Divergence(괴리현상)"가 발생하게 된다.

㉢ 1번 파동은 충격파동(상승파동)이므로 반드시 5개의 파동으로 세분되어야 한다.

㉣ "절대불가침의 법칙"에 위배되어서는 안된다.(이하 설명예정) 즉, 2번 파동이 1번파동의 저점을 하회하거나(ⓐ), 4번 파동이 1번 파동의 고점 이하로 하락해서는 안된다.(ⓑ)

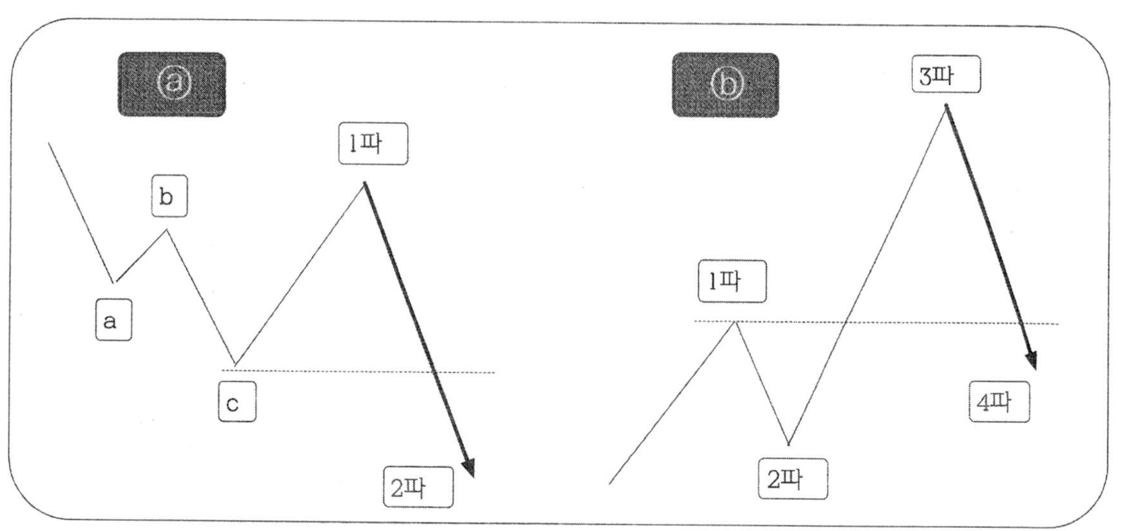

㉤ 실제로는 1번파동을 확인하기가 쉽지 않기 때문에 선불리 매수가담하지 말고, 2번 파동을 확인하고 매수를 시작하는 것이 합리적인 투자방법일 것이다.

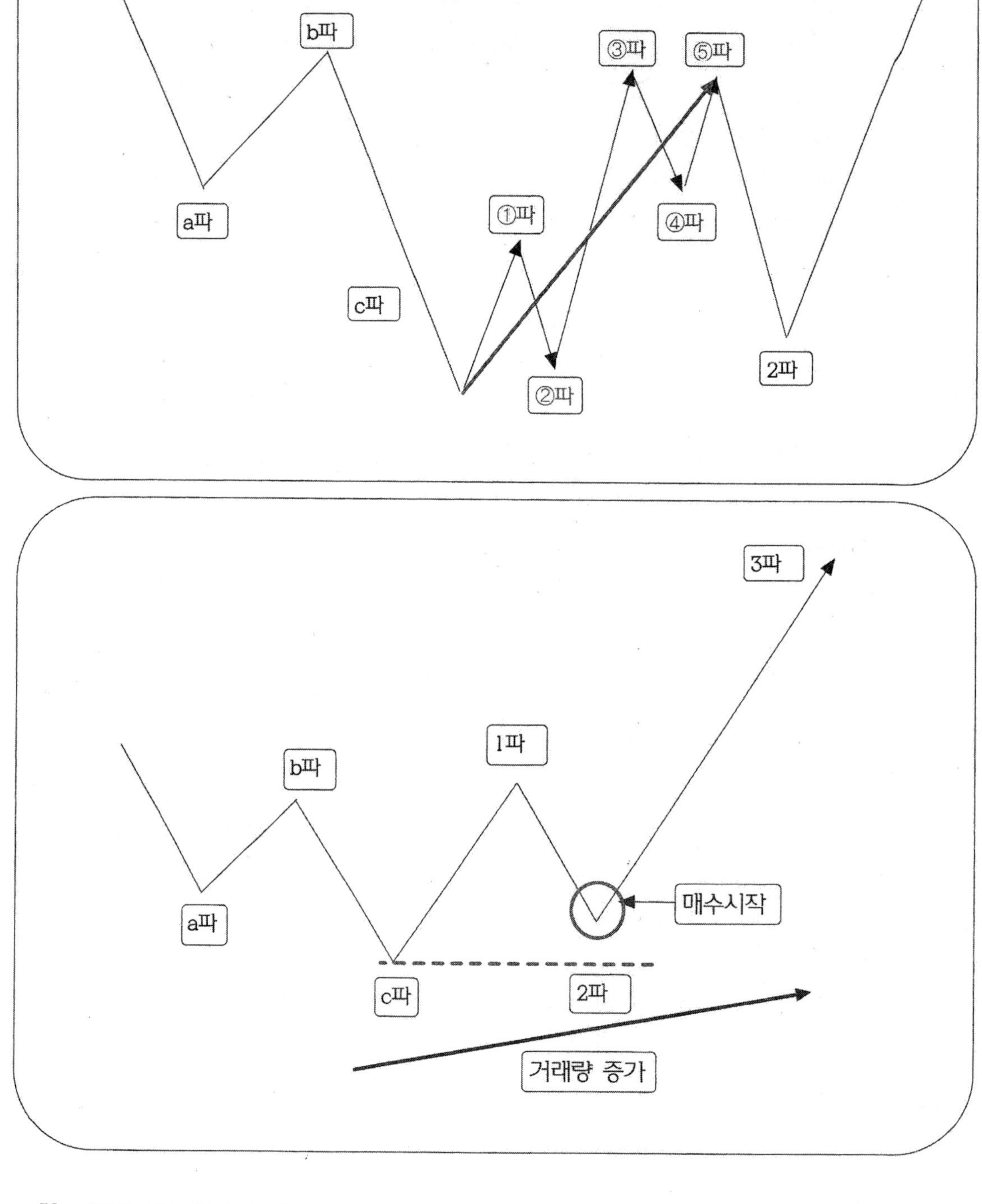
1파
3파
b파
③파
⑤파
a파
①파
④파
c파
②파
2파
3파
1파
b파
a파
매수시작
c파
2파
거래량 증가

(2) 2번 파동

① 1파의 상승을 조정하는 파동이다.

② 2번 파동은 조정파동이므로 반드시 3개의 파동으로 구성되어야 한다.

③ 1번 파동을 공격적으로는 38.2%를, 보수적으로는 61.8%의 조정을 보인다.

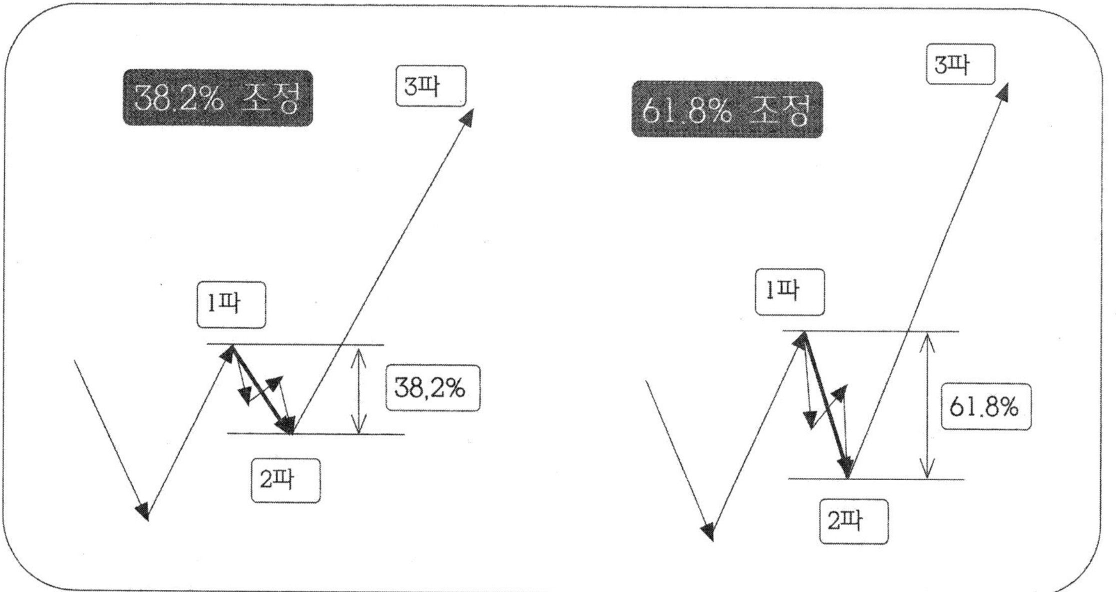

④ "절대불가침의 법칙"상 1번 파동을 100% 이상 되돌려서는 안되며, 되돌림 비율이 99.9%가 되어도 파동은 유효한 것이다. 만약 1번 파동의 저점을 지나서 하락한다면 이는 2번 파동이 될 수 없으며, 1번 파동의 바닥을 하회하는 시점에서는 과감히 "STOP LOSS"(손절매)를 실현해야 한다.

⑤ 2번 파동을 챠트 분석기법과 병행한다면,

㉠ 1번 파동의 저점과 함께 "2중바닥"(Double Buttom)을 형성할 수도 있다.

㉡ a파의 저점과 1파의 바닥과 함께 "역 헤드 앤 숄드형"(Reverse Head & Shoulder)을 형성할 수도 있다.

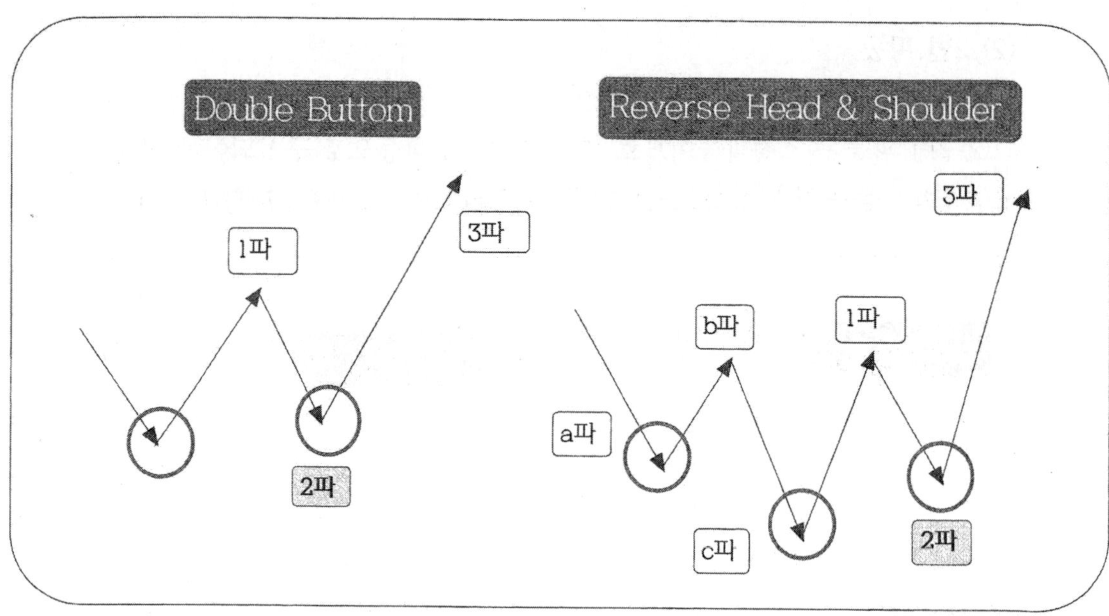

3. 3번 파동

① 1번 파동의 고점을 상향 돌파하는 것으로 확인할 수 있다.(참고로 "고점돌파 최소 20% 상승Rule"은 실전을 배경으로 나타난 것이다.)

② 3가지 충격파동(1,3,5파)중에서 절대로 가장 짧은 파동이어서는 안된다. 이는 "절대불가침의 법칙"에 속하며 예외는 있을 수 없다.

③ 거래량이 가장 활발해지며, 각종 악재는 더 이상 부각되지 않으며 매스컴에서는 주가를 뒷받침하는 재료(호재)를 연일 발표하는 단계다. 게다가 1파의 고점을 상향 돌파함에 있어 재료를 수반으로 수급의 원칙을 무시한 돌파갭이 발생하기도 한다.

④ 1번 파동의 1.618배만큼 상승한다. 다만 활발한 거래량을 바탕으로 무차별적 매수세가 유입될 경우 3번 파동은 예상외로 길어질 수가 있다. 또한 각종 테마주, 인기주, 주도주 등이 될 경우에도 변형이 생길 수 있다. 하지만 주가의 흐름을 차후에 관찰해 볼 때 원칙에 충실한 매매를 함이 타당하다.

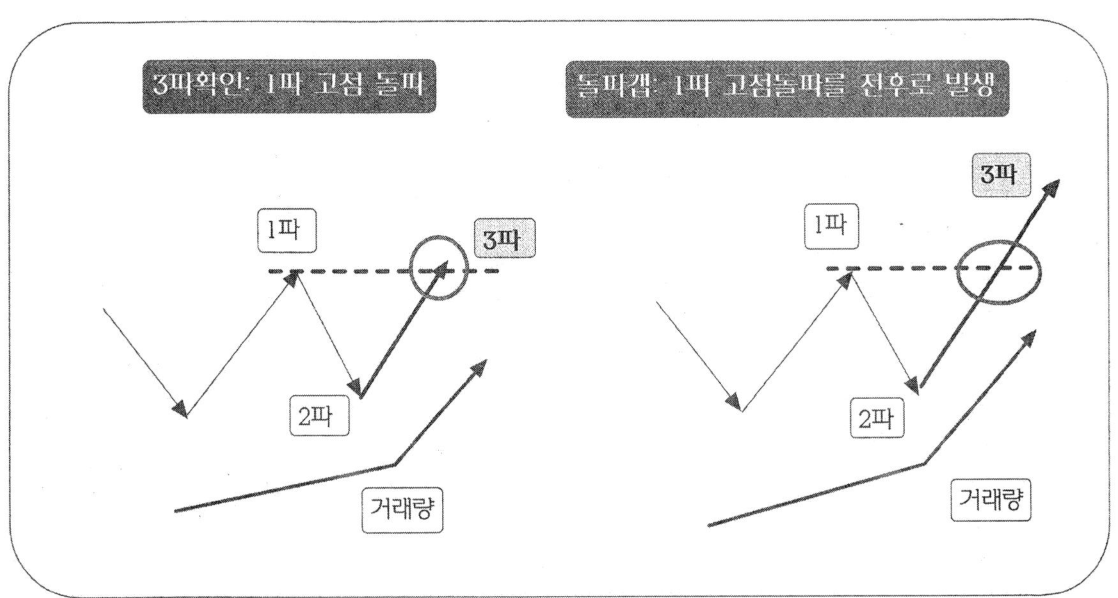

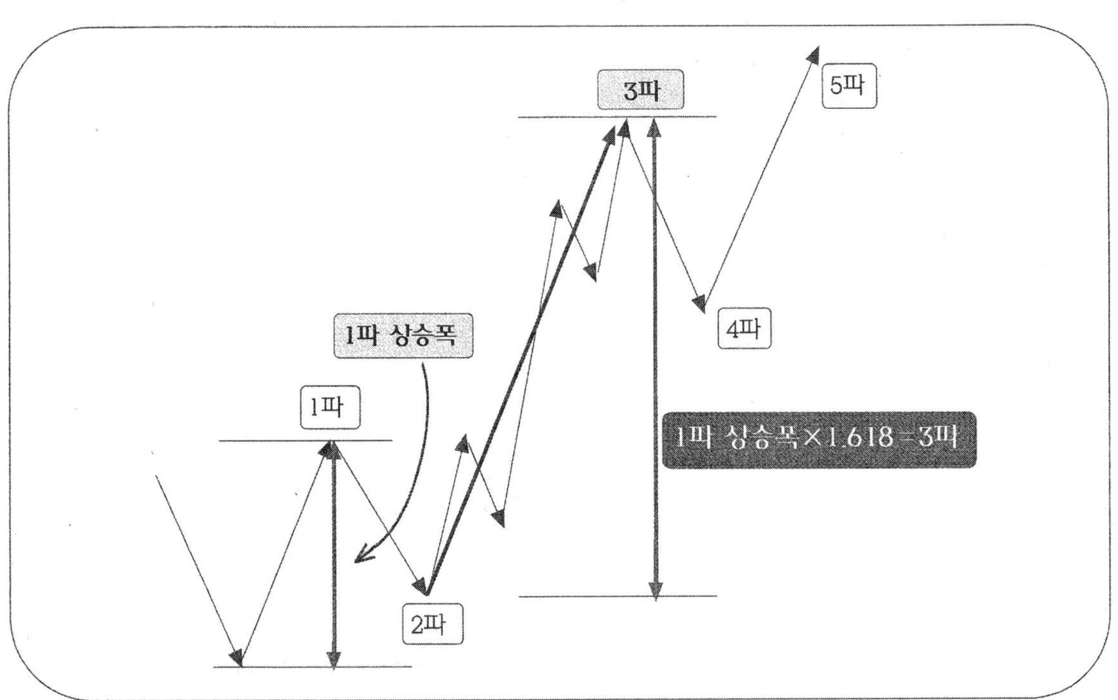

⑤ 3번 파동은 충격파동이므로 반드시 5개의 하위파동으로 구성되어야 한다.

4. 4번 파동

① 강렬했던 3번 파동을 조정하는 파동으로 저점을 예측하기가 쉽다.

② 3번 파동을 38.2% 만큼 되돌리는 경우가 많다.

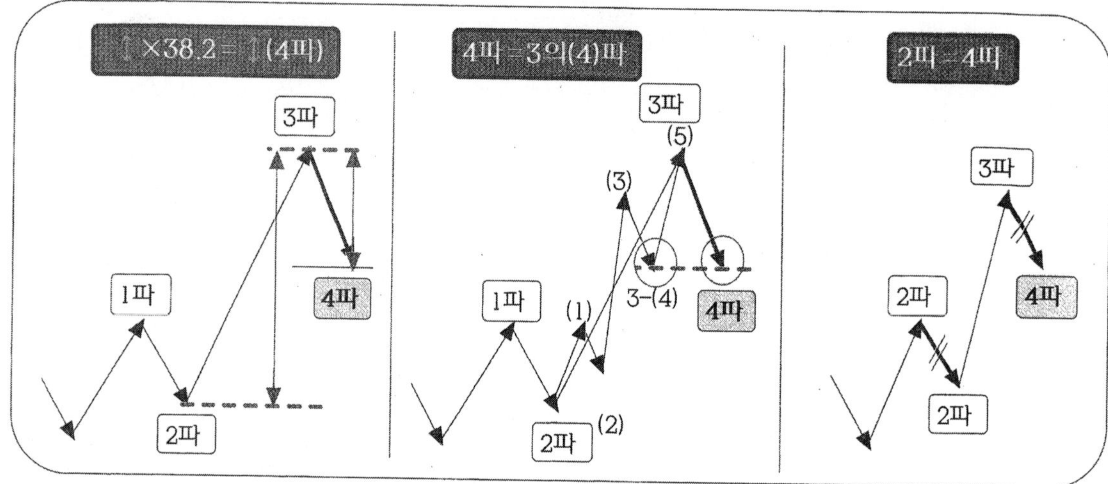

③ 3번 파동을 세분할 때 3번 파동의 네 번째 파동의 저점과 일치하는 경우가 많다.

④ 때로는 2번 파동과 길이가 같게 형성되기도 한다.

⑤ 상기 특징 중에서 2개 이상이 서로 일치한다면 그 일치점이 4번 파동의 저점이 될 가능성이 크다.

⑥ "절대불가침의 법칙" – 4번 파동의 저점은 절대 1번 파동의 고점과 겹쳐서는 안된다.

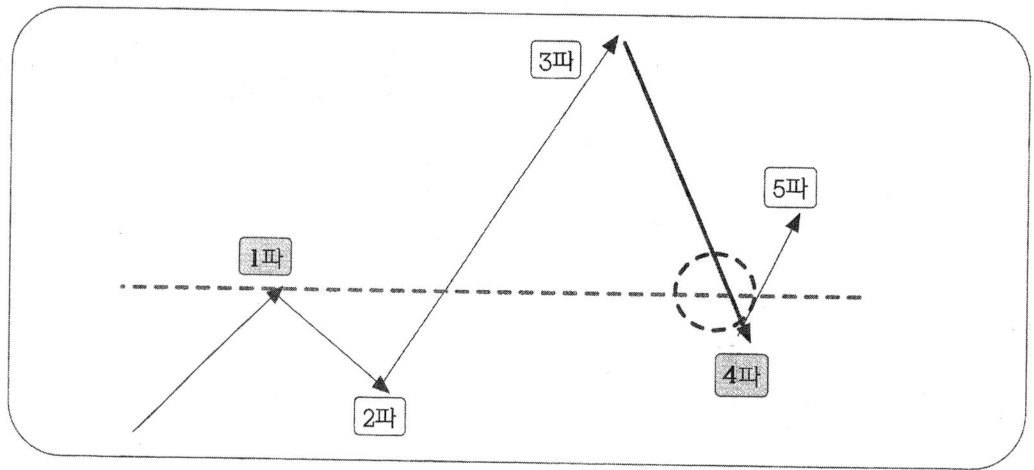

5. 5번 파동

① 상승의 막바지 국면이며, 지금까지 매입을 주저하던 투자자들로 과감
   히 매수에 나서는 단계로 통상 "기관투자가는 매도를 시작하고, 일반
   투자가는 매수를 시작"하는 국면이다.
② 3번 파동보다는 상승폭이 크지는 않다.
③ 거래량만은 3번 파동을 상회하는 것이 일반적이다.

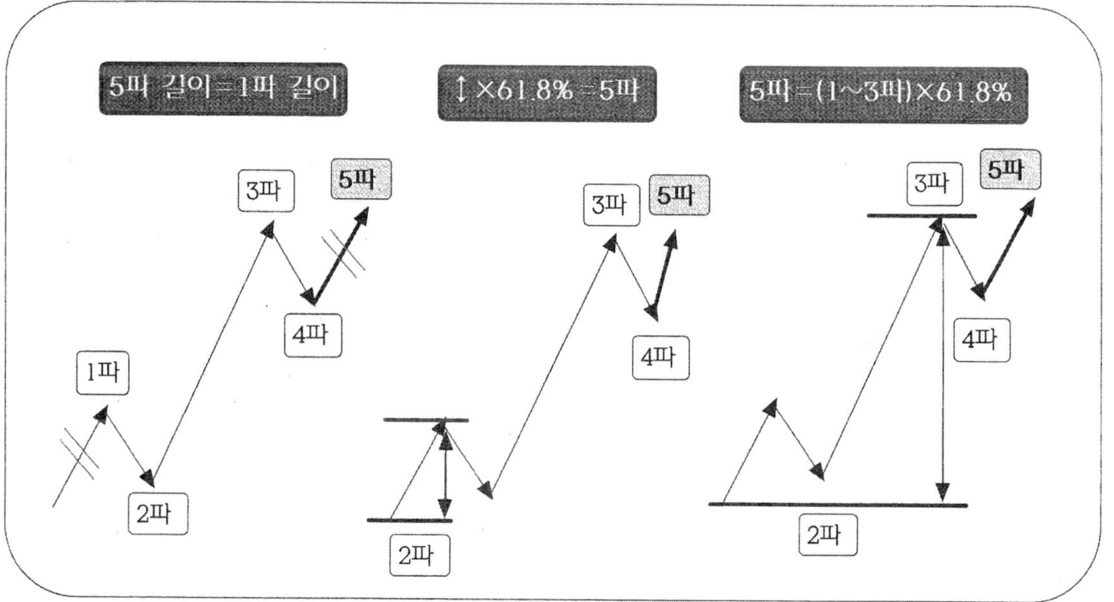

④ 특징
　㉠ 1번 파동과 동일한 폭만큼 상승하거나 최소한 1번 파동의 61.8% 만큼
   은 상승한다.
　㉡ 1번 파동과 3번 파동 길이의 61.8% 만큼 형성되기도 한다.
⑤ 따라서 3번 파동의 최종국면에서 주식을 매수했더라도 5번 파동을 기
   다리는 것으로 손실을 축소할 수 있다.
⑥ 또한 3번 파동이 진행 중이라는 예측을 한 경우는 우선 주식을 매입하
   는 것이 바람직할 것이다.

⑦ 하지만 5번 파동이 진행 중이라고 판단될 경우는 신중히 매매를 해야 한다.

⑧ 일반적으로 5번 파동이 막바지 국면에 다다르면 거래량이 감소하거나 제반 기술적 지표가 과열권에 진입하게 된다. 또한 보유한 주식을 매도할 수 있는 마지막 기회이므로 맹목적으로 5파의 가격대를 설정해 매도를 고려하기보다는 간접적으로 각종 기술적인 지표를 점검할 필요가 있는 시점이다.

⑨ 매도의 기회를 놓치게 되면 상당한 손실을 기록할 수도 있기 때문에 수익률을 낮게 설정하고 기간도 단기로 설정함이 적절한 매매기법이 될 것이다.

6. a파동

① 우선 점검할 사항이 있다. "a파동은 충격파동인가?" 정답은 충격파동이다.

② 그럼 a파는 몇 개의 파동으로 구성되는가? 5개 파동으로 세분된다.

③ a파동은 상승국면의 일시적인 조정현상이 아니다. 상승을 일단락한 주가가 이제는 "길고 지루한 하락국면으로 진입"하게 될 것을 암시하는 파동이다.

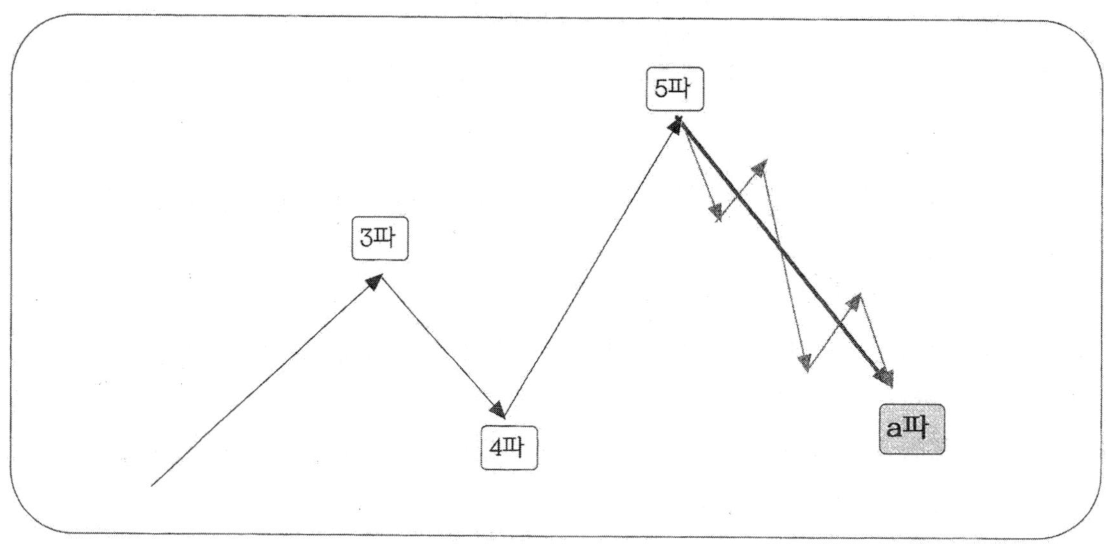

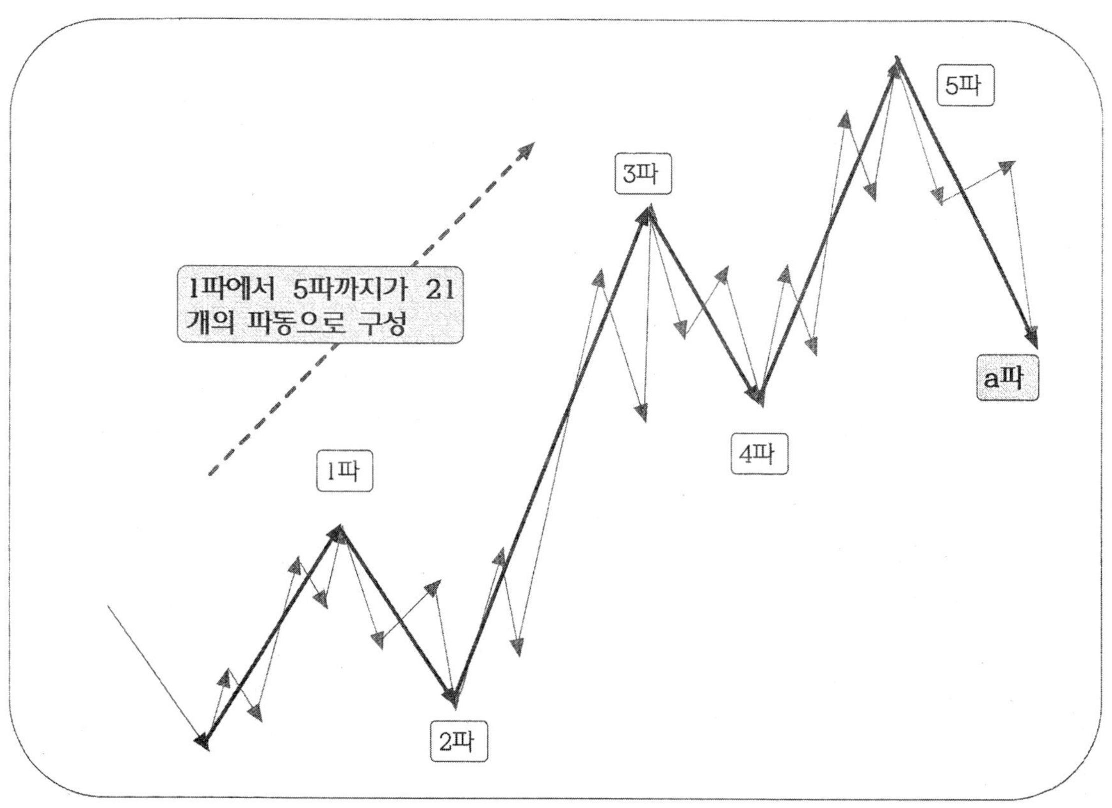

④ 확인방법은 상기 "①,②"를 적용하며 따라서 전형적인 모양은 5개의
   파동으로 세분되어야 한다.

⑤ 문제는 2개의 파동이 형성되는 경우도 a파동이 될 수 있다는 것에
   있다. 이 경우는 상당히 구분이 모호하지만 각 파동을 처음부터 세
   분화 시켜 5파까지 총 21개의 파동이 형성되었는지를 되짚어 보아
   야 한다.

7. b파동

① a파로 시작된 하락추세를 되돌리는 파동 ☞ "되돌림 현상"

② 매도의 기회 : 5번 파동에서 현금화하지 못한 주식을 처분해야 하는 국면

③ 반드시 3개의 파동으로 구성되어야 한다.

④ 일반적 되돌림 비율 : a파 길이의 61.8%

a파동의 구성	예상되는 b파의 모양	b파의 되돌림 비율
5개 파동으로 구성	zig zag pattern	a파동의 61.,8%
3개 파동으로 구성	triangle pattern	
3개 파동으로 구성	flat pattern	a파동의 100%
3개 파동으로 구성	irregular pattern	a파동의 1.236배 또는 1.382배

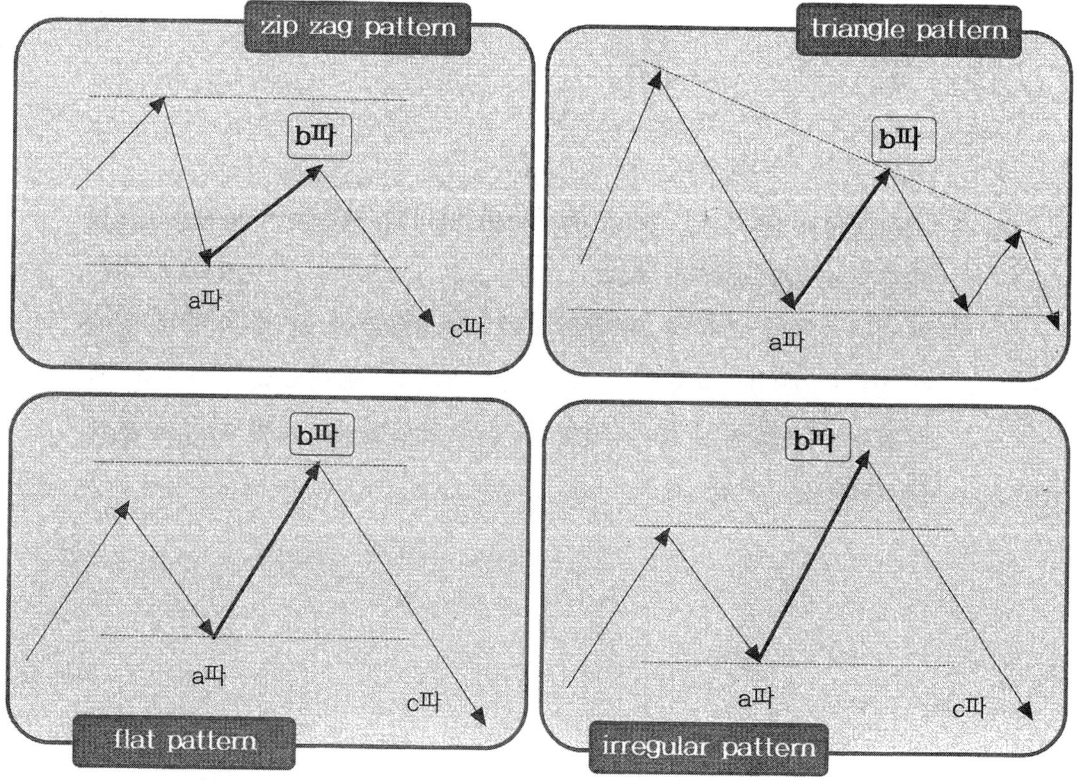

8. c파동

① b파의 되돌림 이후 재차 하락국면으로 진입하는 단계로 거래량도 증가
   하며 주가의 하락폭도 깊어지는 단계를 말한다.
② 약세국면에서 반등을 기대한 매수세력들의 실망매물로 인해 "투매"사
   태가 발생하기도 한다.
③ 일반적으로 c파동의 길이는 a파동의 1.618배로 나타난다.
④ 3파,5파,b파의 고점과 함께 "Head & Shoulder Pattern"을 형성하는 경우
   도 있다.

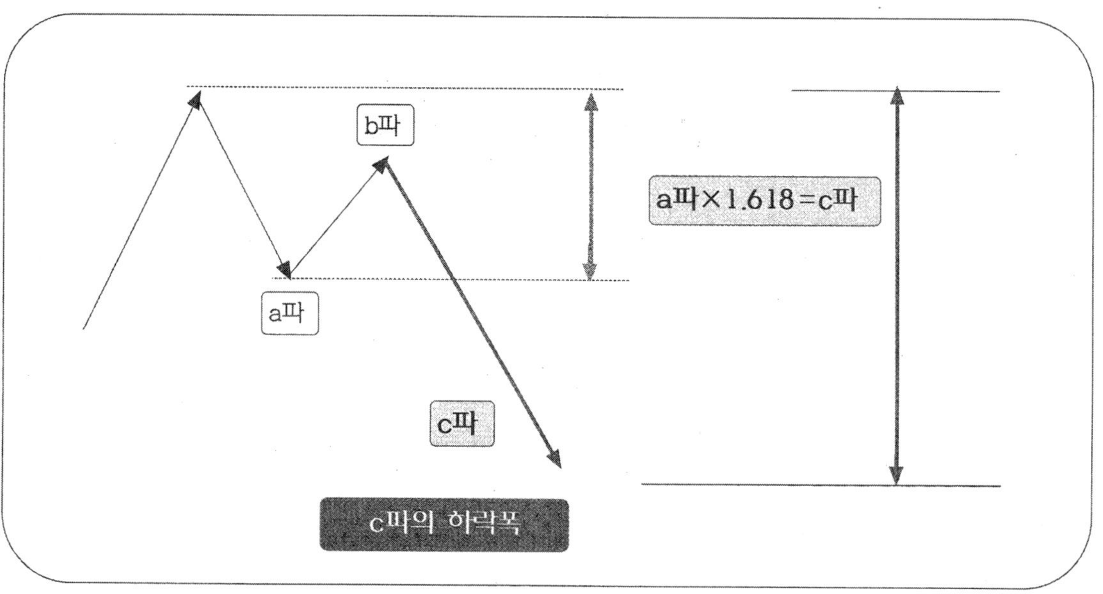

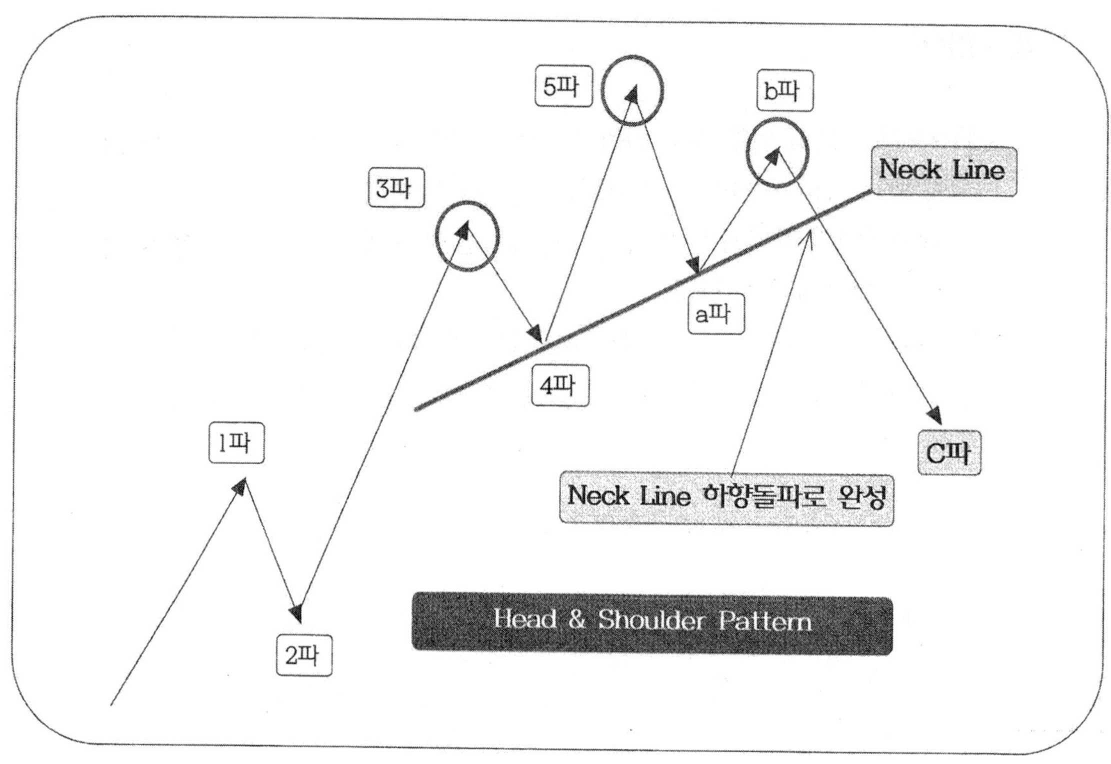

4. 엘리어트 파동이론 중 "절대불가침의 3법칙"

(1) 2번 파동의 법칙 : 2번 파동은 절대로 1번 파동의 저점 이하로 내려가서
는 안된다.

(2) 3번 파동의 법칙 : 3번 파동은 1,3,5파의 상승파동(충격파동) 중에서 가
장 짧은 파동이어서는 안된다.

(3) 4번 파동의 법칙 : 4번 파동은 절대로 1번 파동과 겹쳐서는 안된다.

　※ 되돌림(Retracement) : 주가의 작용에 대한 반작용의 개념으로 주가가 일정
　　기간 상승 또는 하락 이후 기존의 추세와 반대되는 방향으로 움직이는 현상을
　　말한다. 일반적인 되돌림 비율은 38.2%, 50%, 61.8% 등을 적용한다.

　※ 부연 : 대부분의 투자자들은 숲(대세)을 먼저 관찰하기보다는 나무(종목별 흐름)
　　의 상태에 집착하고 있습니다. 아무리 뿌리가 깊은 나무라 할 지라도 숲이 황폐해

지고 있는 상황에서는 독야청청하기가 힘들기 마련입니다.

엘리어트 이론은 대세의 흐름을 파악하는 데 아주 유용한 이론이며, 따라서 전체적인 대세가 상승추세인지 하락추세인지를 가늠하는 데 적절한 이론입니다. 하락추세에 있는 시장에 참여하여 과거 상승추세의 미련을 버리지 못하고 수익을 실현하려는 전략은 빈번히 실패를 유인하는 악수가 될 것이며, 따라서 전체적인 추세를 미리 간파하여 상승추세라면 적극적인 시장참여를, 하락추세라면 보수적인 시장참여로 대응해야 할 것입니다.

Elliott 파동이론 점검 : 1998.9~2000.1

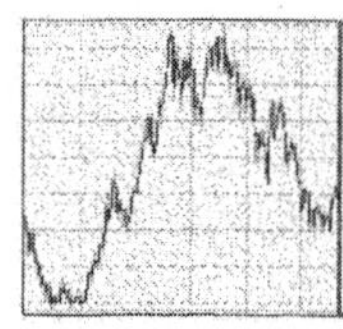

Ⅴ. Divergence

1. 정 의

"Divergence"란 특정지표와 주가(또는 지수)의 괴리현상을 말하며, 아래와 같이 구분된다.

➡ 상승형 : 주가는 저점을 낮추는데 기술적 지표는 저점을 높이는 형태
➡ 하락형 : 주가는 고점을 높이는데 기술적 지표는 고점을 낮추는 형태

2. 분석기법

(1) 상승형 (Bullish Divergence)

- 하락추세에서 상승추세로 전환되는 시점에 발생
- 주가는 하락세를 지속하나 지표의 경우 저점을 높이면서 추세전환의 선행성을 보인다.
- 투자전략 : 주가는 완만한 상승세로 전환될 가능성이 높아 <u>분할매수</u>로 대응

(2) 하락형 (Bearish Divergence)

- 상승추세에서 하락추세로 전환되는 시점에 발생
- 주가는 고점갱신에 성공하나 지표의 경우 고점이 낮아지면서 추세전환의 선행성을 보인다.
- 투자전략 : 주가는 완만한 하락세로 전환될 가능성이 높아 <u>분할매도</u>로 대응

※ Divergence Trap : 지표가 Divergence 패턴을 보인 이후 일시적으로 지표추세선을 이탈하는 현상으로, 이 경우 이탈된 지표가 이전의 고점이나 저점을 이탈하지 않고 기존추세로로 복귀할 경우는 주가의 본격적인 추세전환이 임박했음을 나타낸다.

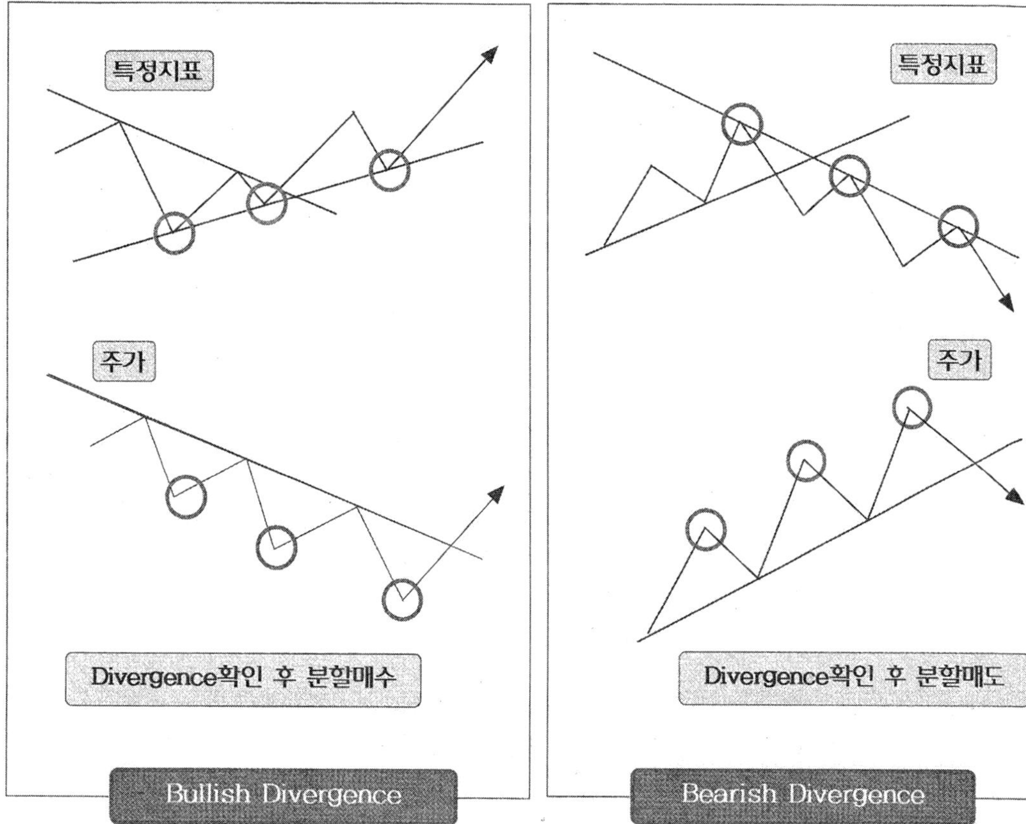

Bullish Divergence

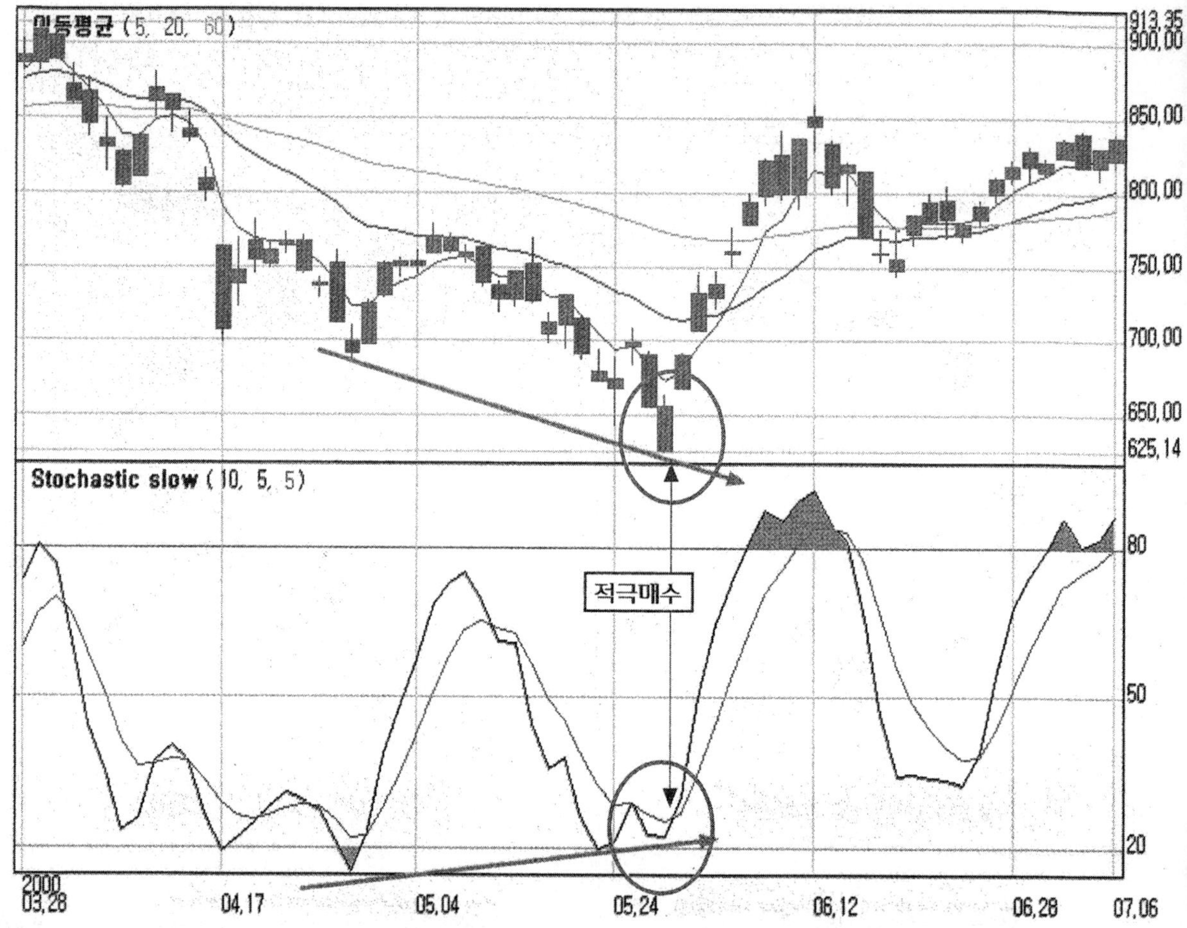

Bearish Divergence

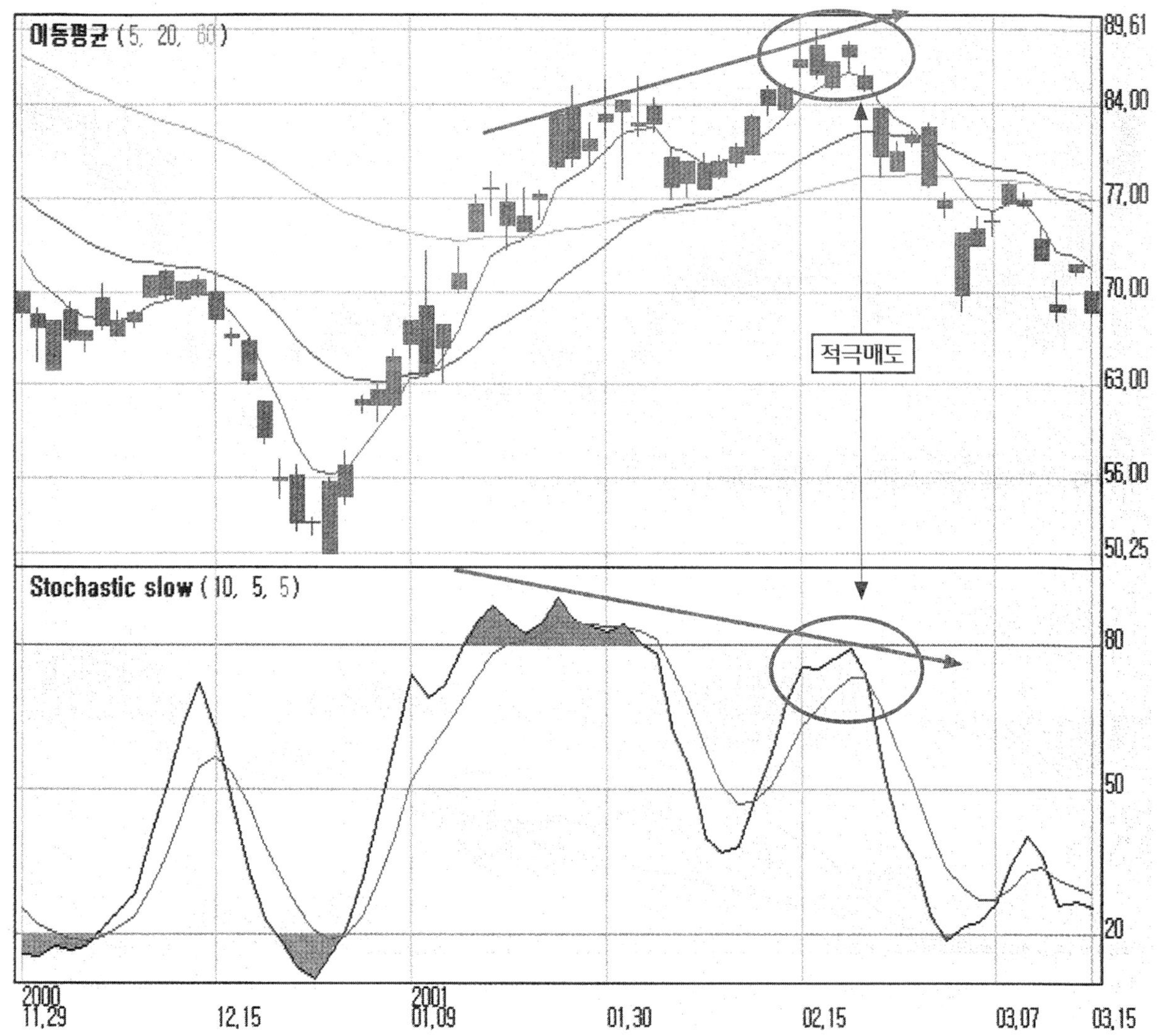

Divergence Trap

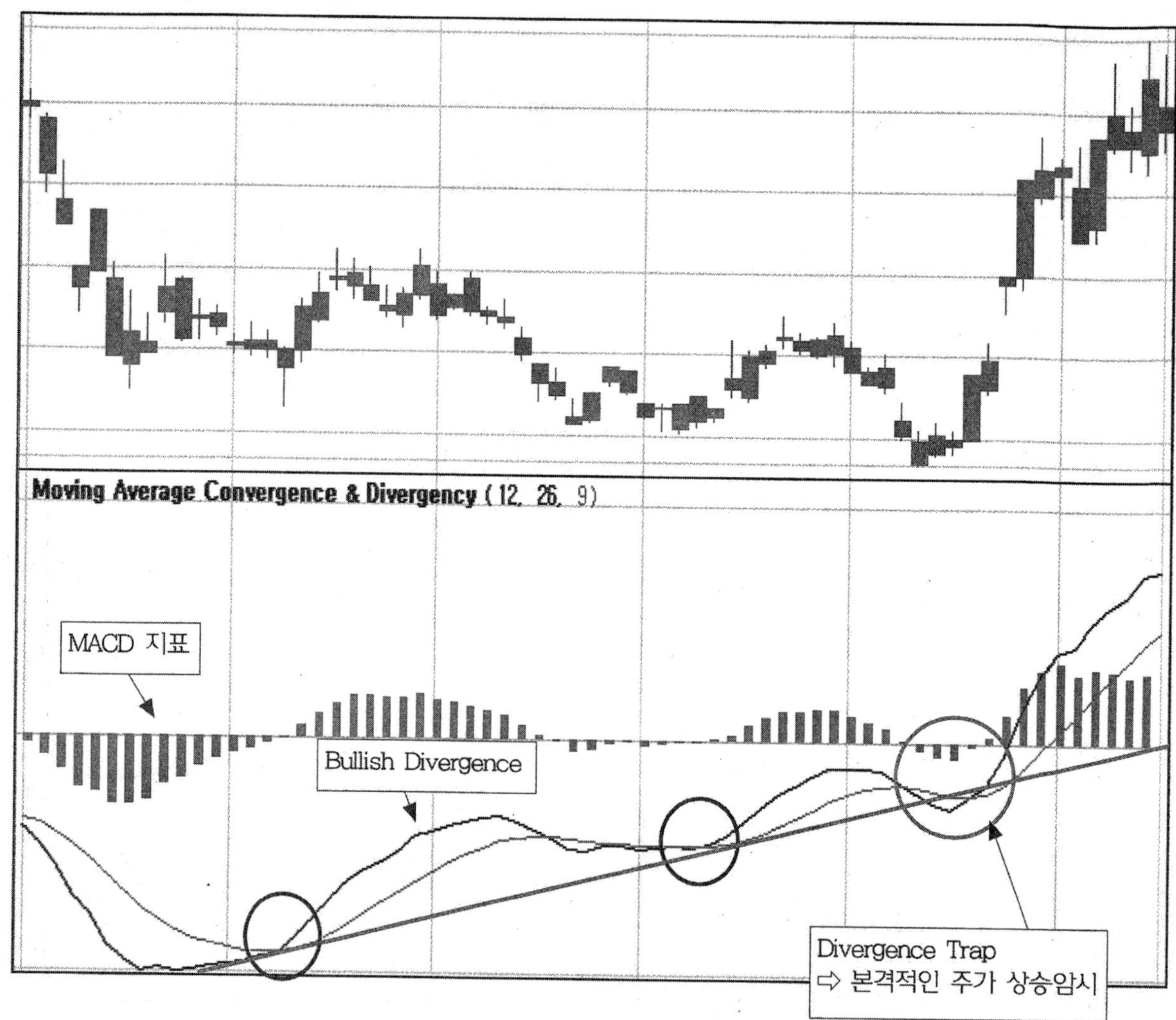

● 주가 : 횡보 또는 하락 중
● 지표 : 저점을 높이면서 상승형Divergence 발생
　⇨ 투자전략 : 저점 분할매수

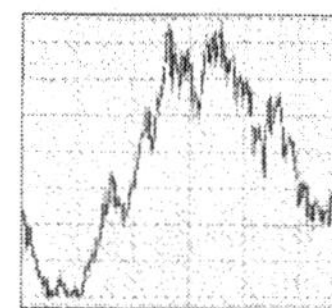

VI. G A P

1. 정 의

"갭(gap)"이란 주가의 급등 또는 급락으로 인해 차트 상에 나타난 빈 공간을 말하며, 전일 고가와 당일 저가 사이에 발생한 가격공백을 의미한다.

갭의 발생은 지금까지 유지되어 오던 매도‥매수세력간에 힘의 균형이 깨지는 것을 의미하며, 향후 주가는 크다란 등락을 보일 가능성이 많다. 즉, 갭의 출현은 현재까지의 추세가 더욱 가속화되거나, 반대로 지금까지의 추세가 반전될 가능성을 암시하는 것이다.

또한 일단 갭이 채워지면 그 갭은 더이상 의미가 없다.

2. 종 류

(1) 보통갭(common gap)
⇨ 비추세 구간(보합국면: congestion area)에 형성되며, 부정기적으로 발생한다.

⇨ 특별한 의미는 없으며, 통상 단기간에 채워진다.

⇨ 단발성 재료로 인해 급등하나 루머(rumor)가 확인되면서 단기간에 해소되는 형태이다.

(2) 돌파갭(이탈갭 : break-away gap)

⇨ 조정을 마무리 한 주가가 강력한 지지선이나 저항선을 돌파할 경우 발생한다.

⇨ 새로운 추세의 시작을 알리는 신호로 대량거래(상승추세 전환시)를 수반한다.

⇨ 갭이 해소되는 경우가 거의 없다.

⇨ 반전형 또는 지속형 패턴에서 갭이 출현할 경우 추세예측에 중요한 신호가 된다. 예컨대, 해드 & 숄더형에서 주가가 네크라인을 돌파할 때 갭이 발생하게되면 추세전환의 확실한 신호로 간주한다.

● 상승돌파갭 : 적극적 매수신호
● 하락돌파갭 : 적극적 매도신호

(3) 급진갭(분출갭 : run-away gap)

⇨ 강세장 또는 약세장에서 향후 기존의 추세가 더욱 강화되고 있음을 암시한다.

⇨ 통상 상승 또는 하락추세의 중간부분에서 출현 : 중간갭(halfway gap)

⇨ 현재까지의 상승 또는 하락폭 만큼 더 진행될 가능성을 나타내며, 목표치 예상이 가능하다.

⇨ 시장참여자들이 자제력을 잃고 일종의 흥분상태에서 뇌동매매를 하고 있는 것으로 해석되며, 기존의 추세가 서서히 막바지에 이르고 있음을 시사하기도 함으로 리스크 관리가 필요한 단계다.

(4) 소멸갭(exhaustion gap)

⇨ 장기간의 상승 또는 하락국면의 막바지에서 출현한다.

⇨ 강세장(bullish market)에서 시장이 과열되면서 초보자와 소액투자자들이 적극적인 매수에 가담하게되고, 이들 잠재적인 매수세력에 의해 다시 한 번 시세분출 현상이 수반되면서 발생

⇨ 향후 주가는 반전되어 기존의 추세와 반대의 추세로 움직일 가능성이 높다.

● 상승추세 : 되돌림 현상 발생시 매도현금화 시점
● 하락추세 : 되돌림 현상 발생시 분할매수 시점

급진갭과 소멸갭 구별기법

1. 추세 진행 중 처음으로 발생한 갭 : 급진갭
2. 급진갭이 연속 출현한 경우, 세 번째 이후 발생한 갭 : 소멸갭이 될 가능성이 높다.
3. 소멸갭은 급진갭에 비해 상대적으로 폭이 적다.
4. 소멸갭은 2~3일 이내에 채워지는 경우가 많다.

※ 섬꼴반전 (island reversal) : 소멸갭이 발생한 이후 단기 횡보권에 있던 주가가 돌파갭에 의해 하락 또는 상승할 때 나타나는 것이다.

⇨ 상승추세 천정권에서 출현시(gap up →gap down)는 하락반전형을,

⇨ 하락추세 바닥권에서 출현시(gap down →gap up)는 상승반전형을 암시한다.

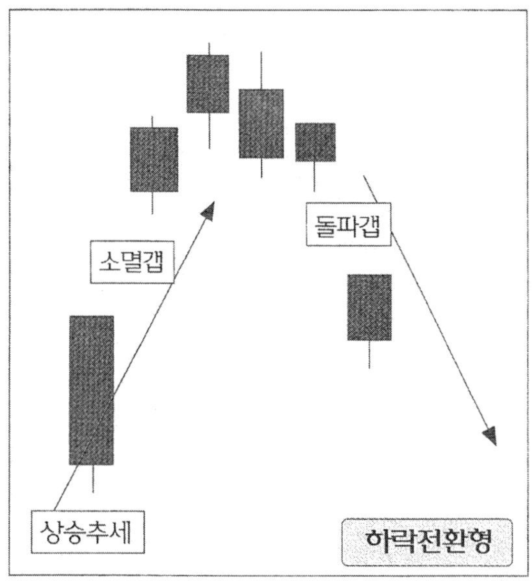

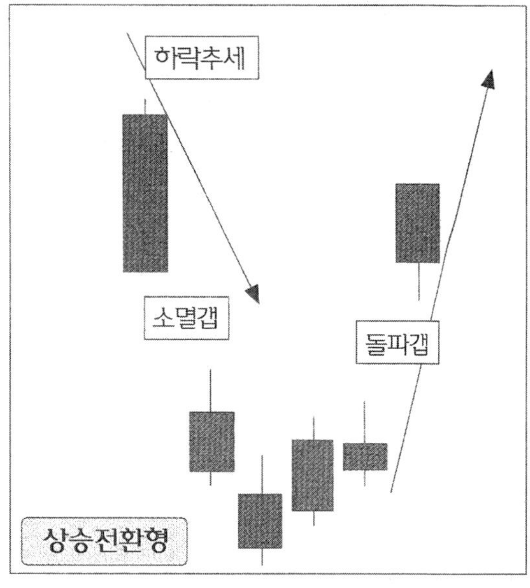

3. 지지선과 저항선

(1) 지지선 : 상승추세에서 발생한 갭은 상승지속 또는 주가반락시 지지선의 기능을 한다.

(2) 저항선 : 하락추세에서 발생한 갭은 하락지속 또는 주가반등시 저항선의 기능을 한다.

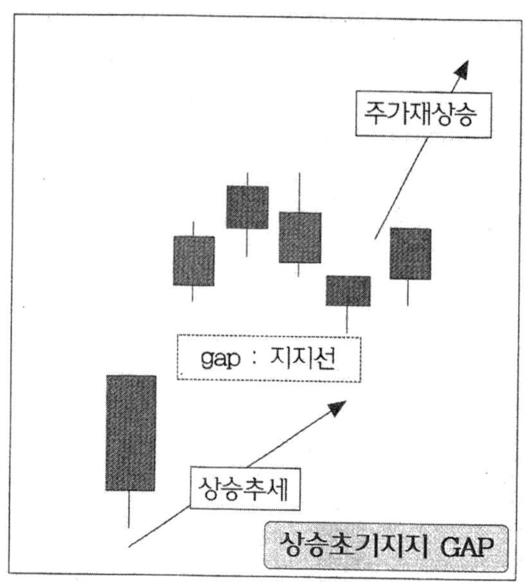

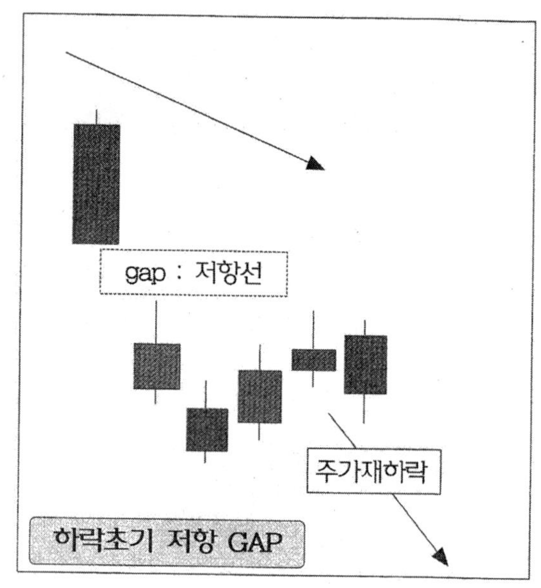

GAP

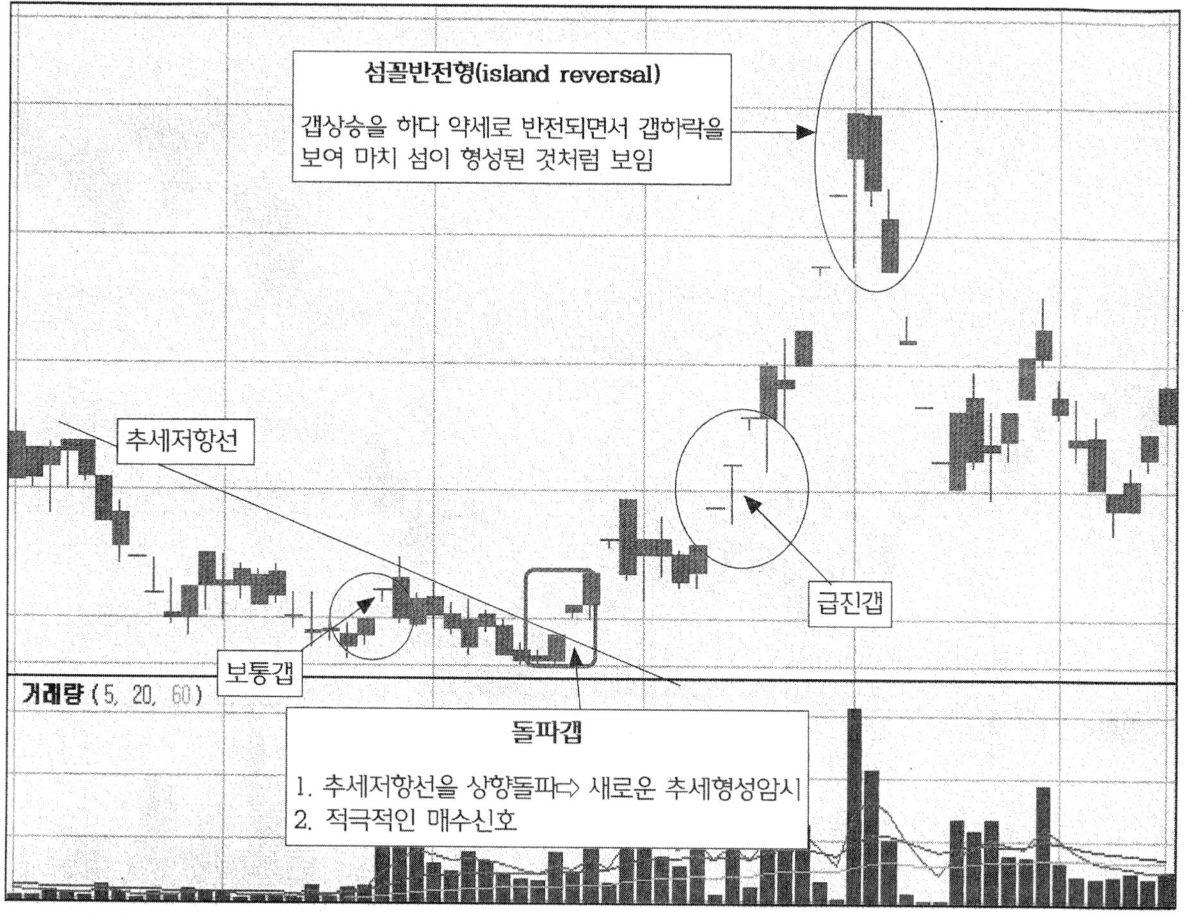

● **투자전략**

1. 돌파갭 – 적극적 매수신호
2. 급진갭 – 추격매수 지속 신호 & 리스크관리 병행
3. 섬꼴반전형과 소멸갭–적극매도 또는 관망

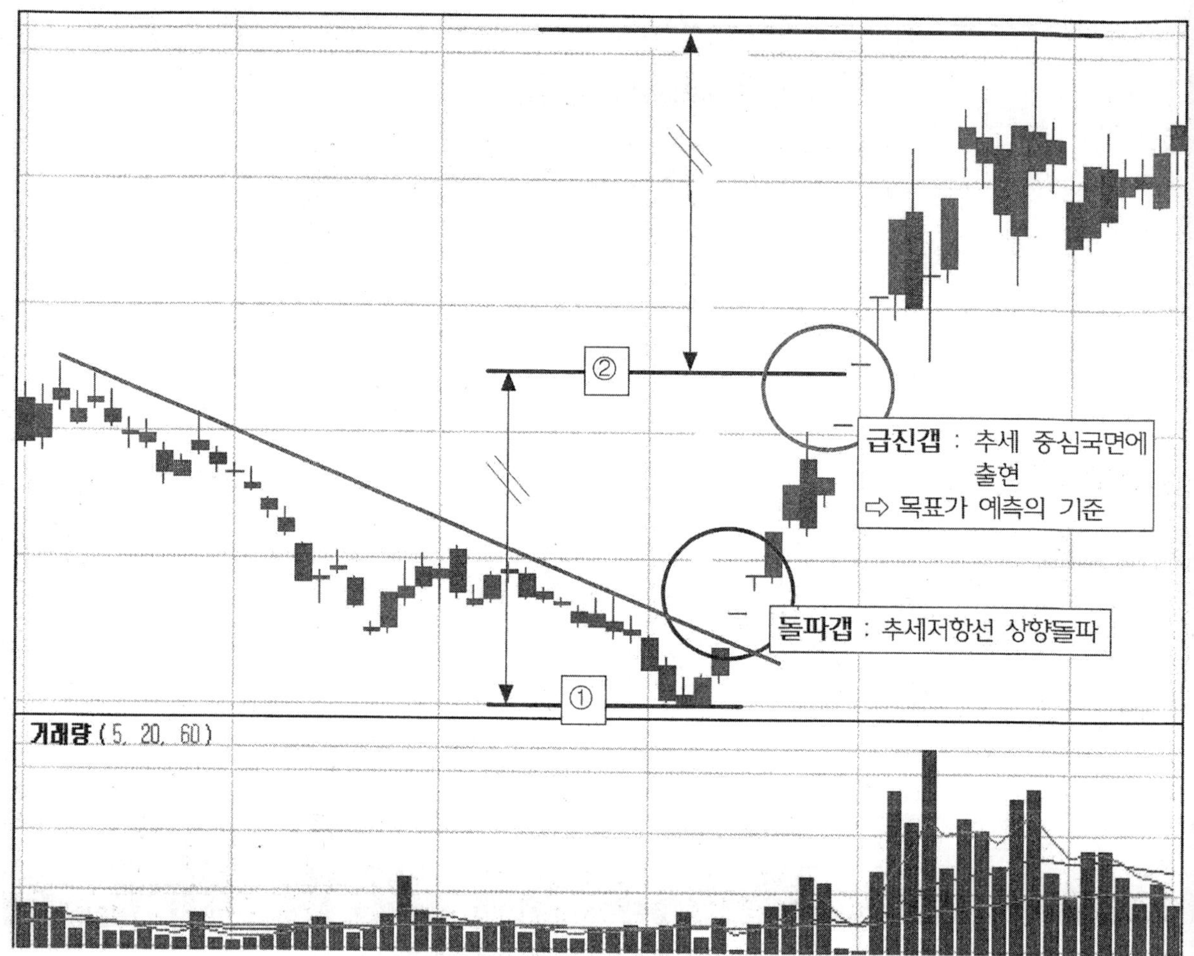

● 목표가 추정

1. 기준가 : 추세상승 전 최저가(①)
2. 중심가 : 급진갭이 출현한 가격대(②)
3. 목표가 : 중심가+(중심가-기준가)

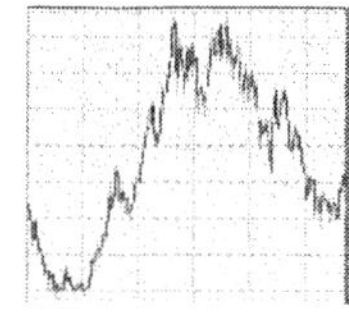

VII. 되돌림(Retracement) 비율

1. 정 의

추세적인 시장에서 진행방향에 대한 반작용으로 일시적인 조정이 발생하기 마련이며, 이 때 조정 받는 폭이 어느 정도가 될 것인지를 예측하는 방법이다. 즉, 추세의 움직임은 항상 작용과 반작용에 의해 결정되는 데 추세의 주된 움직임을 "작용"이라고 한다면, "반작용"으로 간주되는 것이 바로 "되돌림"이다,

일반적인 되돌림 비율은 50%이나, 절대적인 기준은 아니며 참고분석기법이 되어야 할 것이다.

2. 종 류

(1) 엘리어트 되돌림 비율 : 상승 또는 하락폭의 38.2%, 50.0%, 61.8%

(2) 간(GAN) 되돌림 비율 : 상승 또는 하락폭의 37.5%, 50.0%, 62.5%

3. 분석방법

되돌림 비율은 상승폭에 대한 하락조정 폭을 예상하고, 하락폭에 대한 기술적 반등의 폭을 예상할 수 있어 매매시점을 포착하는 데 유용하게 적용할 수 있다.

하지만 업종별, 종목별 조정의 폭이 상이함에 따라 절대적인 기준으로 적용해서는 안될 것이며, 각종 보조지표와 병용하는 전략이 필요한 것이다.

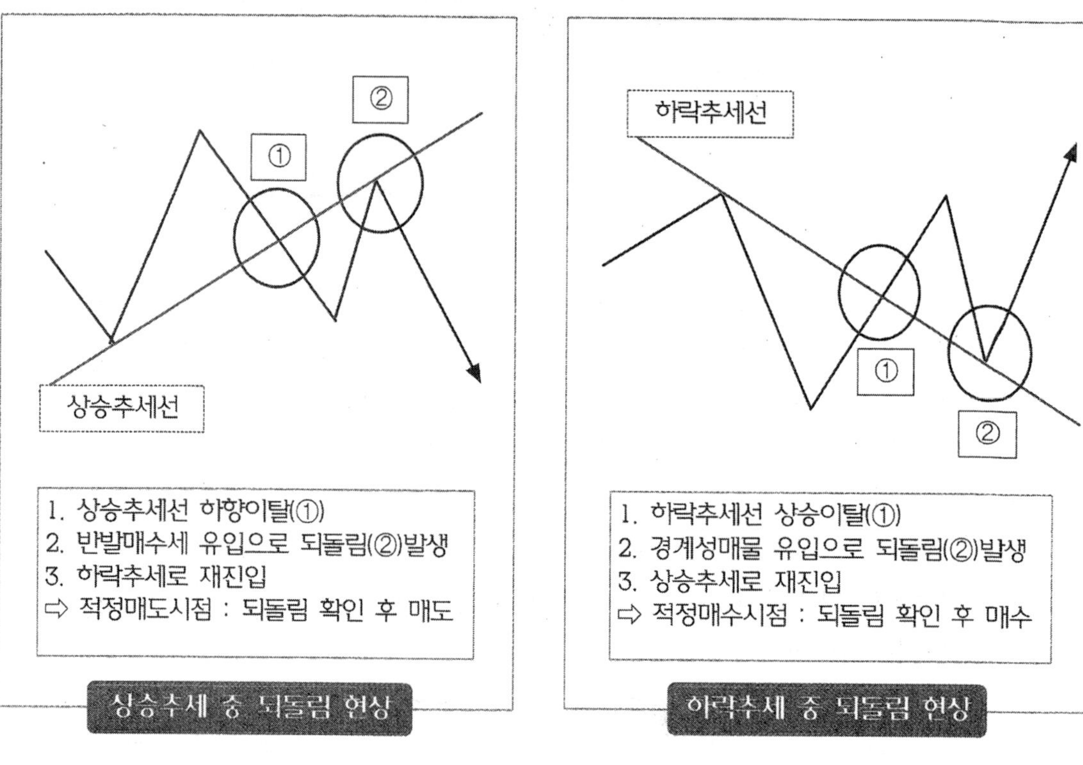

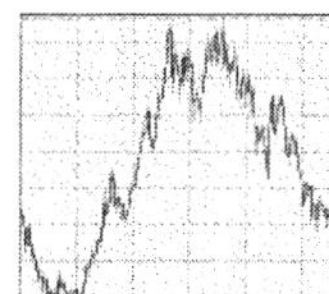

VIII. 반전일(Key Reversal Day)

1. 정 의

반전일이란 하루 중 주가가 사상최고치 또는 사상최저치를 기록하지만, 그 날을 기점으로 기존의 추세가 완전히 전환되는 결정적인 날을 말한다.

2. 예측기법

(1) 통상 개장 직전에 주가는 사상최고(최저)를 기록한다.

(2) 기존추세의 방향으로 급격한 가격변동이 발생한다.

(3) 주가가 사상최고(최저)치를 기록하나 종가는 전일종가보다 현저히 낮은(높은) 수준에서 형성된다.

(4) 거래량은 평소보다 아주 활발하게 형성된다.

(5) Gap 또는 장대양봉(음봉)이 출현한다.

※ 반전일 연장 : 추세반전이 하루가 아닌 이틀에 걸쳐 형성되는 경우도 있다. 이 경우, 첫째 날, 주가는 사상최고(최저)치를 기록하면서 종가 또한 최고(최저)점에 형성되며, 둘째 날, 주가는 더이상 상승(하락)하지 못하고 탄력이 둔화되면서 2일전 종가보다 현저히 낮은 수준에서 종가가 형성된다.

※ 추세전환의 속도 : 하락추세에서 상승추세로 전환은 점진적인 양상을 보이지만, 상승추세에서 하락추세로 전환은 급진적인 양상을 보이게 된다. 따라서 이익의 극대화를 위해 하락반전일을 포착하는 것이 무엇보다도 중요할 것이다.

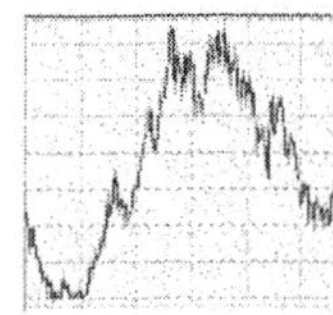

IX. 추세선(Trend Line)

1. 개 념

주가는 일정기간 동안 같은 방향으로 움직이려는 경향이 있는데 이를 "추세"라 하며, 차트에 이 추세를 기준으로 하여 최소한 2개 이상의 의미 있는 고점과 저점을 연결한 직선을 "추세선"이라고 한다.

2. 유 형

(1) 상승추세선(uptrend) – 주가의 흐름이 오른쪽 위로 향할 때 그 추세의 저점을 연결해 이은 직선. ➭ 저점 level-up

(2) 하락추세선(downtrend) – 주가의 흐름이 오른쪽 밑으로 향할 때 그 추세의 고점을 연결해 이은 직선. ➭ 고점 level-down

(3) 평행추세선 – 주가가 보합국면일 때 평행을 형성한 저점을 연결해 이은 직선.

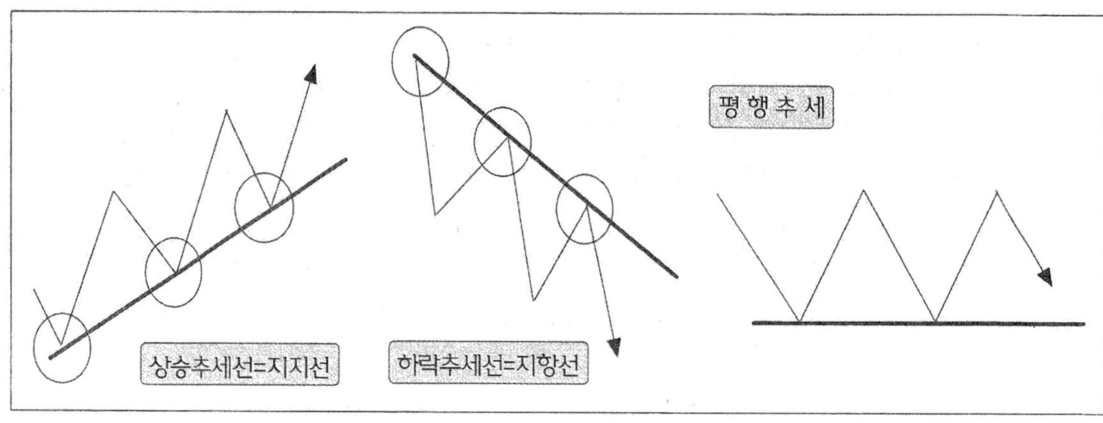

3. 추세선의 신뢰도

추세선을 차트에 설정해보면 방향, 길이, 각도 등이 다르게 나타나게 되는데 이처럼 상이한 추세선을 이용해 합리적인 예측을 하기 위해서는 추세선의 길이, 각도, 횟수 ,전환정도 등을 잘 분석하여 그 신뢰도를 높여야 한다.

(1) 추세선은 길수록 신뢰도가 크며, 바닥 간격이 넓을수록 신뢰도가 크다.

(2) 시장의 종가가 추세선을 돌파한 상태로 형성될 경우 추세전환의 가능성이 높다.

(3) 추세선의 기울기는 45도 각도가 이상적이나 보조적으로 26도를 사용한다.

(4) 추세선 작성시 고점이나 저점이 세 번째로 출현한다면 기존 추세선을 돌파할 가능성이 높다.

(5) 지금까지 형성된 추세선에서 3% 이상의 이탈 또는 거래량의 급변시는 추세선이 전환될 가능성이 높다.

(6) "2 Day Rule" - 주가가 추세를 돌파한 상태에서 2일 동안 계속해서 거래되고 있을 경우, 이는 추세전환의 가능성이 크다는 것이다.

4. 추세대(Channel or Tunnel)

주추세선과 평행한 Outline(보조추세선)을 작성하여 추세 속에서 주가의 등락을 예측하는 것을 말한다.

● 추세선 또는 추세대를 돌파한 당일의 종가가 장대양선 또는 장대음선일 경우 추세전환의 가능성이 크다.

● 추세선 또는 추세대를 돌파한 이후 2~3일 동안 해당추세로 복귀하지
못할 경우 추세전환의 가능성이 크다.

※ 주추세선이 돌파되면 일반적으로 향후의 추세는 기존의 추세와 반대방향으로 움직
이게 되며, 보조추세선이 돌파되면 통상 기존의 추세가 강화되고 있음을 암시한다.

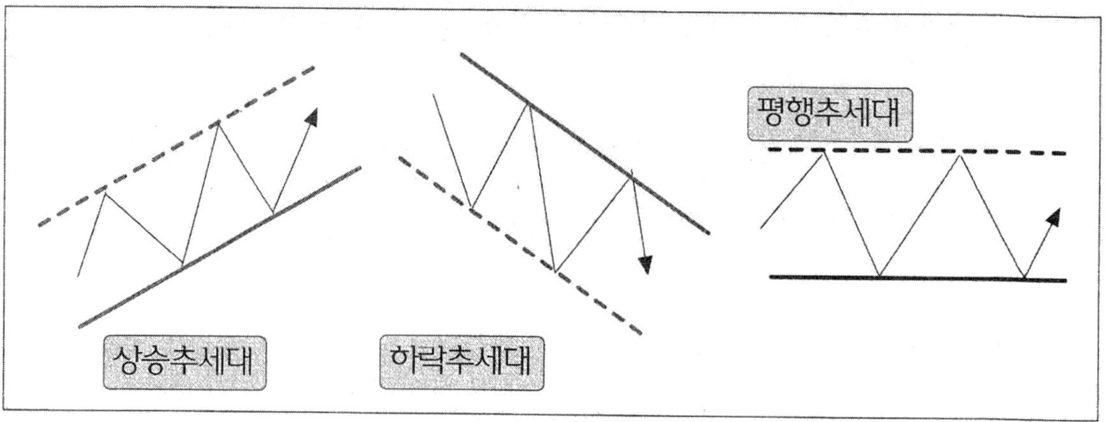

5. 추세선의 견인효과

상승추세(하락추세)에서 하락추세(상승추세)로 전환하는 경우에도 현재까
지 진행된 추세의 영향으로 인해 재차 추세선까지 주가를 견인하는 효과를
말한다.

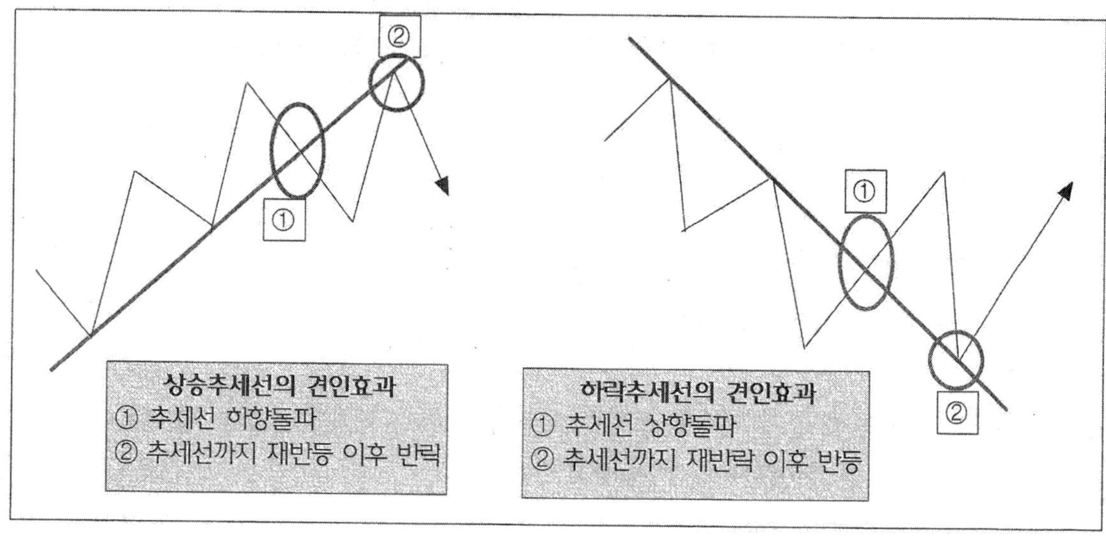

6. 추세선을 이용한 매매전략

(1) Buy Point   (2) Sell Point

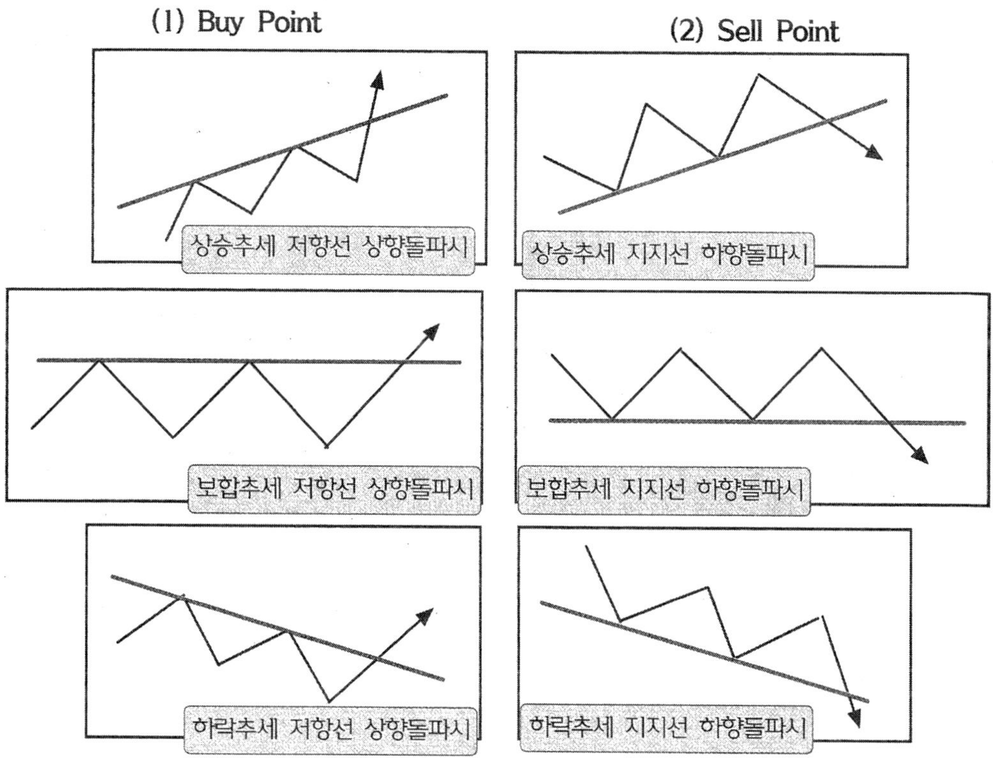

추세선의 정의 : 최소한 2개 이상의 저점과 고점을 연결한 직선

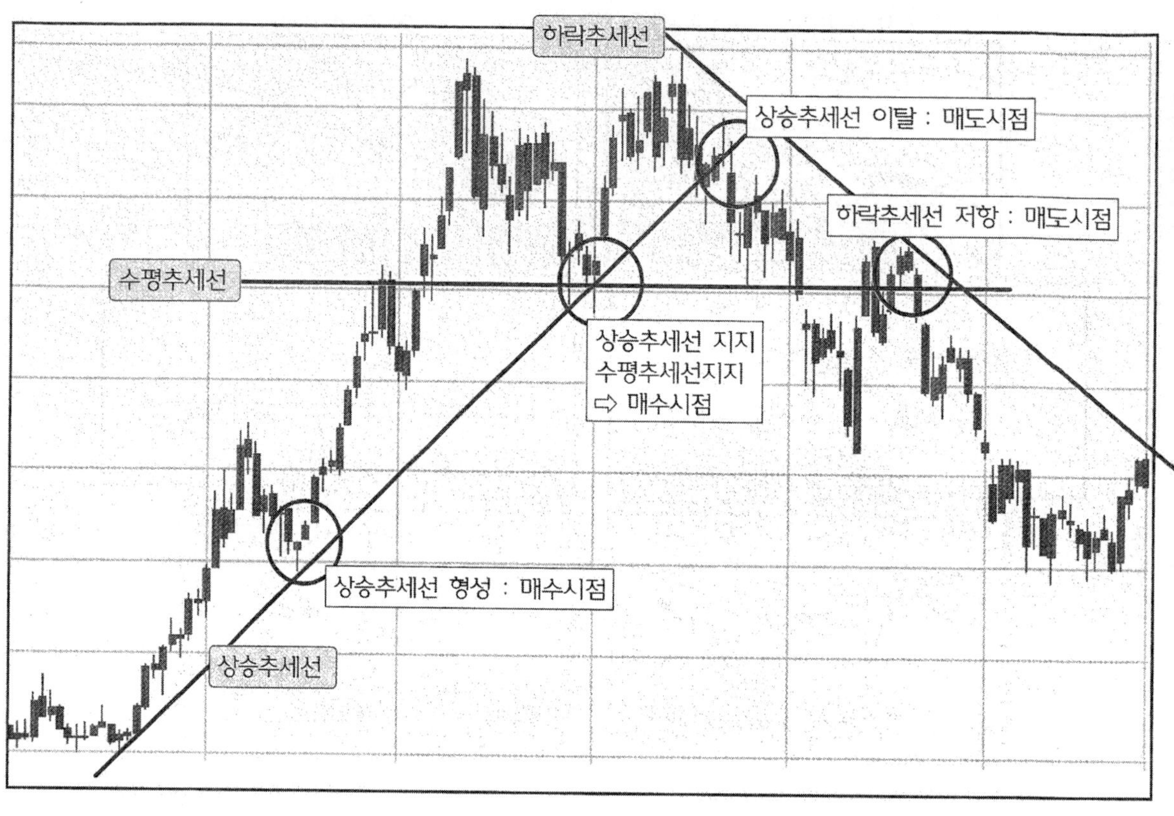

추세대 정의 : 추세선과 평행한 직선으로 형성된 범위

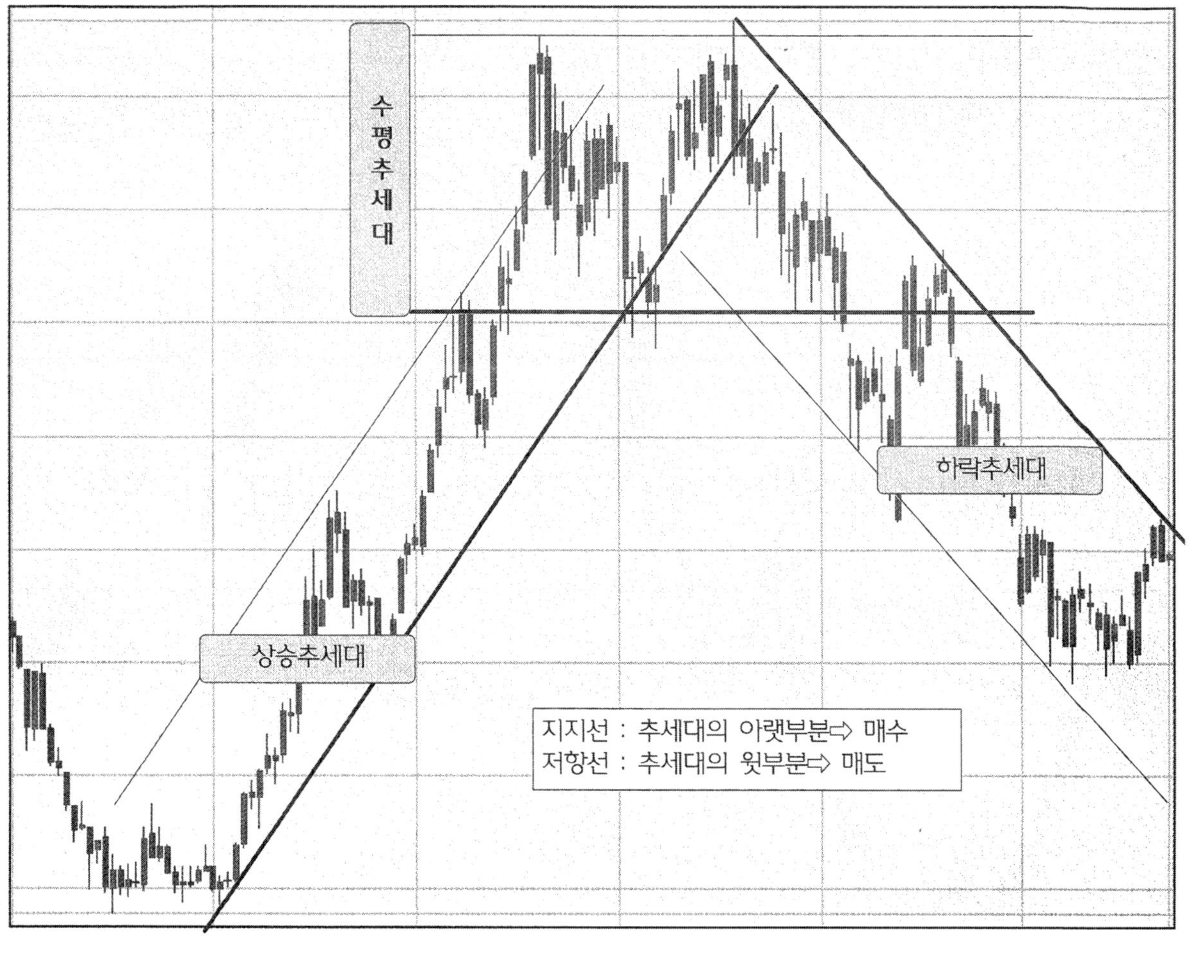

추세선의 지지와 저항

3차 수평추세선
2차 수평추세선
1차 수평추세선
1. 추세선의 저항으로 반락
2. 저항선 돌파로 향후 지지선 기능 예상
3. 저항선 상향돌파 ⇨ 지지선 기능 예상
4. 지지선지지 이후 재반등
5. 직전고점의 저항을 극복하지 못하고 반락
6. 지지선 하향돌파 지지선⇨ 저항선 化
7. 저항선의 저항 속에 재반락

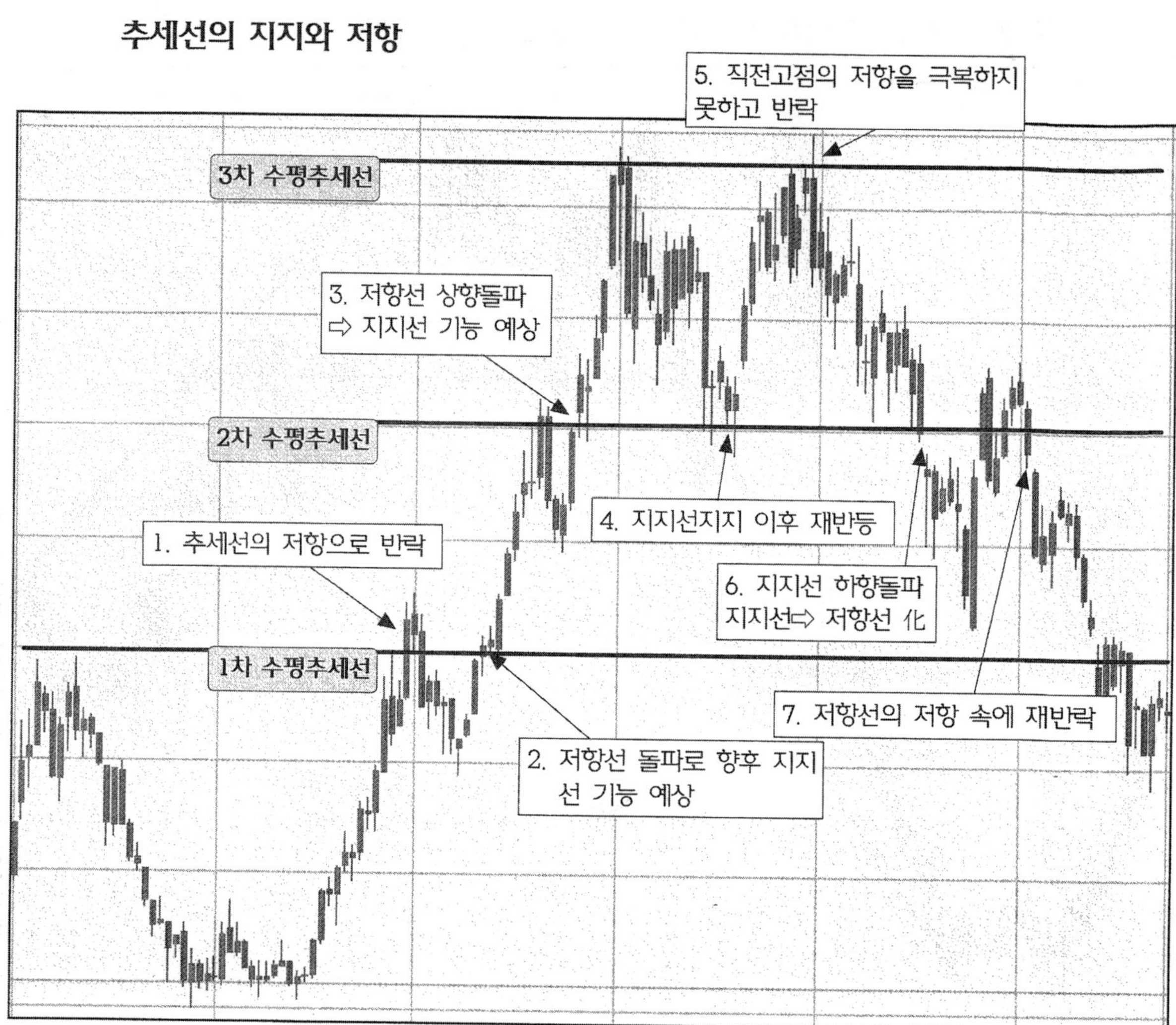

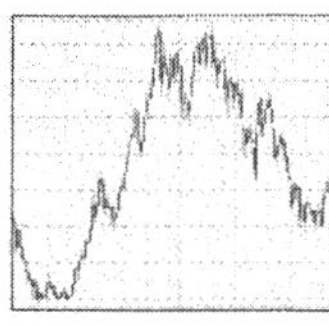

X. 장기추세 진행과정

구분	강세시장(Bull Market)			약세시장(Bear Market)		
	제1국면	제2국면	제3국면	제1국면	제2국면	제3국면
시장상황	매집국면	상승국면	과열국면	분산국면	공황국면	침체국면
전문투자자	매수	매수지속	매도전환	매도	매도지속	매수전환
일반투자자	매도	매도지속	매수전환	매수	매수지속	매도전환

1. 제 1국면 : 매집국면

(1) **특　징** : 경제상황 및 시장여건 최악상황, 기업환경 회복되지 못해 장래에 대한 전망 비관적

(2) **전문가** : 매수시작⇨ 개인투자자들의 매도물량을 매입⇨ 거래량 증가

(3) **일반인** : 매도지속⇨ 실망매물 및 경제매물 지속적으로 출회 ⇨ 거래량 증가

2. 제 2국면 : 상승국면 (mark up phase)

(1) **특　징** : 경제상황 및 기업수익 호전

(2) **전문가** : 매수지속

(3) **일반인** : 관심 고조되나 매수보다는 상승시 매도현금화에 비중을 둔다.

⇨ 일반인들의 매물을 소화하는 과정에서 거래량이 급증
⇨ 기술적분석가들이 가장 큰 투자수익을 기록

3. 제 3국면 : 과열국면

(1) **특　징** : 경제상황 및 기업수익이 급격히 호전

(2) **전문가** : 매수비중을 축소하면서 매도마인드를 강화시킨다.

(3) **일반인** : 확신을 가지고 적극매수로 전환한다.
⇨ 주식투자에 경험이 없는 투자자들도 적극매입을 시작한다.

4. 제 4국면 : 분산국면

(1) **특　징** : 경제상황이나 기업수익에 대해 비관적인 견해가 출현한다.

(2) **전문가** : 시장이 지나치게 과열된 것을 감지하여 투자수익을 취한 뒤 빠져나간다.

(3) **일반인 : 매수지속**

5. 제 5국면 : 하락국면 (panic phase)

(1) **특　징** : 경제상황 및 기업수익에 관한 통계치가 전망보다 나쁘게 기록된다.

(2) **전문가 : 매도지속**

(3) **일반인** : 서둘러 주식을 처분하려는 욕구로 인해 투매가 발생하면서 주가는 수직하락을 보인다. ⇨ 거래량 급감

6. 제 6국면 : 침체국면

(1) 특 징 : 경제상황 및 기업수익 악화

(2) 전문가 : 저점매수를 위해 관망

(3) 일반인 : 투매가 지속되면서 보유물량을 축소한다.

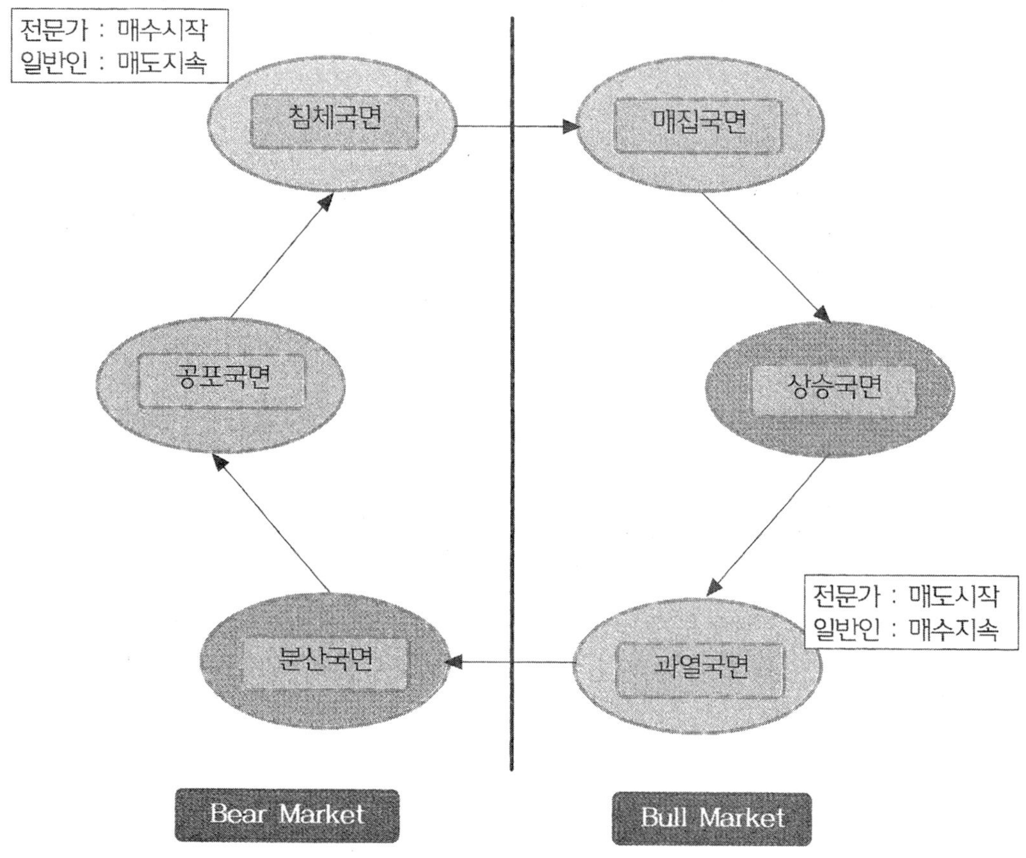

경기와 주가의 순환변동

고점(peak)
활황기 : 실적장세
후퇴기 : 역금융장세
회복기 : 금융장세
침체기 : 역실적장세
저점(trough)
저점(trough)
확장국면
(Bull Market)
수축국면
(Bear Market)

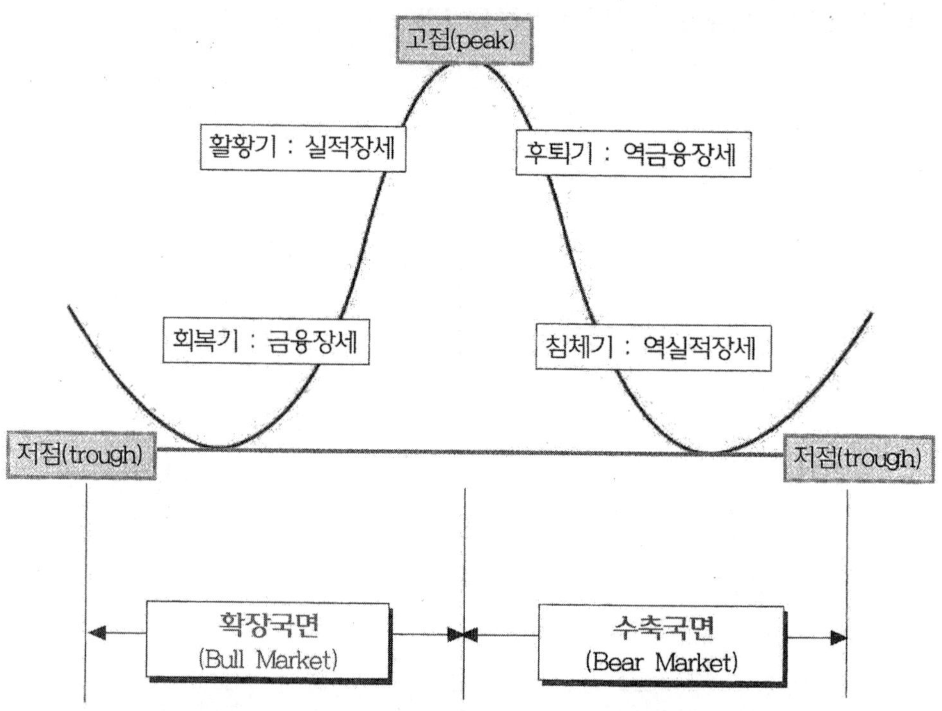

S&P와 Moody's의 신용등급 비교

Moody's		S&P	
투자등급			
Aaa	원리금 상환 안전보장으로 투자위험 최소(the strongest credit)	AAA	최상급 신용채권⇨ 가장 확실 (EXTREMELY STRONG capacity)
Aa	안전성 낮으나 모든 기준에서 양질의 채권(very strong credit)	AA	원리금 상환능력 충분 (VERY STRONG capacity)
A	우량한 투자조건을 갖춘 중상급 채권 ⇨ 미래 위험 가능성 존재 (above-average credit)	A	원리금 상환능력 충분 ⇨ 경제여건에 따라 가변적 (STRONG capacity)
Baa	불황시 주의를 요하는 중급 채권 (Average Credit)	BBB	적절⇨ 경제여건 변화에 취약 (ADEQUATE capacity)
투기등급			
Ba	장래 불확실한 투기채권(⇨ 한국Ba1) (below-average credit)	BB,B	원리금 상환 위험 존재(⇨ 한국 B+) (LESS VULNERABLE capacity)
B	원리금 상환가능성 매우 낮음 (weak credit)	CCC, CC	
Caa	원리금 상환위험⇨ 지급불능 가능성 (speculative and very weak credit)	C	이자 지급능력 없음 (CURRENTLY VULNERABLE)
Ca	극도로 투기적인 채권⇨ 지급불능 (highly speculative and extremely weak credit)	D	연체 중인 채권으로 원리금 지급 불가능(the default)
C	투자전망 극도로 불량 (extremely speculative and the weakest credit		

1 추세지표

Bollinger Band

1. 정의

Envelope 차트의 단점을 보완하기 위한 지표로 이동평균선의 표준편차를 이용하여 주가추세의 강약과 지지선, 저항선을 파악하고자 작성한 지표를 말한다.

가격의 변동성에 매우 민감하게 반응하는 지표로, 가격변동성이 커지게 되면 표준편차가 커져 벤드의 폭이 넓어지게 되고, 가격의 변동성이 작아지면 표준편차가 작아져 벤드의 폭이 좁아지게 된다.

즉, 추세를 형성하게 되면 가격의 변동성이 증가되어 벤드의 폭도 넓어지고, 비추세구간(횡보)에서는 가격의 변동성이 작아져서 벤드의 폭도 작아지게 되는 것이다.

2. 작성방법

● 중심선 : 통상 20일이동평균선이 최적

◉ 상, 하한벤드 : 중심선의 표준편차의 ±2배
◉ 단기분석에는 10일을, 중기분석에는 20일, 장기분석에는 60일을 많이 사용

3. 분석방법

(1) 특징
◉ 벤드 폭 확장 : 추세가 강하고 하루 중에 변동폭이 클 경우 ⇨ 새로운 추세 형성 예고 !!
◉ 벤드 폭 축소 : 보합, 횡보국면 또는 기존추세 완화국면
◉ 강세국면 : 주가가 상한벤드에 밀착되어 움직인다.
◉ 약세국면 : 주가가 하한베드에 밀착해서 움직인다.
◉ 추세의 지속 : 벤드 폭 밖으로 이탈을 보일 경우

(2) 지지선 : 벤드의 하위수준

(3) 저항선 : 벤드의 상위수준

(4) 매수시점 :
① 주가가 이동평균선(중심선)을 아래에서 위로 상향돌파 할 경우는 상한벤드를 목표로 매수
② 하한벤드를 하향 이탈했던 주가가 재차 하한선 내부로 진입할 경우
③ 하한벤드에서 등락을 보이면서 켄들차트 양봉이 추가될 경우

(5) 매도시점 :
① 주가가 이동평균선(중심선)을 위에서 아래로 하향돌파 할 경우는 하한벤드를 목표로 매도
② 상한벤드를 상향 이탈했던 주가가 재차 상한선 내부로 진입할 경우
③ 상한벤드에서 등락을 보이면서 켄들차트 음봉이 추가될 경우

(6) 벤드를 이용한 전략 : 통상 벤드 내에서 가격이 형성된다는 전제하에,
◉ 상한벤드 근접 : 과매수로 판단

● 하한밴드 근접 : 과매도로 판단

(7) 밴드 중간선을 이용한 전략

● 상승추세 : 밴드 중심선을 지지선으로, 상한밴드를 저항선으로 판단
● 하락추세 : 밴드 중심선을 저항선으로, 하한밴드를 지지선으로 판단

4. 적용기법

(1) Band 상하한폭 활용

① 밴드 폭이 좁다는 것은 주가가 보합 또는 횡보권에 있다는 것을 의미하며, 향후 추세전환(상승 또는 하락)의 가능성이 높아지고 있음을 암시한다.

● 밴드 폭 축소 중 ⇨ 밴드 상향이탈 ⇨ 제반 보조지표 매수신호 ⇨ 적극 매수로 대응
● 밴드 폭 축소 중 ⇨ 밴드 하향이탈 ⇨ 제반 보조지표 매도신호 ⇨ 적극 매도로 대응

② 밴드 폭이 과도하게 확장되었을 경우(상승 또는 하락추세가 진행되었음을 암시)는 밴드 폭이 축소되는 과정이 진행될 것을 예상할 수 있다.

※ 횡보기간이 길 수록 상승 또는 하락탄력성이 대폭 증가하는 점을 응용

(2) Band 상하한폭 이탈 활용

① 밴드 폭 수렴 이후 상단이탈시 ⇨ 상승확장국면 진입 : 매수
② 밴드 폭 수렴 이후 하단이탈시 ⇨ 하락확장국면 진입 : 매도

Bollinger Band 차트

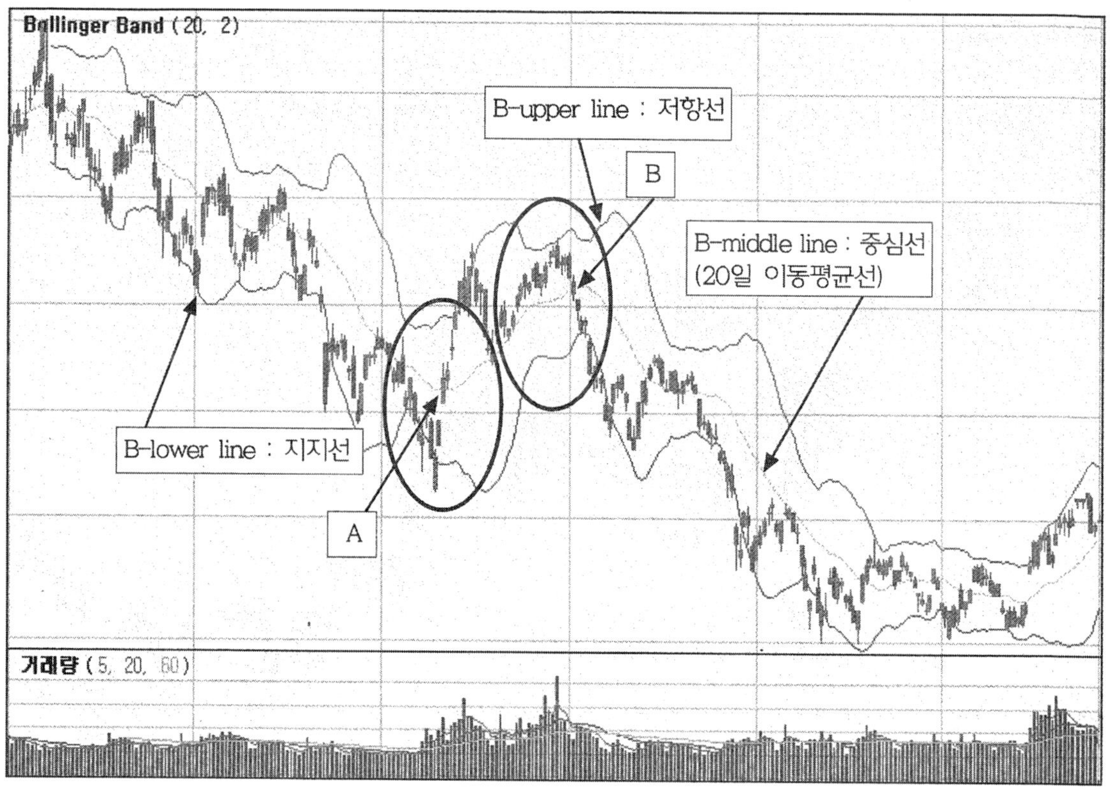

● 분석방법

1. 지지선 : 하위벤드
2. 저항선 : 상위벤드
3. 매수시점 : 주가가 이동평균선을 아래에서 위로 상향돌파 할 경우는 상한벤
   드를 목표로 매수(A)
4. 매도시점 : 주가가 이동평균선을 위에서 아래로 하향돌파 할 경우는 하한벤
   드를 목표로 매도(B)

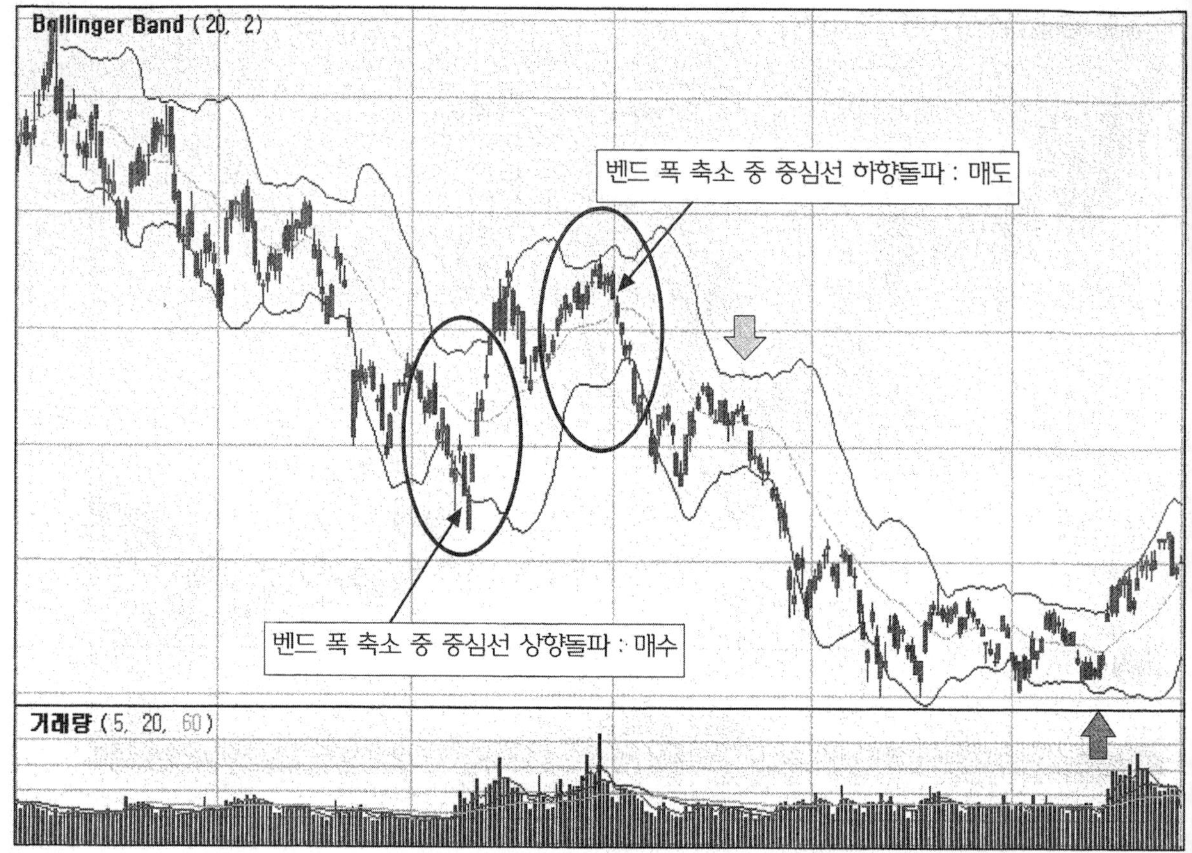

● 벤드 폭 수렴의 의미

⇨ 향후 시장이 큰 폭의 등락(상승 또는 하락)이 있음을 암시함
⇨ 각종 보조지표 응용을 통한 추세예측이 효과적

Bollinger Band 차트 응용

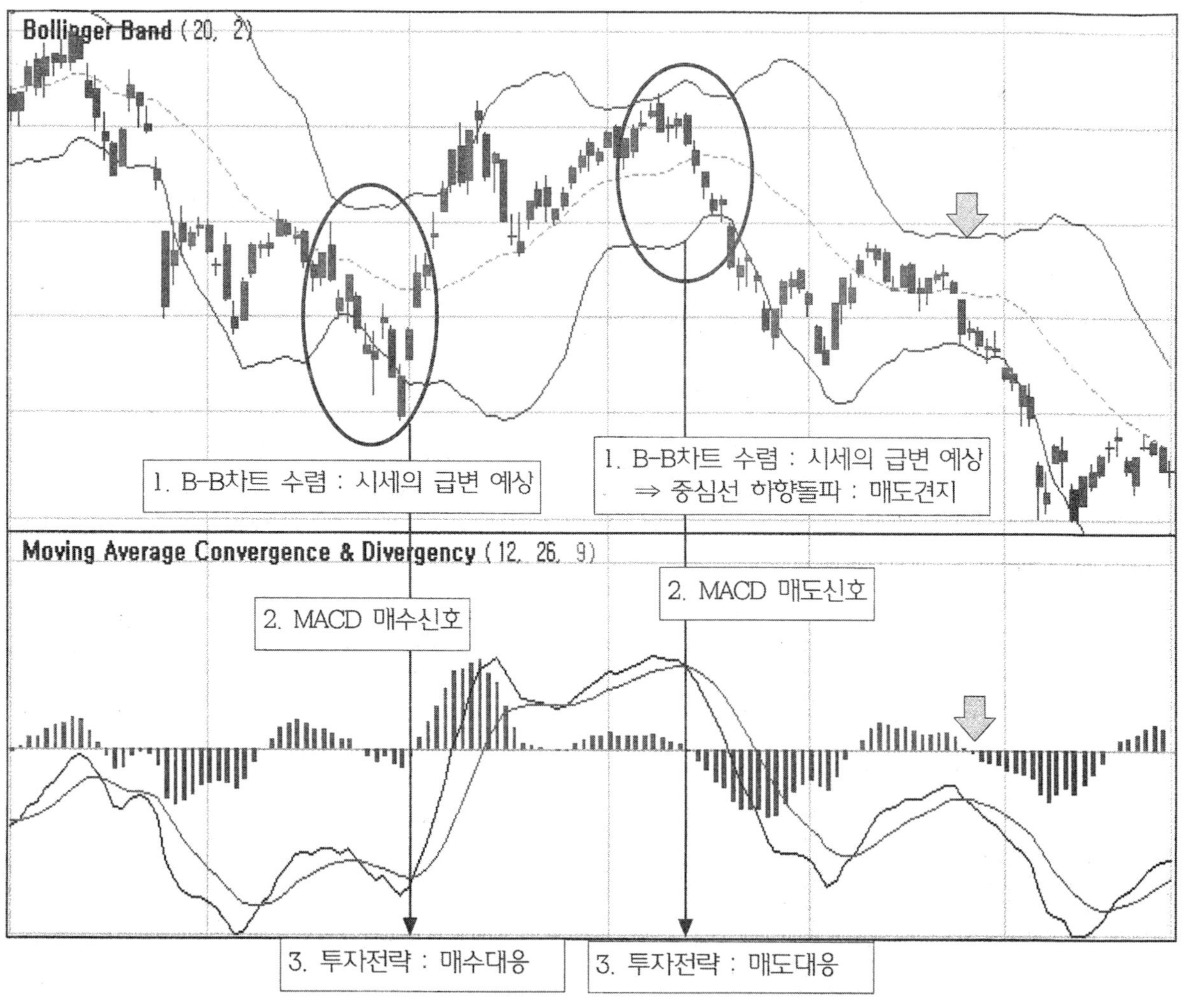

● 보조지표 사용권장

1. 추세전망 : B-B차트 적용
2. 매매시점 포착 : 보조지표 응용

1. 정의

"BAND % b"는 Bollinger Band의 Oscillator 기능을 하는 파생지표이며, 주가가 볼린져벤드의 어디에 위치하고 있는가를 알 수 있게 해준다.

> 통상 0~100까지의 범위를 가지고 있으며, 100 이상에 위치하고 있으면 가격이 상한벤드 위에 있음을, 0 이하에 위치하고 있으면 가격이 하한벤드 아래에 있음을 암시한다.
> 또한 지표의 값이 50일 경우는 주가가 벤드 중심선에 있음을 나타낸다.

2. 작성방법

> BAND %b = (종가-하한밴드값) / (상한벤드값 - 하한벤드값)

3. 분석방법

(1) 볼린져벤드 병용
➡ 매수시점 : 벤드 폭이 축소되었다가 확장될 때 %b 값이 상승할 경우
➡ 매도시점 : 벤드 폭이 축소되었다가 확장될 때 %b 값이 하락할 경우

(2) 중심선 기준
➡ 매수시점 : 중심선인 50을 상향돌파 ⇨ 벤드 상한선을 목표로 매수
➡ 매도시점 : 중심선인 50을 하향돌파 ⇨ 벤드 하한선을 목표로 매도

(3) 과매수, 과매도 활용

➡ 매수시점 : Zero Line 아래에서 상승하면서 Zero Line을 상향돌파 할 경우

➡ 매도시점 : 100 Line 위에서 하락하면서 100 Line을 하향돌파 할 경우

BAND %b 차트

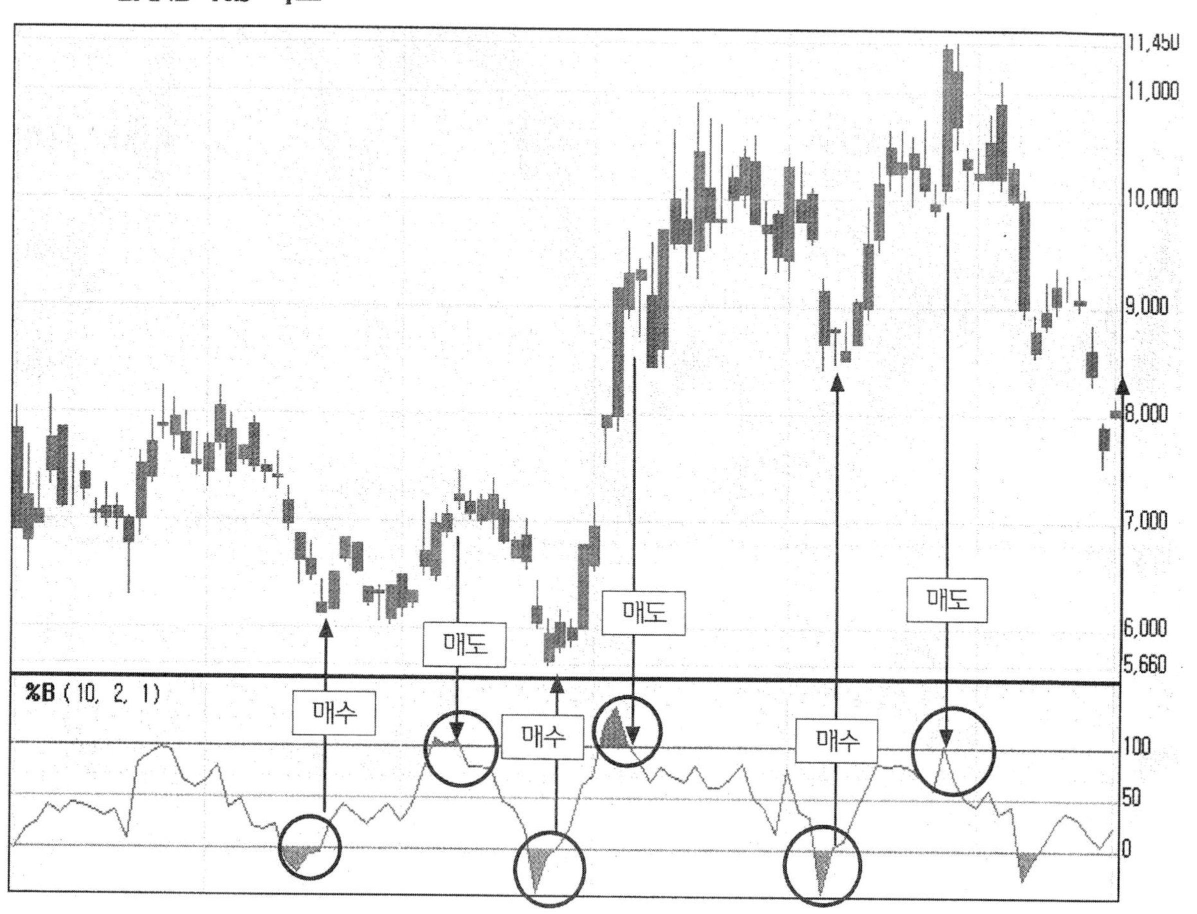

● **과매수, 과매도 활용**

⇨ 매수 : Zero Line 아래에서 상승하면서 Zero Line을 상향돌파 할 경우

⇨ 매도 : 100 Line 위에서 하락하면서100 Line을 하향돌파 할 경우

BAND %b 차트 & Bollinger Band

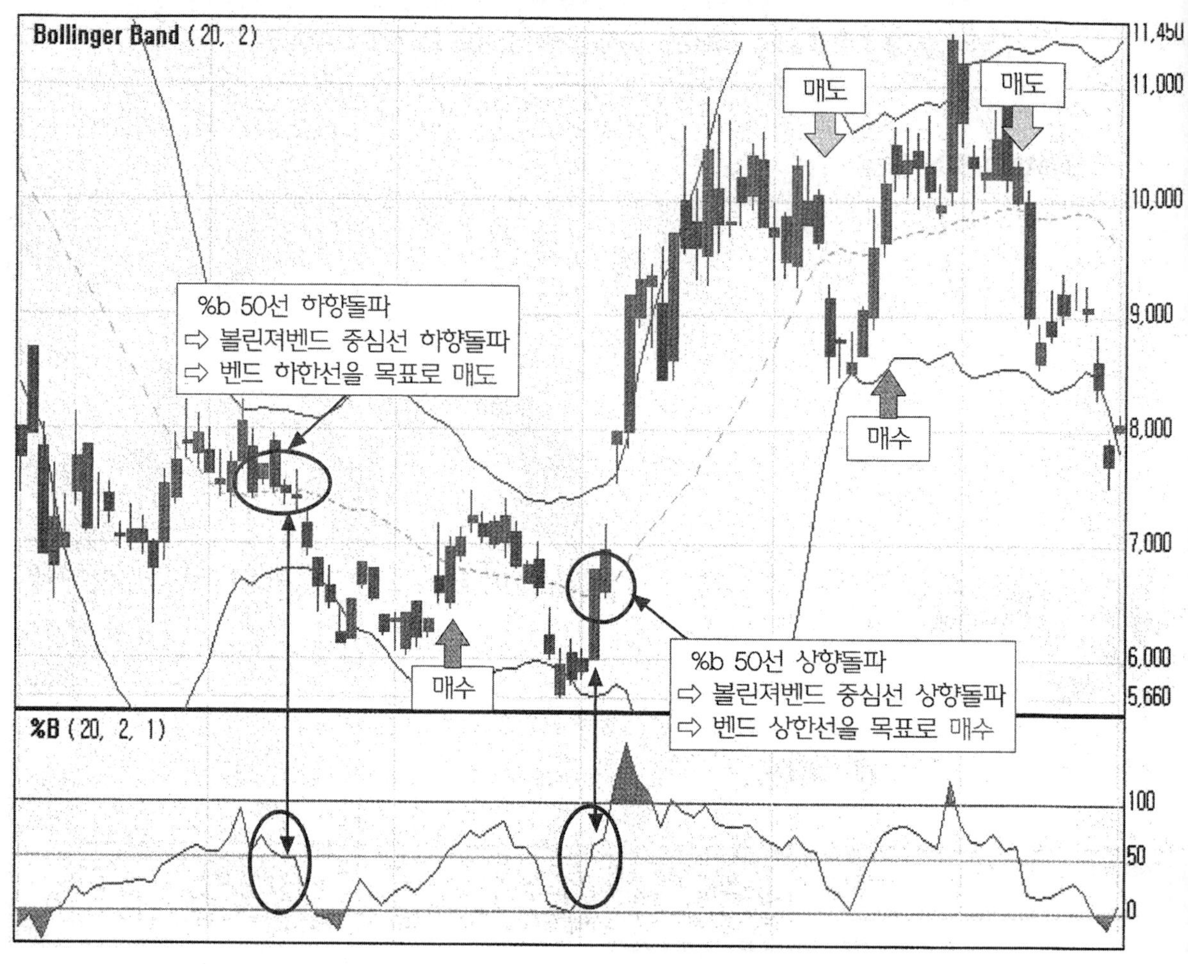

1. 정의

추세가 상당기간 지속될 경우 주가의 상승, 하락전환 시점을 파악하는 데
주로 사용하며, 대세를 포착하는 데 유용한 장기지표이다. 일반적으로 소폭
의 주가변동만으로 주가의 대세가 전환되었다고 볼 수 없으며, 주가가 지속
적으로 상당 폭만큼 동일한 방향으로 움직일 경우에만 대세가 전환되었다
고 보는 원리를 이용한 분석기법이다.

2. 작성방법

(1) 주가가 새로운 고가나 저가를 형성할 때만 차트에 그려나간다.

(2) **상승선(▉)** : 하락하던 주가가 반전되어 직전의 하락선 3개를 상향돌파
할 경우 작성(양선)

(3) **하락선(▉)** : 상승하던 주가가 반전되어 직전의 상승선 3개를 하향돌파
할 경우 작성(음선)

3. 분석방법

(1) **매수신호** : 양선이 그려질 때를 매수신호로 판단

(2) **강력한 매수신호** : 특히 장대 양선이 나타날 경우는 강력한 매수세의 유
입이 있는 것으로 판단

(3) **매도신호** : 음선이 그려질 때를 매도신호로 판단

(4) 강력한 매도신호 : 특히 장대 음선이 나타날 경우는 강력한 매도세의 유
입이 있는 것으로 판단

4. 단 점

주가의 등락이 짧게 반복되거나 변동폭이 크고 상한가, 하한가를 기록하
는 경우는 신뢰도가 낮아지며, 시간의 개념을 무시하고 주가만 반영하고 있
는 단점이 있다.

※ 보완방법 : 이러한 단점을 보완하기 위해 5%플렌, 10%플렌 등 기법을 혼용한다.
5% 또는 10%플렌이란, 주가가 지속 상승 또는 하락한 이후 각각 고점과 저점에서
5% 또는 10%정도 방향이 전환되면 일단 매수, 매도 시점으로 활용하는 기법이다.

삼선전환도 : "대세포착"

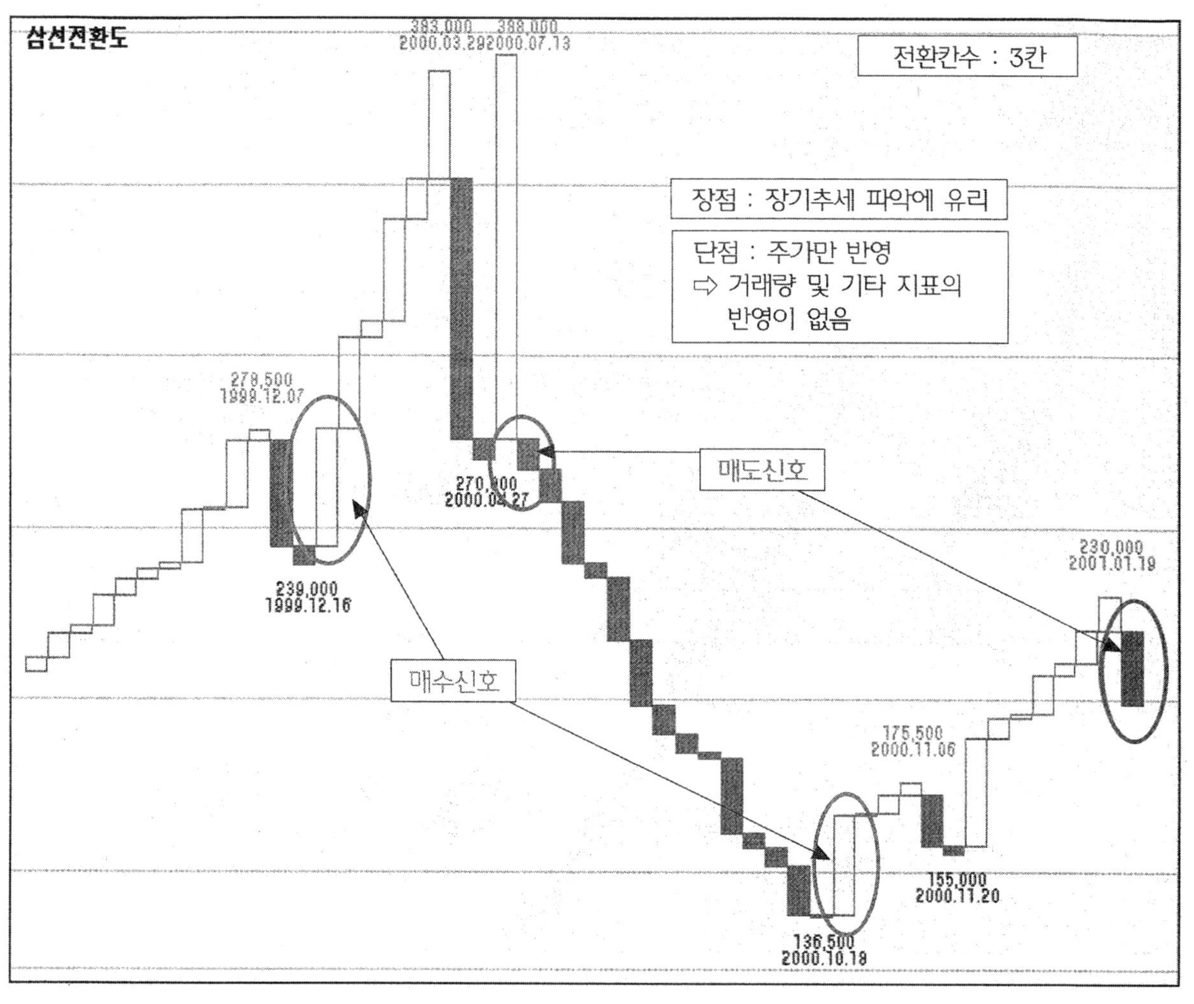

🔵 분석방법

1. 매수신호 : 양선출현 또는 추가시
2. 강력한 매수신호 : 장대 양선 출현시
3. 매도신호 : 음선출현 또는 추가시
4. 강력한 매도신호 : 장대 음선 출현시

삼선전환도 : 추세선 분석

삼선전환도
장기 하락추세 저항선
1. 매도
2. 매수속임형
3. 수평지지선 하향이탈
⇨ 매도
9. 수평저항선 돌파
⇨ 장대양봉 출현
⇨ 추격매수
5. 수평저항선 저항
⇨ 장대음봉 출현
⇨ 매도
4. 하락추세선 상향돌파
⇨ 매수
6. 매수
8. 매수
46,900
45,
1999.
39,300
1999.12.0
37,000
2000.02.06
33,000
1999.12.23
2000.03.27
2000.03
28,80
2000.03
25,15
2000.0 05
18,200
2000.06.19
17,30
2000.08
30,100
2000.07.10
23,800
2000.08.30
19,850
2000.09.2
19,800
2000.
35,000
2001.01.22
13,650

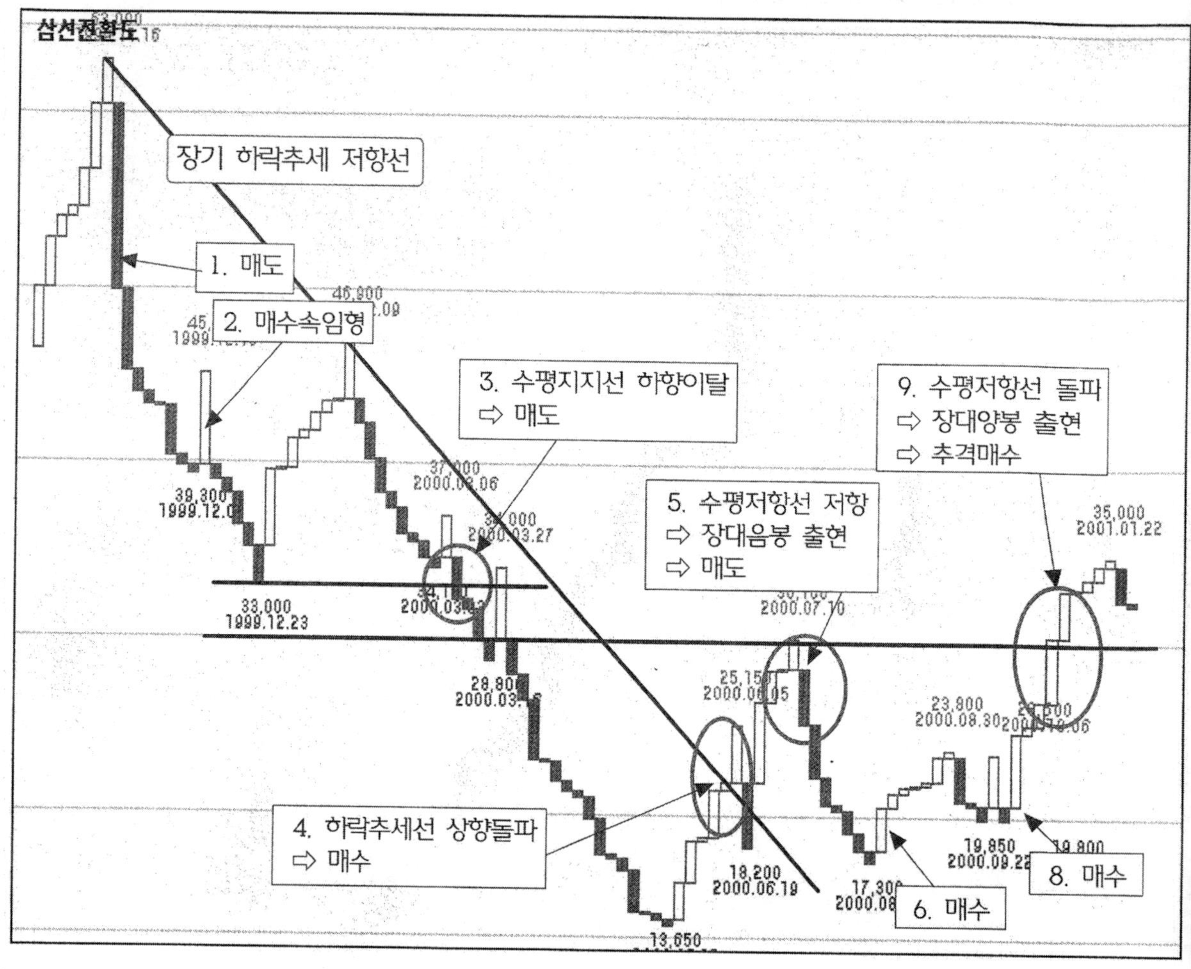

Parabolic SAR Chart

1. 정의

"Parabolic Stop and Reversal" 차트는 포물선으로 나타나는 곡선으로 주가의 추세가 더 이상 가속화되지 못하고 움직임이 이전보다 둔화될 경우 추세는 곧 전환된다는 점을 기본 개념으로 매도와 매수를 결정하는 분석기법이다. 즉, 시간의 추이에 따라 주가의 움직임을 변수로 하는 함수를 만들어 시간의 경과와 일치하지 않는 주가의 변화가 일어날 경우 이를 추세전환의 시점으로 판단한다.

시간의 경과에 따라 시장가격이 일정한 폭으로 움직이는 것이 아니라 진행되는 추세에 따라 시장가격의 변동폭도 커지도록 산식이 구성되어 있다. 즉, 추세가 진행되는 초기에는 가격이 조금만 상승해도 무방하나 일정한 방향으로 추세가 진행될 수록 증가된 변동폭만큼 주가가 상승 또는 하락하지 않을 경우 추세전환이 임박했음을 암시한다.

2. 작성방법

Parabolic SAR = 전일 Parabolic SAR + 가속변수(중요시장가격 − 전일Parabolic SAR)
- 가속변수 : 0.02부터 시작되어 0.04, 0.06… 등으로 매일 0.02씩 증가한다.
- 중요시장가격 : 추세의 움직임 중 가장 두드러진 시장가격을 □ 나다.
⇨ 상승추세 : 새로운 최고가를 적용함
⇨ 하락추세 : 새로운 최저가를 적용함
⇨ 추세전환 : 전환당시 최저점(상승반전시) 또는 최고점(하락반전시)을 적용함

3. 분석방법

(1) 상승전환 : 주가의 우측 하단에 매수신호를 암시하는 신호가 출현한다.

(2) 상승추세 : 파라볼릭 곡선은 현재 주가의 우측 하단에서 상승을 지속한다.

(3) 하락전환 : 주가의 우측 상단에 매도신호를 암시하는 신호가 출현한다.

(4) 하락추세 : 파라볼릭 곡선은 현재 주가의 우측 상단에서 하락을 지속한다.

4. 적용방법

➡ 매도시점 : 상승추세 중인 주가의 상승 둔화 또는 하락으로 PS곡선을 하향 돌파할 경우
➡ 매수시점 : 하락추세 중인 주가의 하락 둔화 또는 상승으로 PS곡선을 상향 돌파할 경우

> Parabolic SAR 차트는 추세의 전환신호가 후행성을 보이나 신뢰성은 높다. 따라서 중장기적 투자에 적합하다.

Parabolic Sar 차트

● **분석방법**

1. 상승전환 : 주가의 우측 하단에 매수신호를 암시하는 신호가 출현한다.
2. 상승추세 : 파라볼릭 곡선은 현재 주가의 우측 하단에서 상승을 지속한다.
3. 하락전환 : 주가의 우측 상단에 매도신호를 암시하는 신호가 출현한다.
4. 하락추세 : 파라볼릭 곡선은 현재 주가의 우측 상단에서 하락을 지속한다.

Parabolic Sar 차트 응용

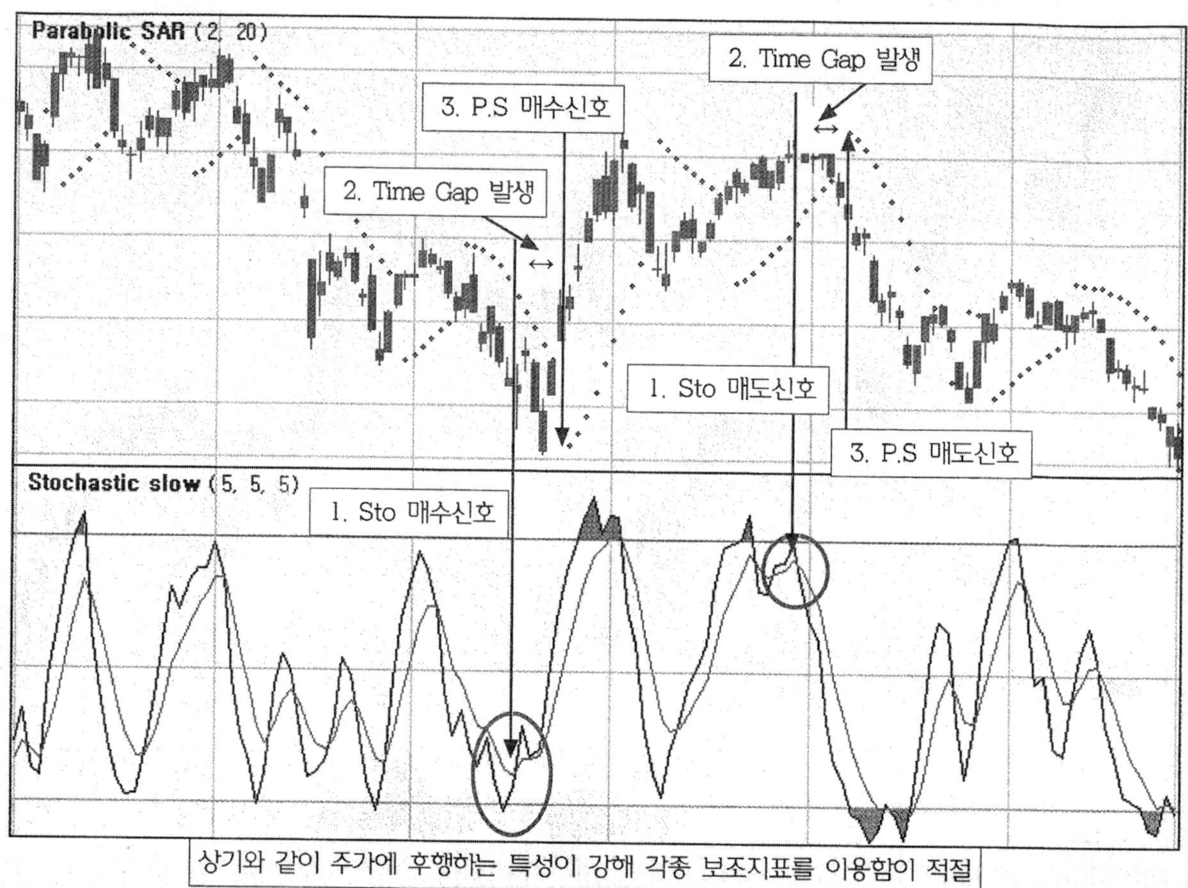

Parabolic Sar 차트 응용

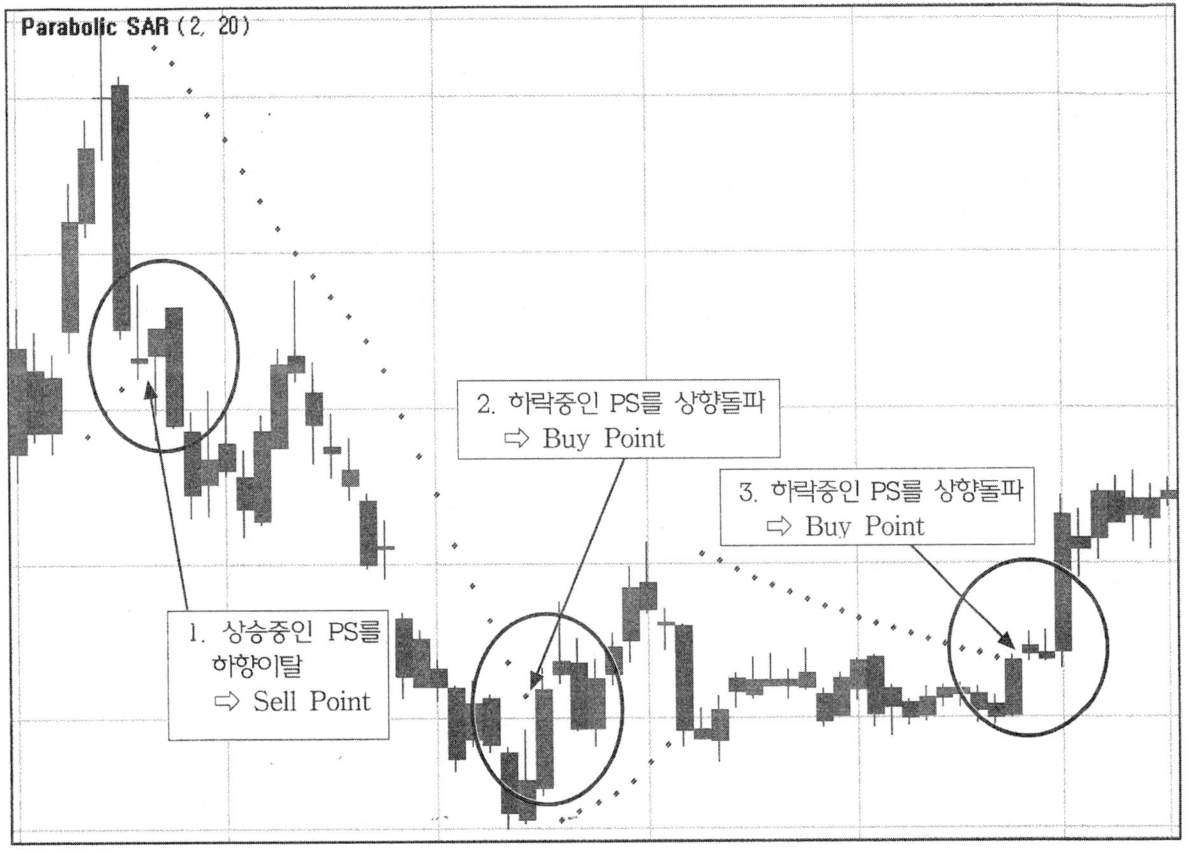

1. 정의

　주가의 이동평균선과 평행으로 아래, 위 각각 그려진 2개의 곡선을 이동평균선에 대한 Envelope선이라고 하며, 각각 지지선과 저항선의 기능을 한다. 이 기법의 기본원리는 "주가의 움직임은 특정의 추세중심선을 바탕으로 일정한 범위의 주기를 형성하면서 움직인다"라는 가정에서 비롯된다.

2. 작성방법

(1) 중심선 : 이동평균선 적용

(2) 일봉차트 : 일봉의 경우 13일 이동평균선에 2% 정도의 선을 사용한다.

(3) 주봉차트 : 주봉의 경우 13주 이동평균선에 6~10% 선을 사용한다.

3. 분석방법

(1) 일반적으로 지지선(하한선) 근접 매수, 저항선(상한선) 근접 매도

(2) Envelope 상승추세
　➡ 매수시점 : 중심선 근접시 매수(상승추세에서는 중심선인 이동평균선이 지지선이 됨)
　➡ 매도시점 : 상한선 근접시 매도

(3) Envelope 하락추세
　➡ 매도시점 : 중심선 근접시 매도(하락추세에서는 중심선인 이동평균선이 저항선이 됨)

➡ 매수시점 : 하한선 근접시 매수

(4) 주가가 Envelope선을 이탈할 경우 : 이는 돌발악재 또는 대형호재로 인해
주가의 움직임이 급격할 때 나타나기 때문에 우선은 관망함이 적절함
➡ 주가가 Envelope선을 상향이탈 한 경우 보유주 매도시점 : 주가가 재차
Envelope선으로 근접시
➡ 주가가 Envelope선을 하향이탈 한 경우 관심주 매수시점 : 주가가 재차
Envelope선으로 근접시

4. Envelope선의 특징

(1) 전체적인 추세의 파악이 용이 : 상승 또는 하락추세인지 파악이 용이하며,
중장기 투자자들에게 유용한 지표
➡ 중장기 매수 : 하락추세가 상승추세로 반전되는 시점에서 분할매수
➡ 중장기 매도 : 상승추세가 하락추세로 반전되는 시점에서 분할매도

(2) 현재 주가의 움직임이 정상적인지 비정상적인지 확인이 용이하다.

(3) 일률적인 법칙에 의한 분석보다 개별주가의 특성에 맞는 매매타이밍을
찾기가 쉽다.

(4) 횡보장에서 보다는 추세적시장(상승trend or 하락trend)에서 효용성이 높
다.

Envelope 차트

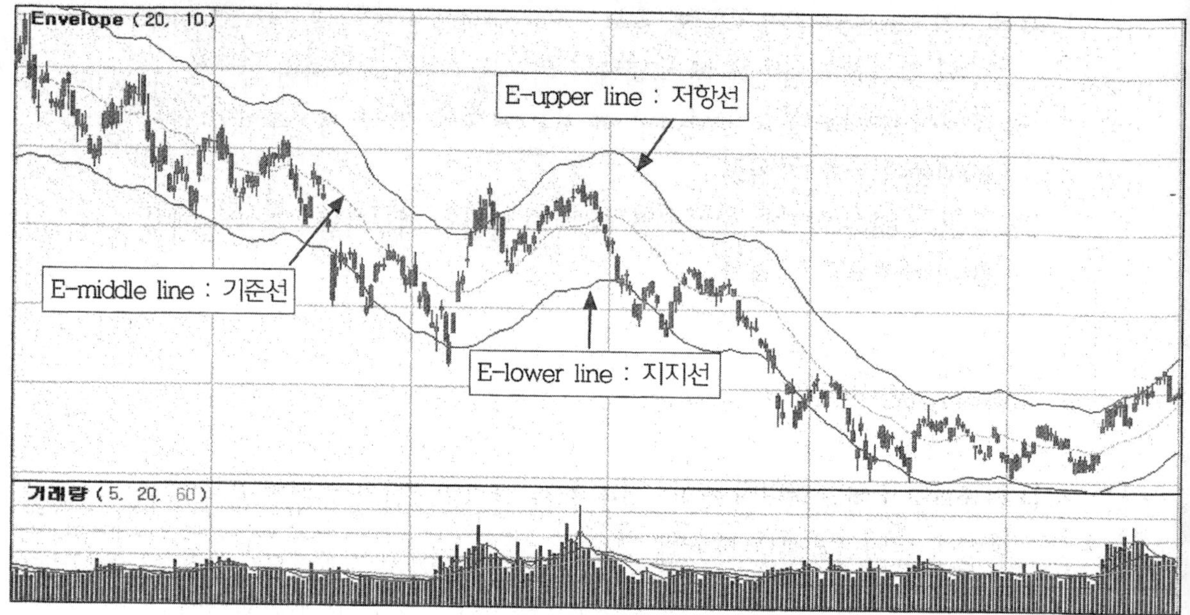

● **분석방법**

1. 지지선 근접 매수, 저항선 근접 매도
2. 관망시점 : 주가가 Envelope선을 이탈할 경우이며, 이는 주가의 움직임이 급격할 때 나타나기 때문에 우선은 관망함이 적절함
3. 최적 매도시점 : Envelope선을 상향이탈 한 이후 재차 Envelope선으로 근접시
4. 최적 매수시점 :Envelope선을 하향이탈 한 이후 재차 Envelope선으로 근접시

※ 단점 : 추세파악은 가능하나 매매시점을 포착하기는 어려워, 각종 보조지표를 이용함이 적절

Envelope 차트 응용

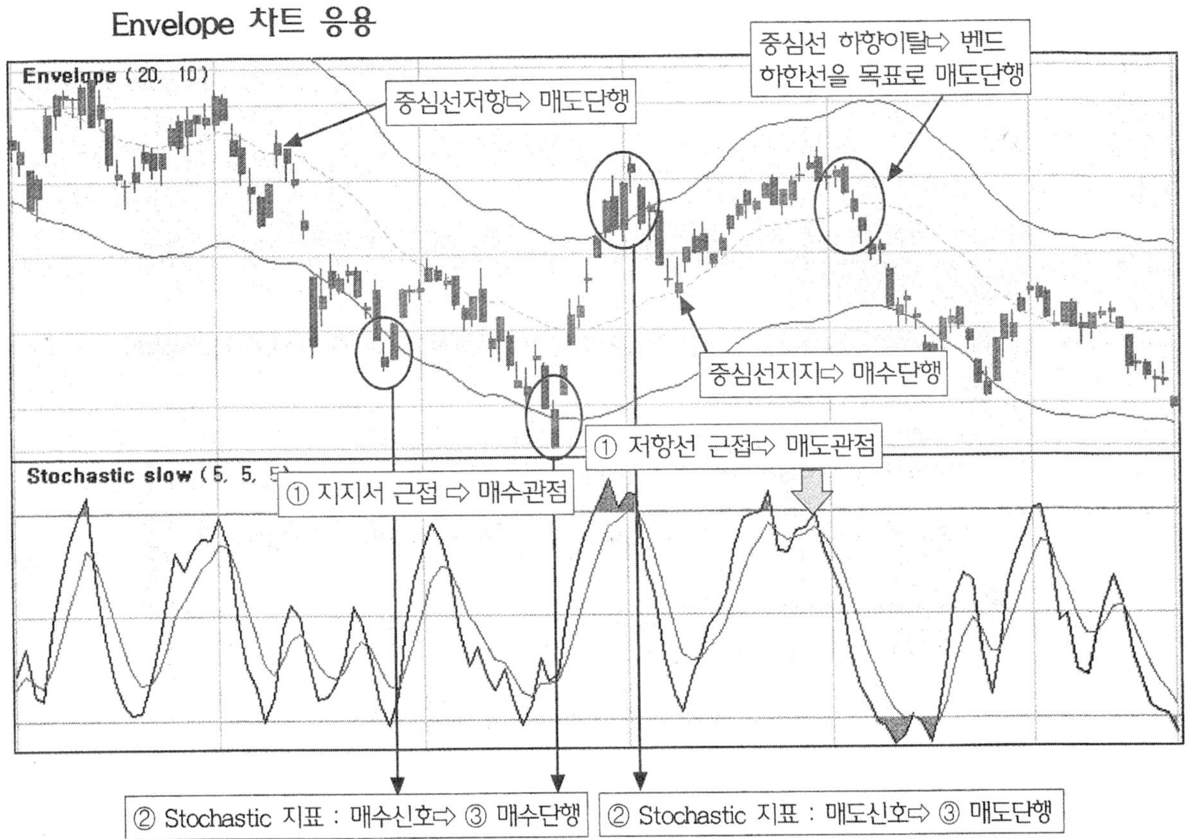

1. 정의

Sonar란 기하학적으로는 곡선 위 한 점의 기울기를, 경제학적으로는 한계 변화율을 의미한다.

따라서 Sonar Chart는 이러한 주가기울기의 변화를 통해 주가의 상승, 하락 강도를 예측하는 것이다.

> 주가상승 중⇨ 기울기 둔화(한계변화율 감소)⇨상승강도 약화⇨ 하락반전 가
> 능성 증대
> 주가하락 중⇨ 기울기 상승(한계변화율 상승)⇨하락강도 약화⇨ 상승반전 가
> 능성 증대

※ 한계변화율이 "0"이 되는 시점을 주가의 전환점으로 분석한다.

2. 작성방법

$$\text{Sonar} = \frac{\text{금일종가} - n\text{일전 주가}}{n\text{일전 주가}}$$

3. 분석방법

(1) Sonar Zero Line 분석기법

➡ 매수신호 : Sonar가 "0"선을 상향 돌파하는 시점

➡ 매도신호 : Sonar가 "0" 선을 하향 돌파하는 시점

※ Zero Line 분석기법은 후행성이 강하다는 단점이 있어 방향성 또는 Signal,보조지표 병용이 필요하다.

(2) Sonar 방향성 분석기법

➡ 매수신호 : Sonar가 Zero Line 아래에서 상승세로 반전하는 시점

➡ 매도신호 : Sonar가 Zero Line 위에서 하락세로 반전하는 시점

(3) Sonar와 Signal 분석기법

➡ 매수신호 : Sonar가 Signal을 상향 돌파하는 시점

➡➡ 적극 매수신호 : Sonar가 Zero Line 아래에서 Signal을 상향 돌파하는 시점

➡ 매도신호 : Sonar가 Signal을 하향 돌파하는 시점

➡➡ 적극 매도신호 : Sonar가 Zero Line 위에서 Signal을 하향 돌파하는 시점

(4) 추격매수와 추격매도

➡ Sonar가 Signal을 상향돌파⇨ 분할매수⇨ Sonar가 "0" 선을 상향돌파⇨ 추격매수

➡ Sonar가 Signal을 하향돌파⇨ 분할매도⇨ Sonar가 "0" 선을 하향돌파⇨ 추격매도

SONAR 차트

매수신호 : Sonar가 "0"선을 상향 돌파하는 시점
매도신호 : Sonar가 "0"선을 하향 돌파하는 시점
SONA (10, 1)
매도시점
매수시점
속임형
매수시점
매도시점
매수시점
Zero Line
단점 : 후행성 및 속임수 대응력 낮음
따라서 다음과 같은 Signal을 병행함이 적절

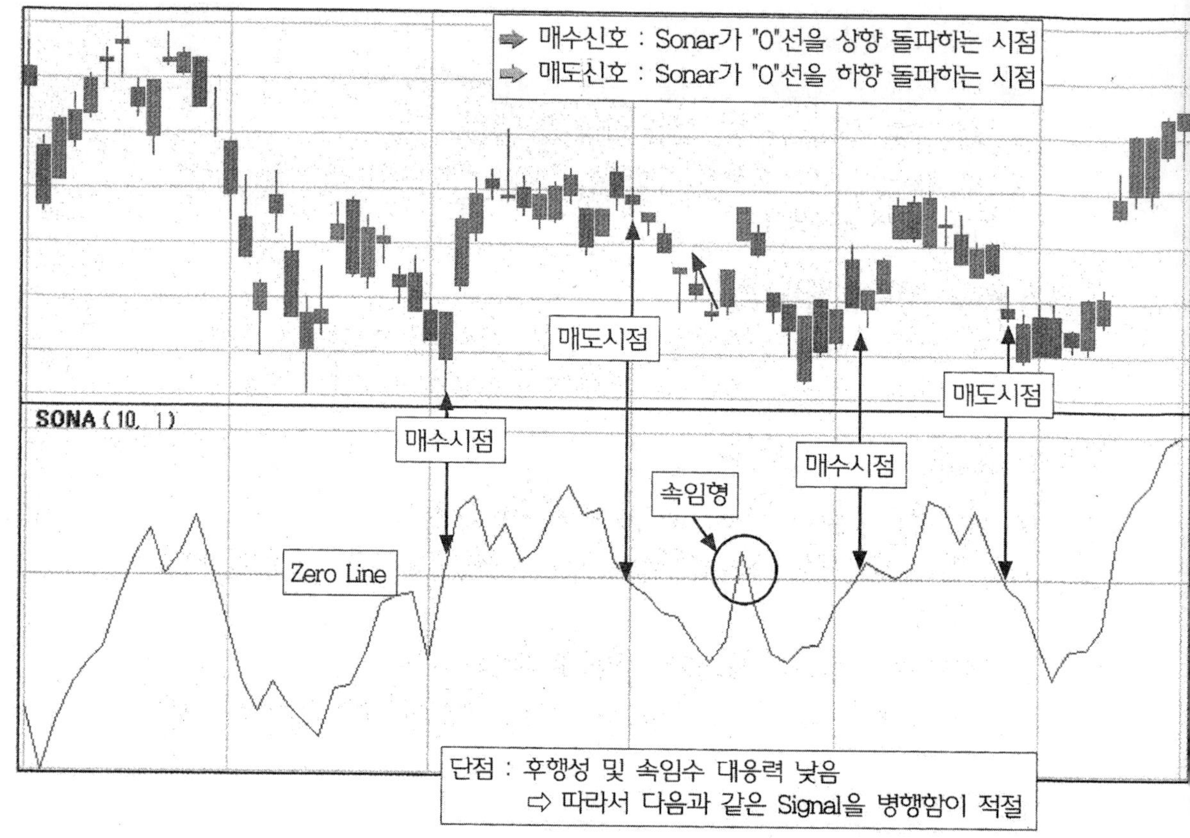

SONAR 차트 응용 1 : Signal

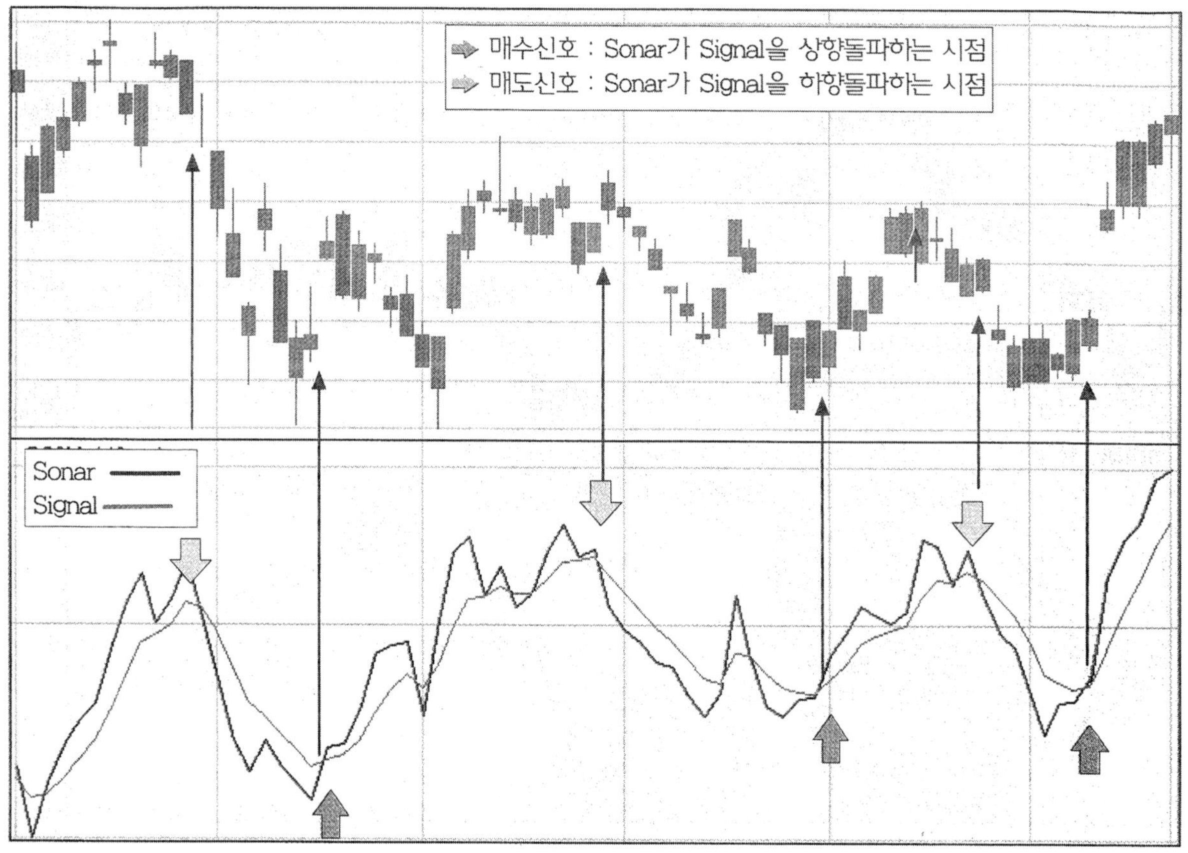

매수신호 : Sonar가 Signal을 상향돌파하는 시점
매도신호 : Sonar가 Signal을 하향돌파하는 시점
Sonar
Signal

SONAR 차트 응용 2 : 추격매수, 추격매도

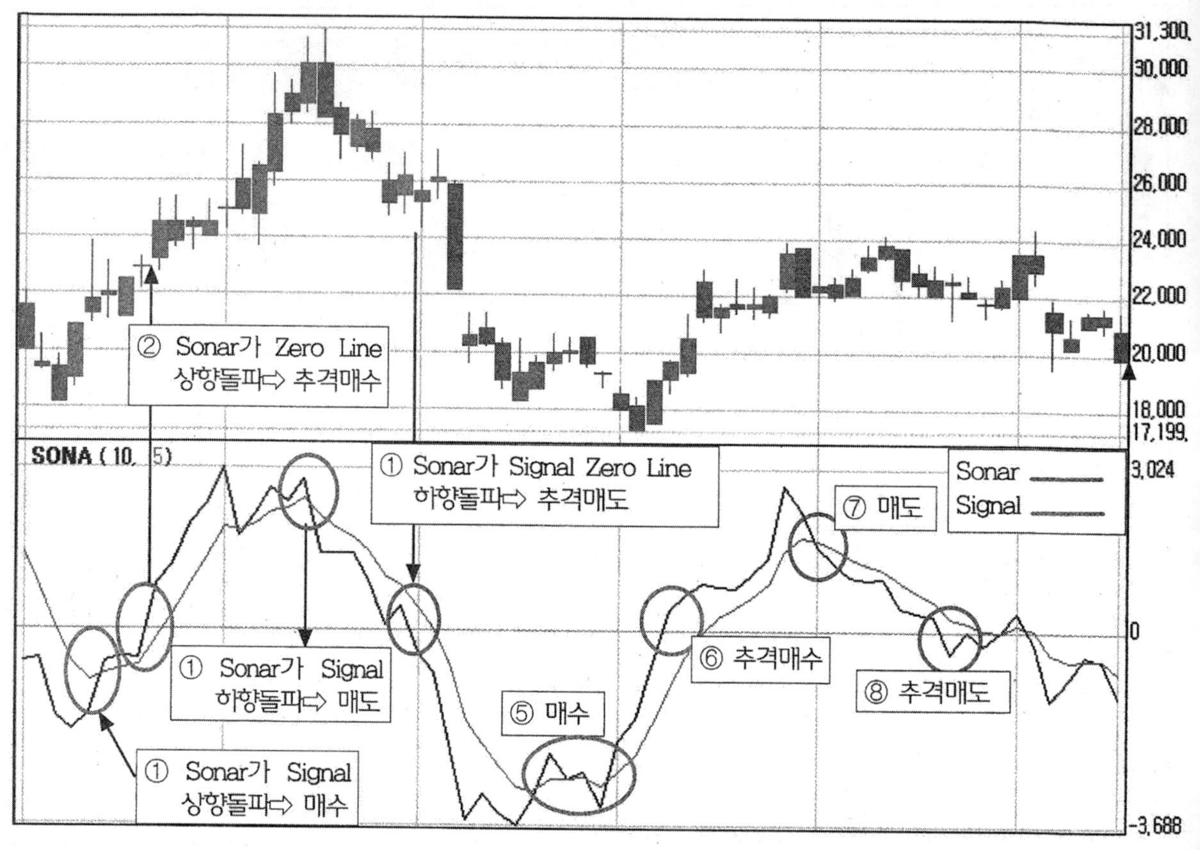

SONAR 차트 응용 3 : 보조지표 병용

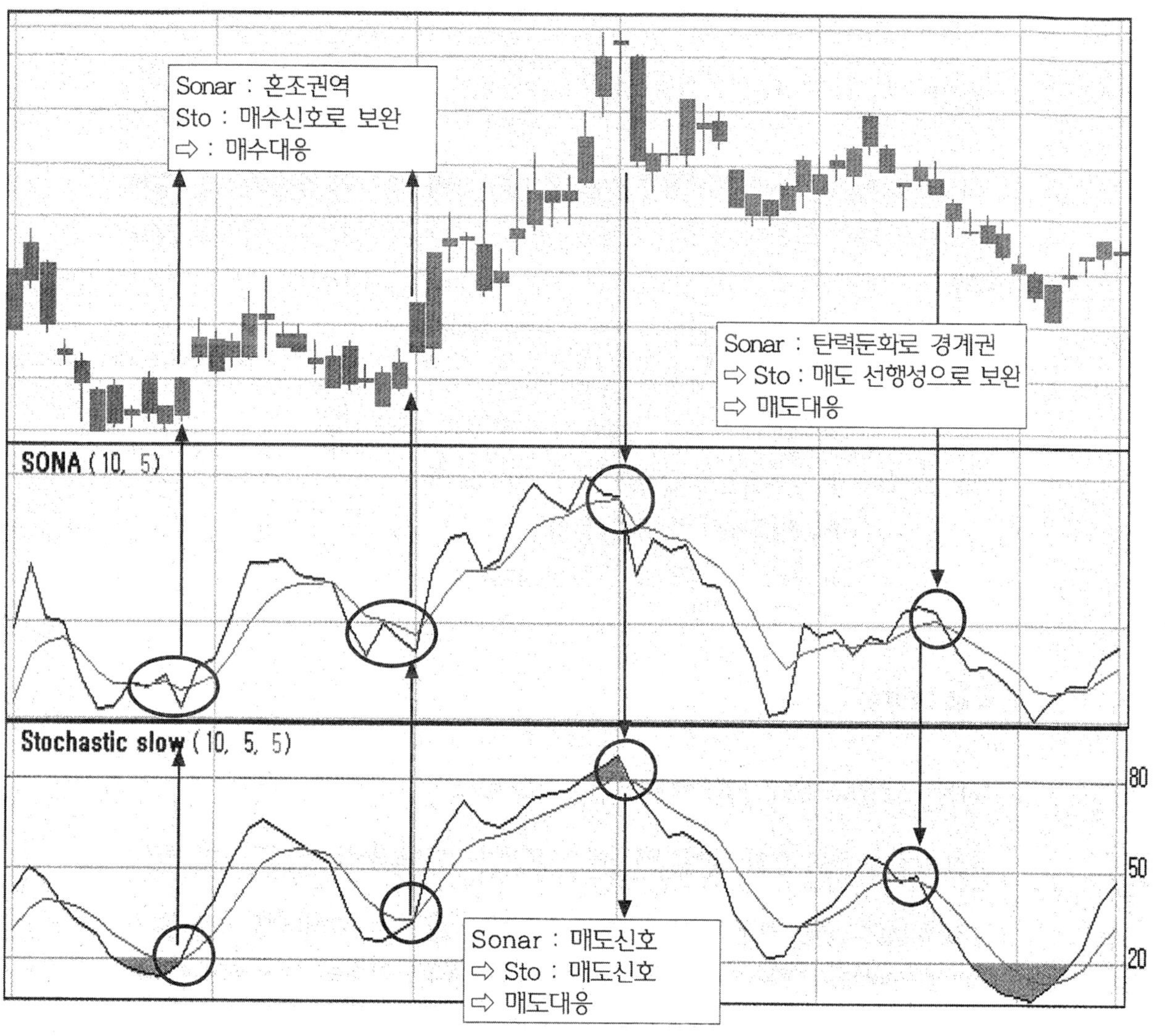

1. 정의

"Point & Figure Chart"는 "점수도표"라고도 하며, 주가의 중장기적인 추세나 대세를 파악하는 데 유리한 지표로 주로 중장기 투자자에게 적합한 지표이다.

- 장 점 : ▶ 지지와 저항의 수준 쉽게 파악
  - ▶ 사소한 시장가격 움직임 무시
  - ▶ 중장기 주가 전환점 및 목표치 파악 가능
- 단 점 : ▶ 단기추세 전환에 대응력이 부족
  - ▶ 거래량의 반영이 없음
  - ▶ 시간의 개념이 무시된 지표

2. 작성방법

(1) 주가상승시는 ×를, 하락시는 ○로 표시

(2) 상승⇨ 하락 전환 : 줄을 바꾸어 ×표시 한 칸 아래에서부터 ○으로 표시

(3) 하락⇨ 상승 전환 : 줄을 바꾸어 ○표시 한 칸 위에서부터 ×를 표시
   ⇨ 가격벤드의 폭은 주가의 2% 정도가 적절하며, 전환칸수는 통상 3칸을 사용한다.

3. 분석방법

(1) **매수신호** : 이전에 형성된 고가를 상향돌파하면서 ×를 추가할 경우

(2) **매도신호** : 이전에 형성된 저가를 하향돌파하면서 ○를 추가할 경우

P&F 차트 : "대세포착"

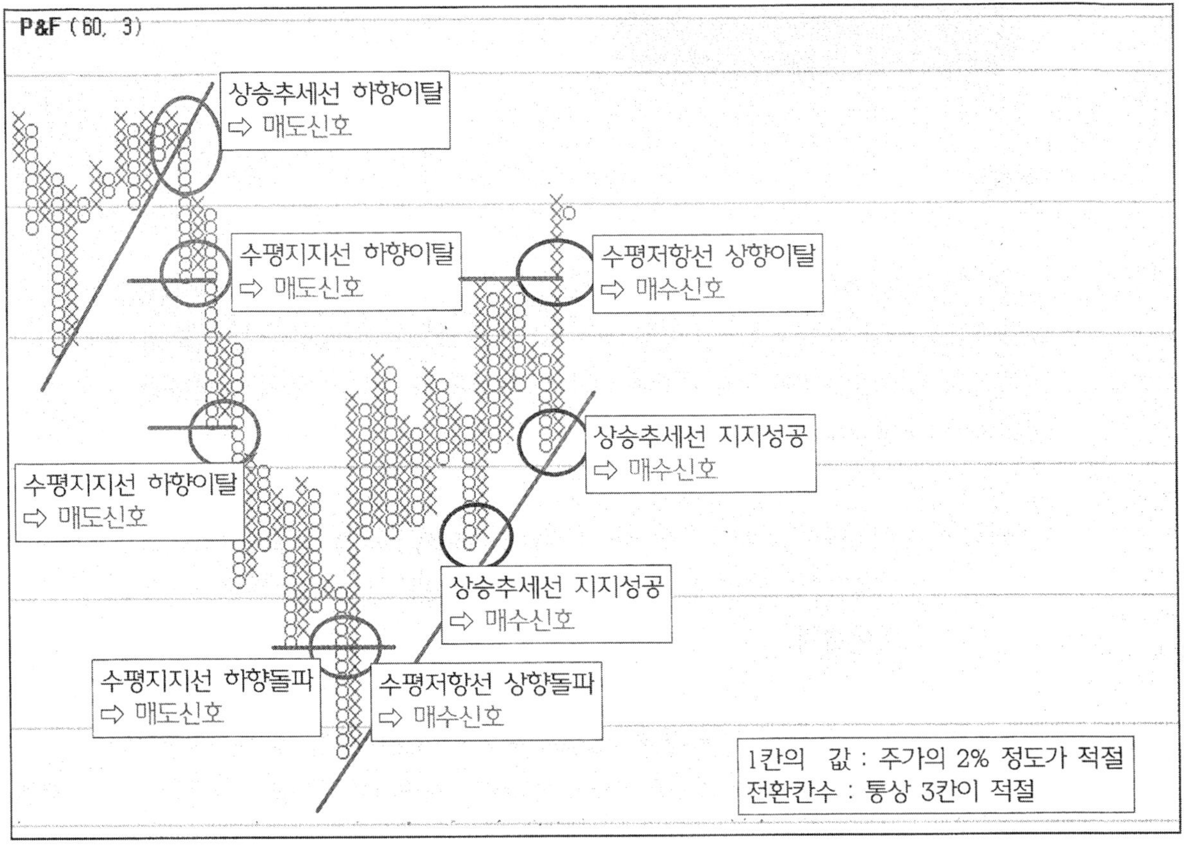

● 장점

지지와 저항의 수준을 쉽게 파악
중장기 투자에 적합함
중장기 주가 전환점 및 목표치 파악가능

●단점

단기추세 전환에 대응력이 부족
거래량의 반영이 없음
시간의 개념이 무시된 지표

이격도(Disparity)

1. 정의

"이격도(Disparity)"란 주가가 이동평균선과 떨어진 정도를 말하는 것으로 보통 20일, 60일 이격도를 사용한다. 주가란 이동평균선과 일정한 관계를 유지하면서 등락을 보이는 데 이러한 기술적 특징을 이용하여 주가의 방향을 예측하는 기법이다.

예를 들어 이격도가 100% 이상이면 주가가 이동평균선보다 높다는 것을, 이격도가 100% 이하이면 주가가 이동평균선보다 낮다는 것을 의미한다.

▶ 이동평균선의 단점을 보완한 것으로 단기투자보다는 중장기투자에 적합
▶ 단기투자에는 20일 이격도를, 장기투자에는 60일 이격도를 사용하는 것이 적절

2. 작성방법

$$\text{이격도} = \frac{\text{현재주가}}{\text{현재의 이동평균주가}} \times 100$$

3. 분석방법

(1) 20일 이격도 적용

시장상황	기준선	이격상태	투자판단
상승추세	20일 이격도	98% 이하	매수
	20일 이격도	106% 이상	매도
하락추세	20일 이격도	92% 이하	매수
	20일 이격도	102% 이상	매도

(2) 60일 이격도 적용

시장상황	기준선	이격상태	투자판단
상승추세	60일 이격도	98% 이하	매수
	60일 이격도	110% 이상	매도
하락추세	60일 이격도	88% 이하	매수
	60일 이격도	104% 이상	매도

20일 이격도

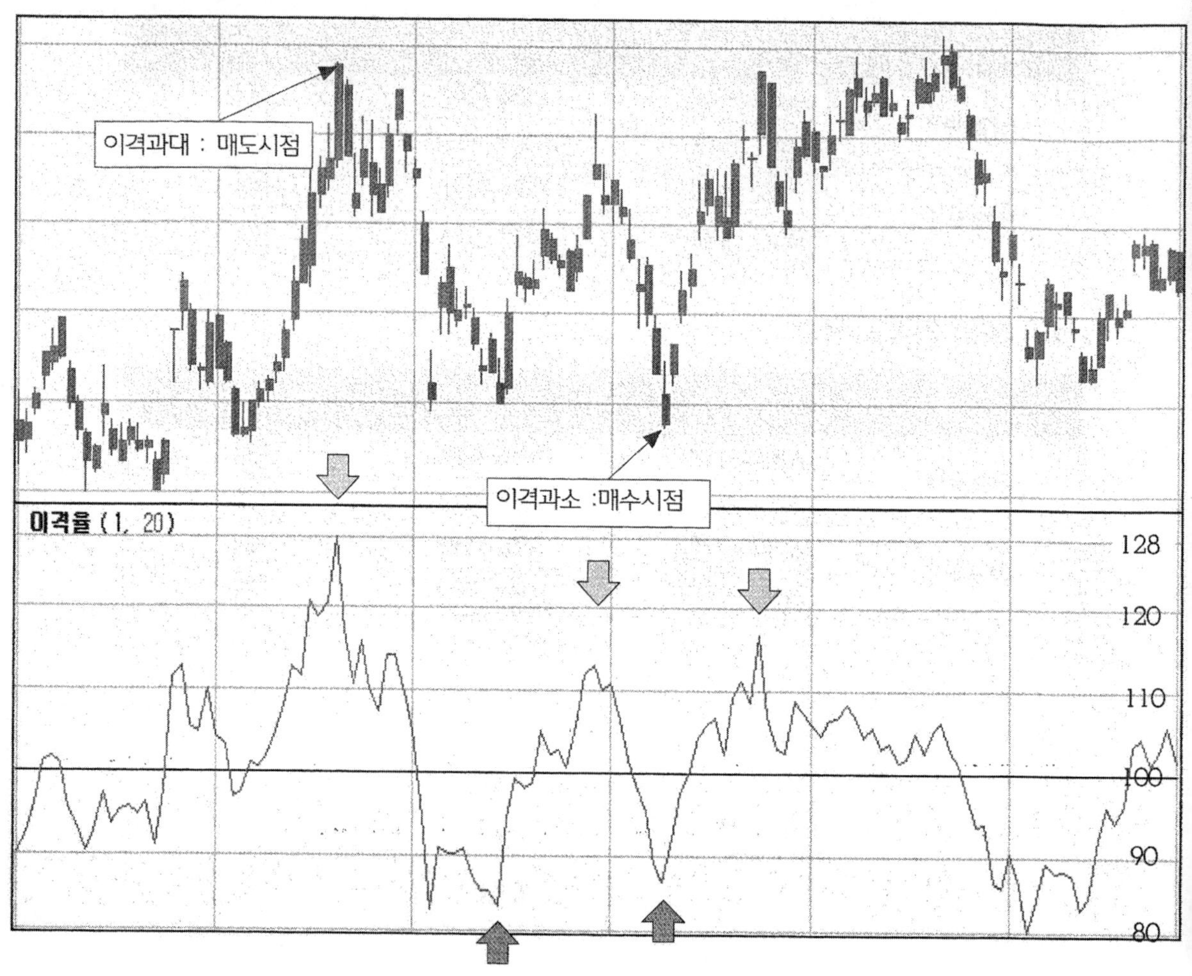

●**상승장세**

　　매수권역 : 이격 80～90 구간
　　매도권역 : 이격 110～120 구간

●**하락장세**

　　매수권역 : 70～80 구간
　　매도권역 : 이격 100～110 구간

20일 이격도 응용 1

이격율 (10, 20)
128,61
120
110
100
90
80.721
이격과대 :매도권역
이격과소 :매수권역
이격도 : 중립
390,000
360,000
330,000
300,000
270,000
239,000
주가 단기급등 경계권
주가 : 박스권
Moving Average Convergence & Divergency
주가 단기급락 관심권
22,115,
0
-22,115
MACD 매도신호 : 현금화 후 관망
MACD 매수신호 : 매수후 관망
MACD 매도신호 : 매도후 관망

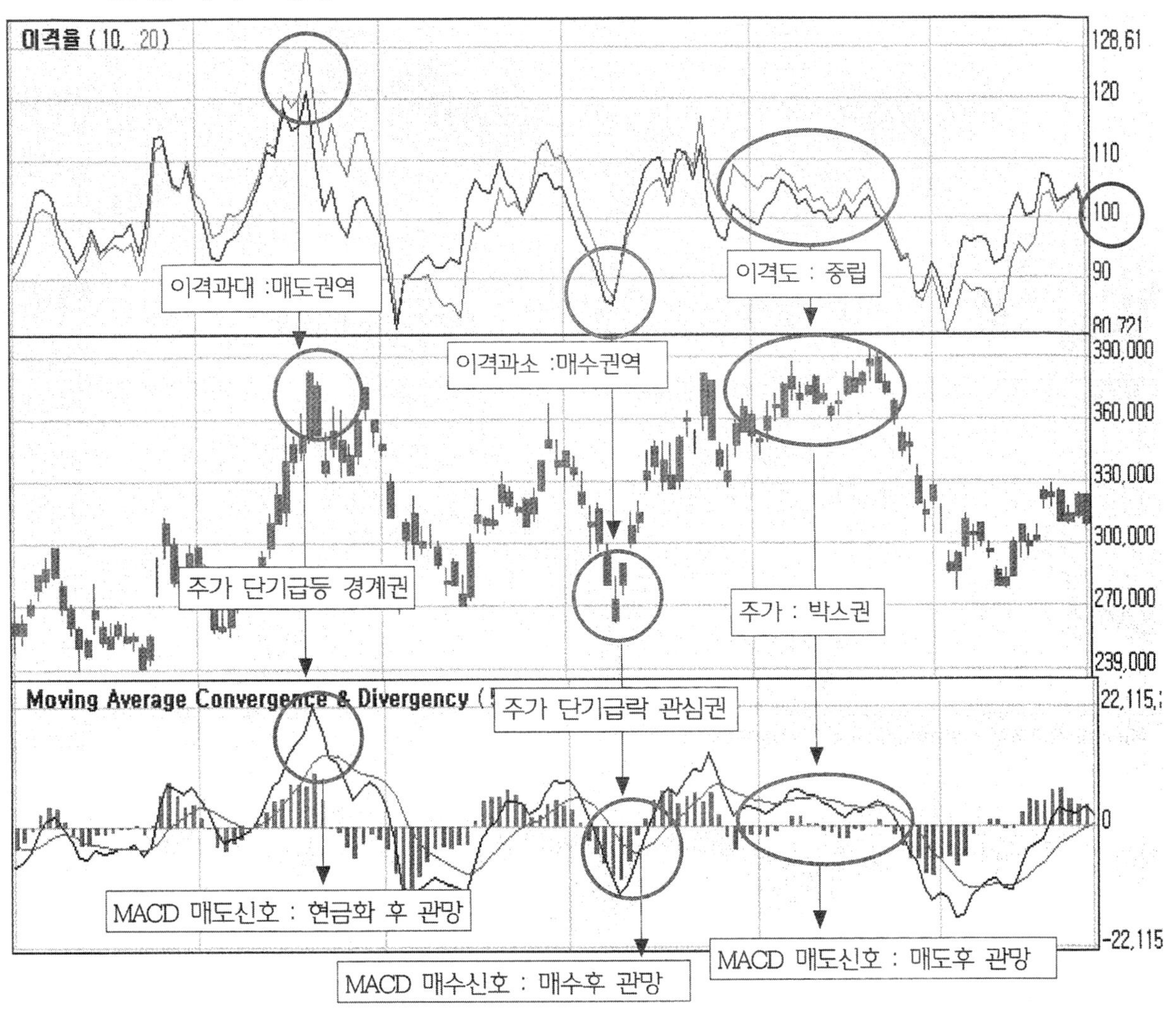

20일 이격도 응용 2

390,000
360,000
330,000
300,000
270,000
239,000
이격율 (10, 20)
128,61
120
110
100
90
80,721
상승 Divergence
1. 주가 저점갱신
2. 지표 저점상향
⇨ 강력한 매수신호
하락 Divergence
1. 주가상승
2. 지표하락
⇨ 강력한 매도신호
Moving Average Convergence & Divergency (5, 10, 9)
22,115.2
0
-22,115.
MACD : 매도신호
MACD : 매수신호

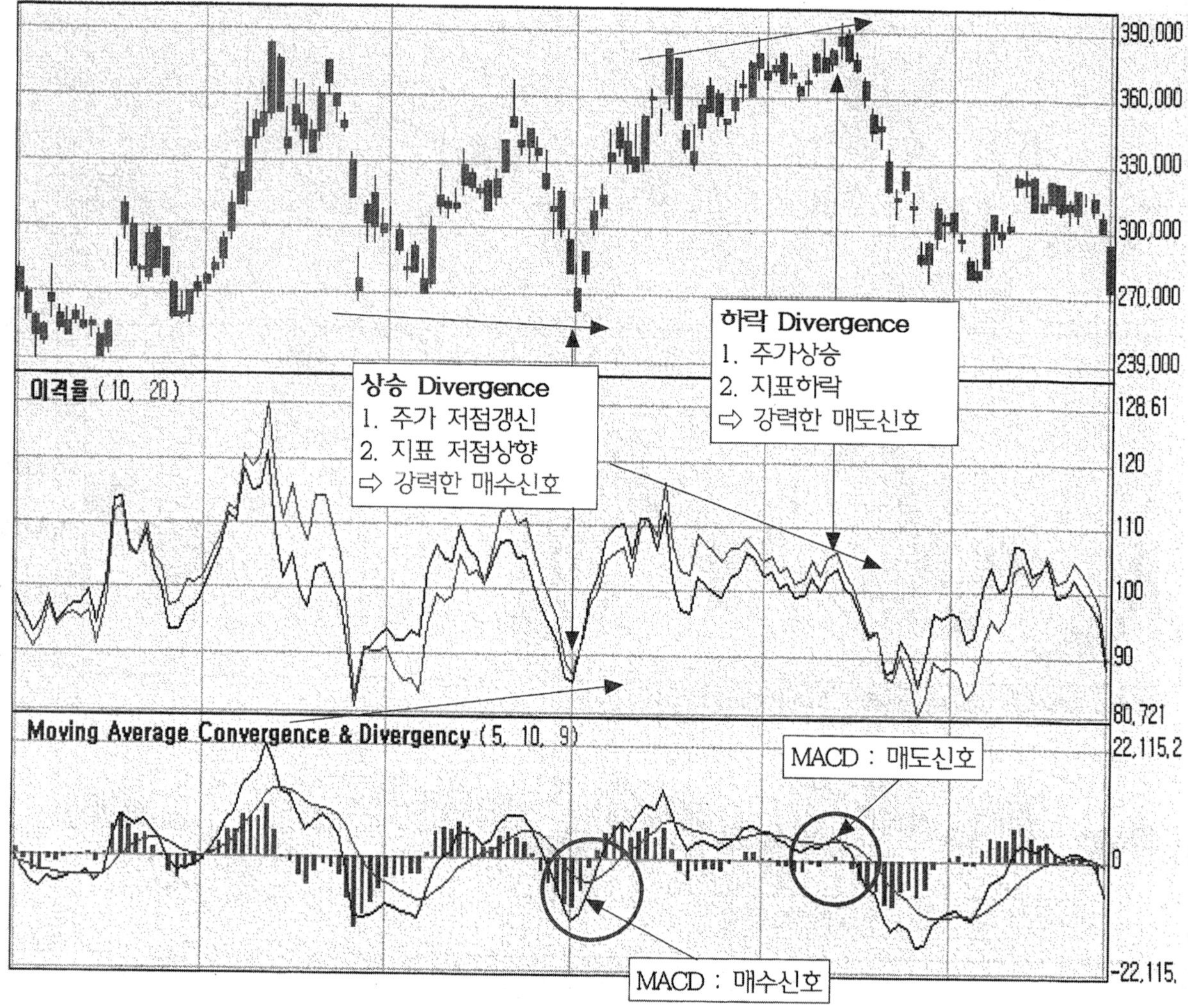

1. 정의

투자심리선은 현재의 주식시장상황(종목)이 과열국면인지 침체국면인지
를 파악하는 단기적인 지표이며, 시장에 돌발적인 호재나 악재를 즉각 반영
시킴으로써 시장의 변화를 신속하고 객관적으로 판단할 수 있는 지표이다.

2. 작성방법

최근 n일중 상승한 날짜를 n으로 나눈 비율로 작성 ⇒ 통상 12일 적용이
일반적이다.

$$\text{투자심리선} = \frac{\text{최근 12일 중 상승일 수}}{12(\text{일})} \times 100$$

3. 분석방법

(1) 심리 25% 이하 : 안전지대로 매수시점

(2) 심리 25~75%권 : 중립지대로 매매보류

(3) 심리 75% 이상 : 경계지대로 매도시점

(4) 과 열 권 : 매수보다는 매도전략 구사

(5) 침 체 권 : 매도보다는 매수전략 구사

※ 참고 : 경험적으로 심리 10~15% 선에서는 상승전환할 가능성이 높다.

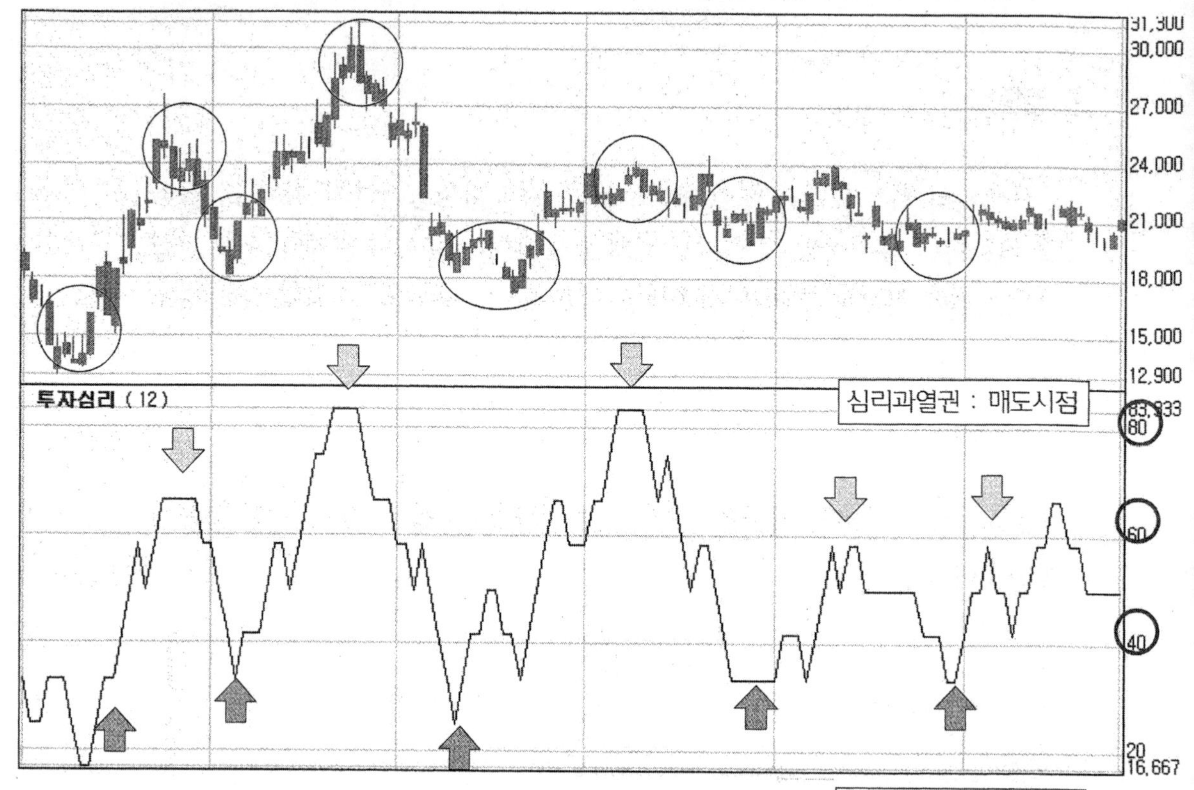

● 투지심리도 분석기법

1. 심리 25% 이하 : 안전지대로 매수시점
2. 심리 25~75% : 중립지대로 관망시점
3. 심리 75% 이상 : 경계지대로 매도시점

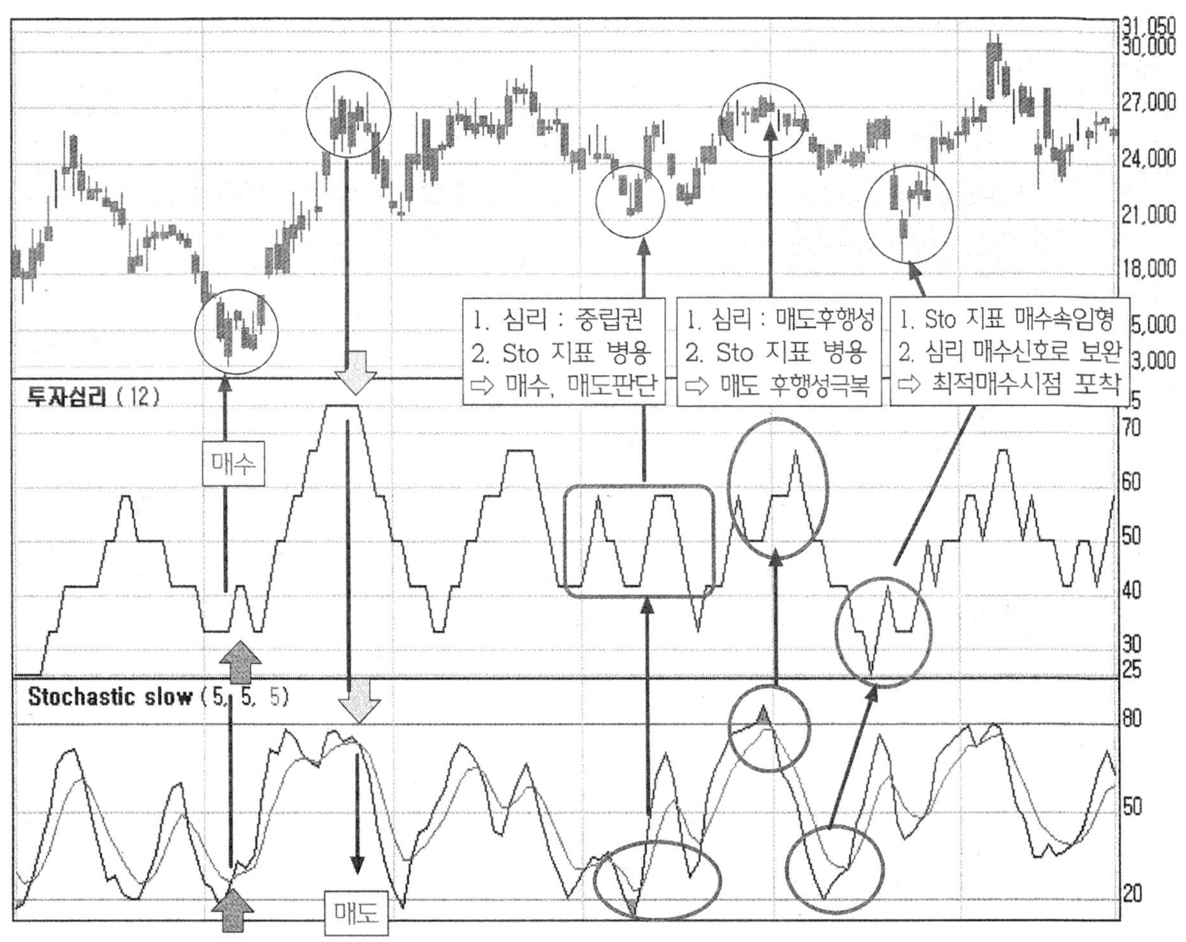
투자심리 (12)
Stochastic slow (5, 5, 5)
매수
매도
31,050
30,000
27,000
24,000
21,000
18,000
5,000
3,000
5
70
60
50
40
30
25
80
50
20
1. 심리 : 중립권
2. Sto 지표 병용
⇨ 매수, 매도판단
1. 심리 : 매도후행성
2. Sto 지표 병용
⇨ 매도 후행성극복
1. Sto 지표 매수속임형
2. 심리 매수신호로 보완
⇨ 최적매수시점 포착

1. 정의

"RSI(relative strength index)"는 주가가 상승추세(하락추세)일 경우 얼마나 강한 상승세(하락세)인지를 백분율로 나타내는 지표이며, 추세의 강도를 객관적인 수치로 표현하는 분석기법이다.

2. 작성방

$$RSI = \frac{n일간의\ 주가상승폭\ 합계}{n일간의\ 주가상승폭\ 합계 + n일간의\ 주가하락폭\ 합계} \times 100$$

3. 분석방법

(1) n일 동안 주가가 상승만 할 경우 RSI는 100을, n일 동안 주가가 하락만 할 경우 RSI는 0의 값을 갖는다.($0 \leq RSI \leq 100$)

(2) 따라서 극단적으로 RSI가 0 또는 100에 근접할 경우는 추세전환 신호로 판단한다.

(3) 일반적 분석기법 : 14일 기간적용

구분	비율	시장분석
	70% 이상	상승과열⇨ 매수유보 & 매도기회 포착
R S I	50% 수준	보통국면⇨ 매수 VS 매도균형, 관망
	30% 이하	하락과열⇨ 매도보류 & 매수기회 포착

(4) 매도시점

- RSI 값이 70% 이상이며,
- RSI 값이 최고점을 기록한 이후 상승 폭이 둔화되거나, 더이상 상승을 보이지 못할 때
- RSI 곡선의 고점(peak)이 단계적으로 낮아질 경우를 매도시점으로 분석한다.

(5) 매수시점

- RSI 값이 30% 이하이며,
- RSI 값이 최저점을 기록한 이후 하락 폭이 둔화되거나, 더이상 하락을 보이지 않을 때
- RSI 곡선의 저점(trough)이 단계적으로 높아질 경우를 매수시점으로 분석한다.

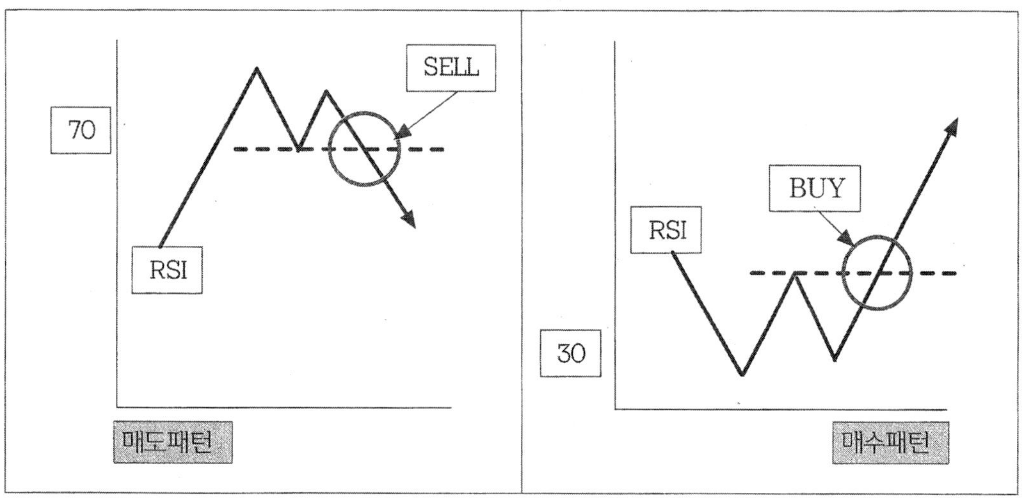

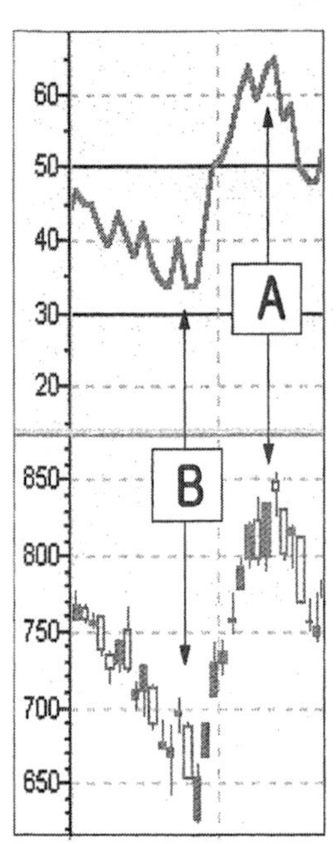

●**가정 : 일일 상승폭과 일일 하락폭이 각각 1일 경우**

RSI＝70 : 최근 10일 동안 상승일이 7일이며, 하락일이 3일 이라는 의미
  (7 / (7＋3)×100%＝70%
 분석 : 최근 10일 동안 7일간 상승함에 따라 차익매물 압력이
   강화될 수 있음을 암시
    ⇨ 지표의 하락전환≒차익매물 출회⇨ 매도 후 추세관망 전략(A)

●**가정 : 일일 상승폭과 일일 하락폭이 각각 1일 경우**

RSI＝30 : 최근 10일 동안 상승일이 3일이며, 하락일이 7일이라는 의미
  (3 / (3＋7)×100%＝30%
 분석 : 최근 10일 동안 7일간 하락함에 따라 기술적 반등 가능성 암시
    ⇨ 지표의 상승전환≒저가매수세 유입⇨ 매수 후 추세관망 전략(B)

(6) Divergence 응용

➡ 매수신호 : 주가 직전저점 갱신 중⇨ RSI의 저점이 단계적으로 상승할 경우

⇨ 매도신호 : 주가 직전고점 갱신 중⇨ RSI의 고점이 단계적으로 하락할 경우

  ※ 신뢰성 : RSI가 70% 이상 또는 30% 이하일 경우 신뢰성이 높다.

(7) Failure Swing (전환실패) 응용

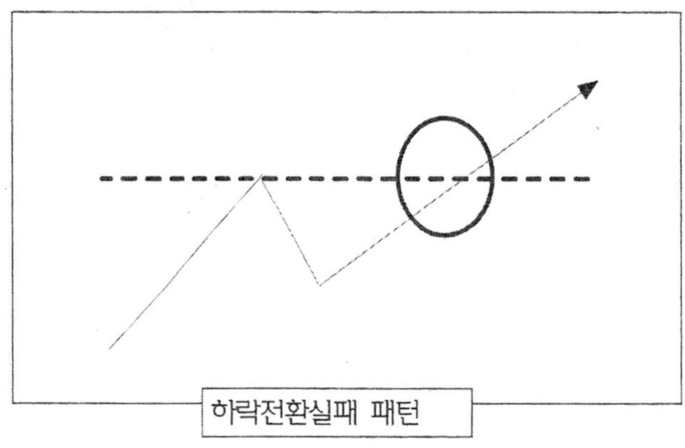

하락전환실패 패턴

1. 상승추세로 전환 성공
2. 재차 일시 하락추세로 반전
3. 직전고점을 상향돌파하면서
   하락전환실패 완성

⇨ 매수시점 : 직전고점 상향돌파
   확인 후 매수

상승전환실패 패턴

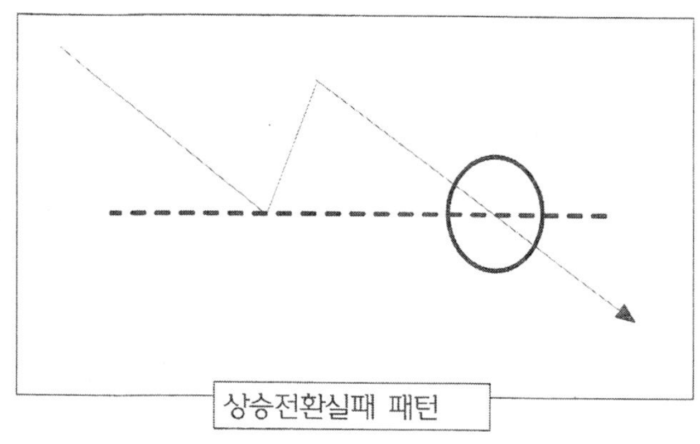

상승전환실패 패턴

1. 하락추세로 전환 성공
2. 재차 일시 상승추세로 반전
3. 직전저점을 하향돌파하면서 상승전환실패 완성

⇨ 매도시점 : 직전고점 하향돌파 확인 후 매도

RSI 차트

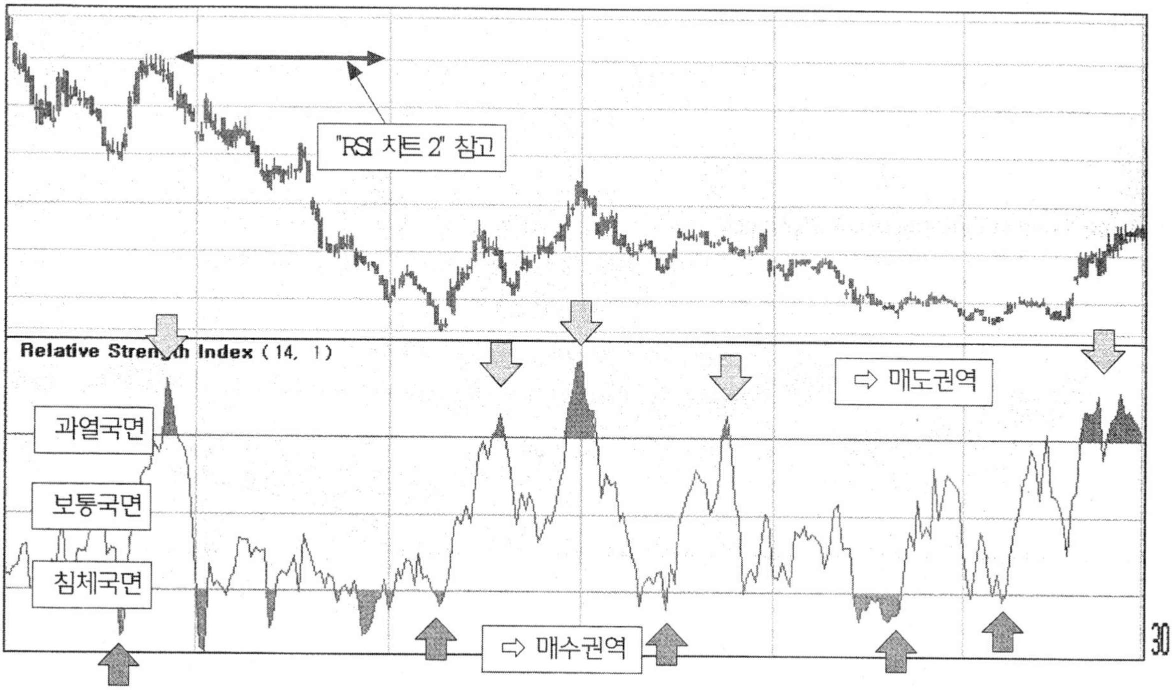

구분	비율	시장분석
RSI	70% 이상	상승과열⇨ 매도준비
	50% 수준	보통국면⇨ 관망
	30% 이하	하락과열⇨ 매수준비

RSI 차트 2

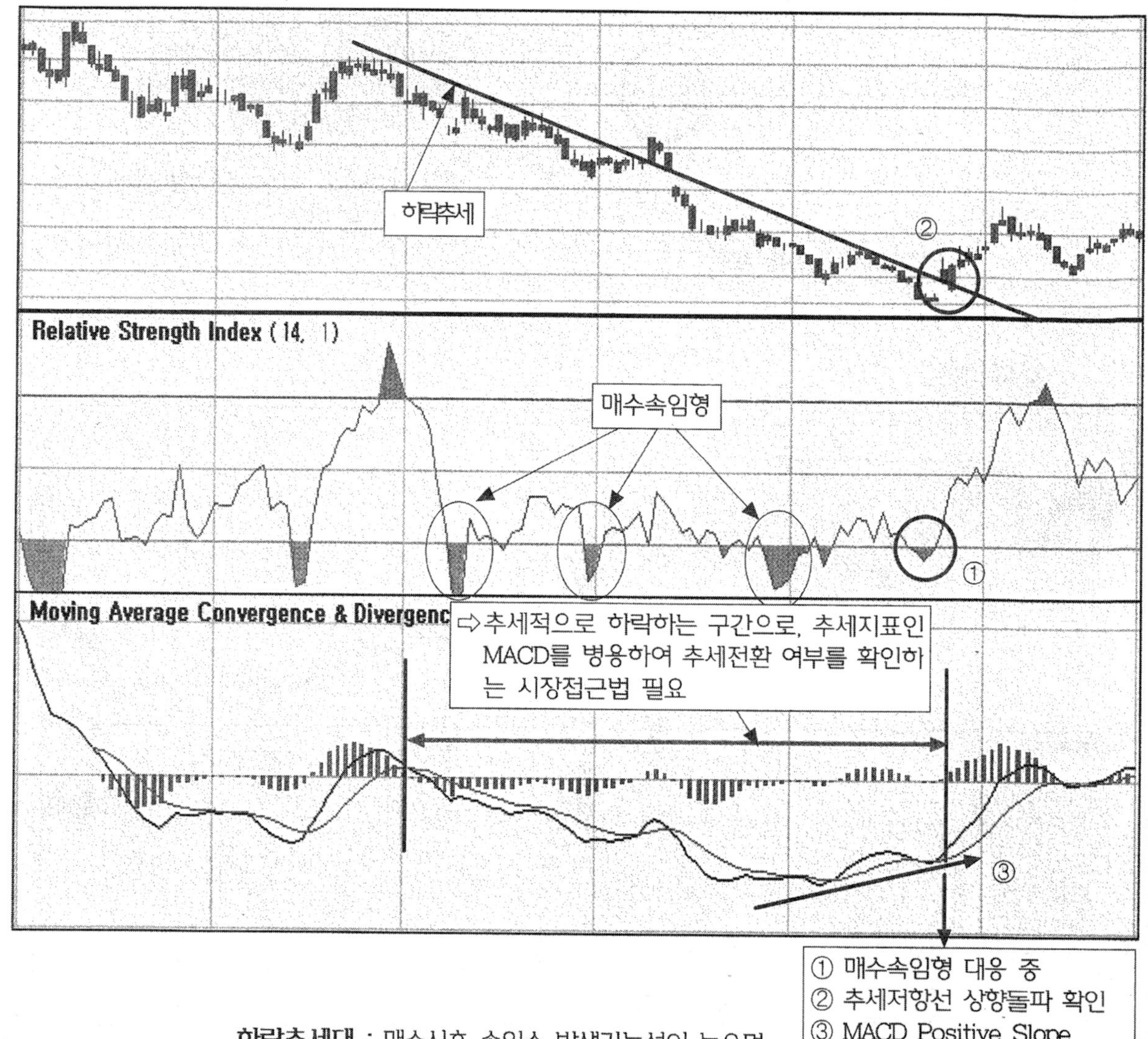

하락추세대 : 매수신호 속임수 발생가능성이 높으며,
상승추세대 : 매도신호 속임수 발생가능성이 높다.

RSI 차트 3 : MACD 병용

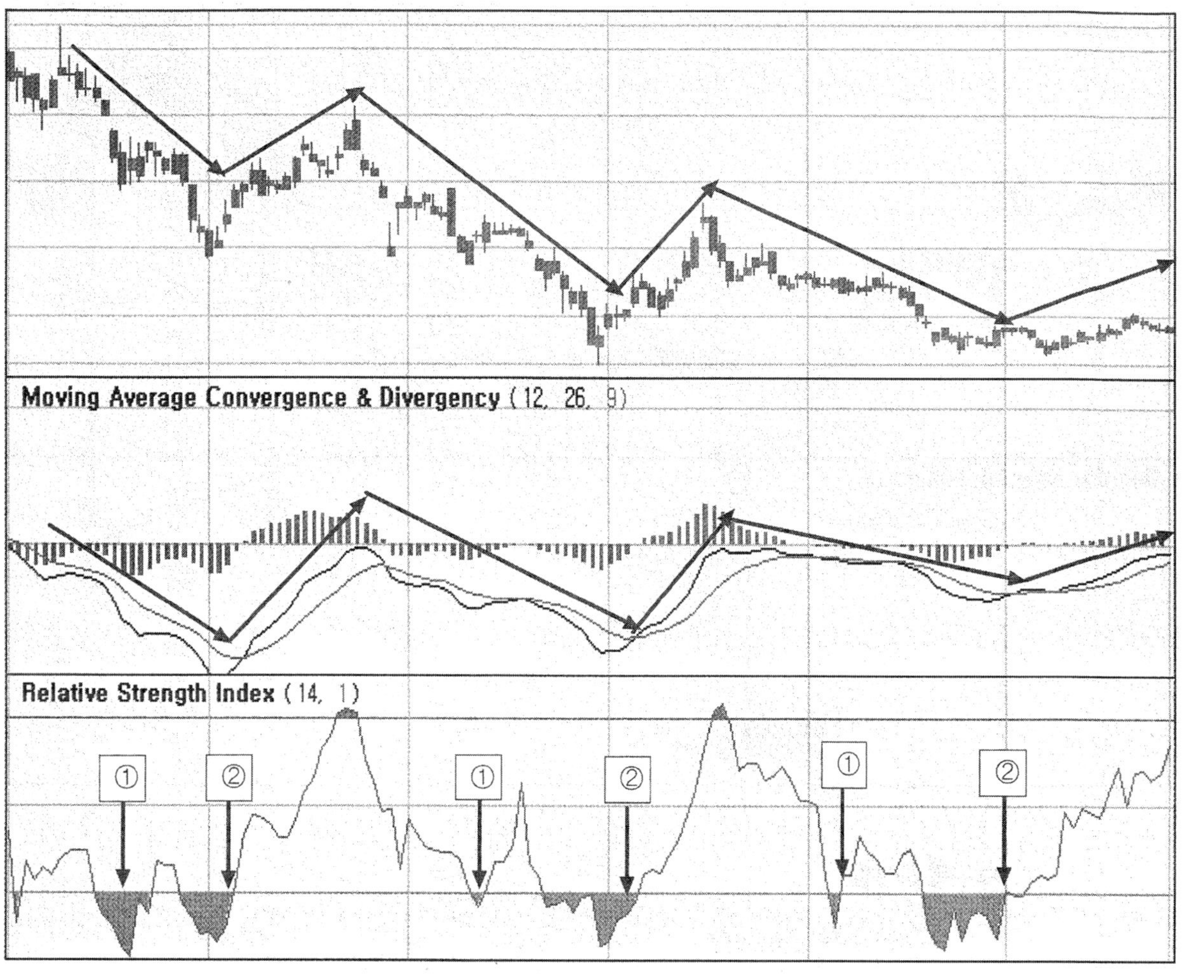

● 추세분석을 병용한 적절한 투자전략

⇨ 하락추세 중의 매수신호(①) : 매수속임형일 가능성 증대

⇨ 상승추세 전환시의 매수신호(②) : 매수신뢰성 증대

⇨ 즉, 탄력지표인 RSI의 단점을 추세지표인 MACD로 보완하여, 최적의 매매
  시점 포착

RSI 차트 4 : Divergence 병용

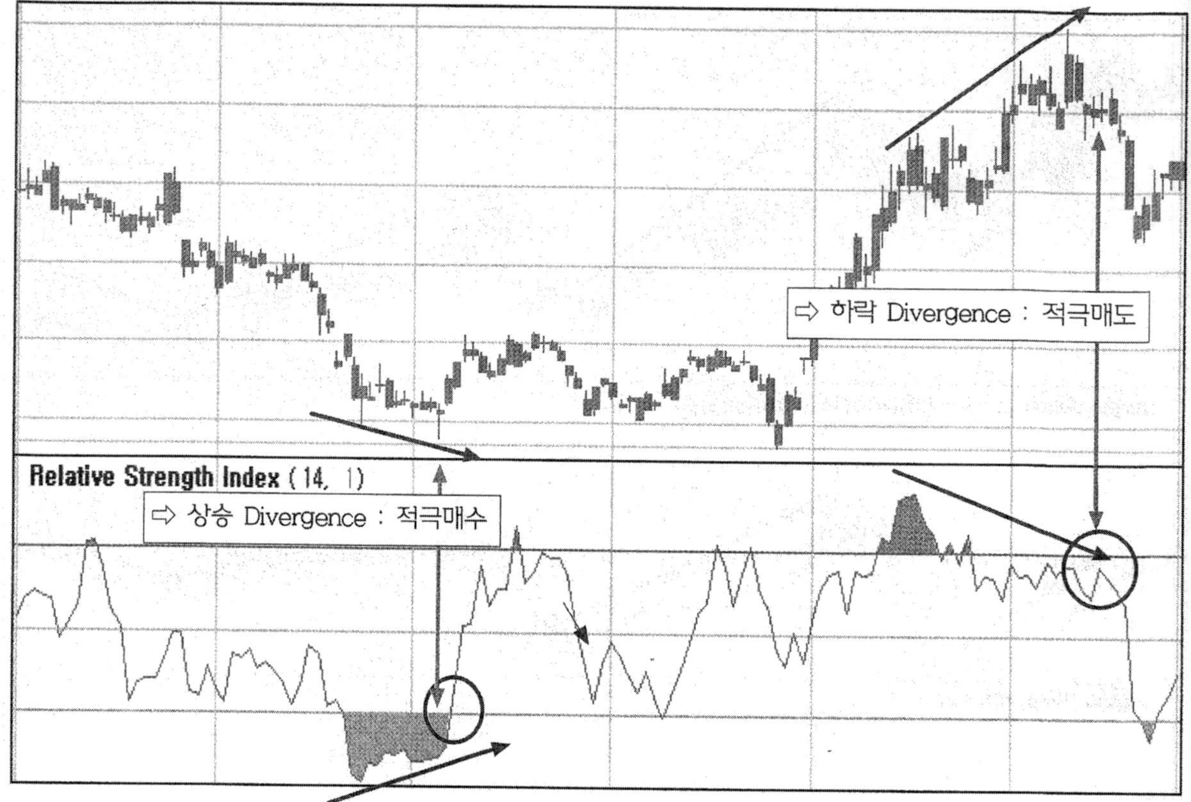

● 매수시점

   ⇨ RSI 값이 30% 이하
   ⇨ RSI 값이 최저점을 기록 이후 하락방어 또는 폭둔화
   ⇨ RSI 곡선의 저점이 단계적으로 높아질 경우
   ⇨ Positive (Bullish) Divergence

● 매수시점

   ⇨ RSI 값이 70% 이상
   ⇨ RSI 값이 최고점을 기록 이후 상승저항 또는 폭둔화
   ⇨ RSI 곡선의 고점이 단계적으로 낮아질 경우
   ⇨ Negative (Bullish) Divergence

매물분석도

1. 정의

"가격대별 거래량 그래프"라고도 하며, 각 가격(지수)에 거래된 거래량을
누적적으로 표시한 차트로 매물분석이나 지지, 저항선을 파악하는 데 유용
한 그래프이다.

2. 분석방법

(1) 상승추세의 경우 : 거래량 밀집구역은 향후 저항선 기능을 하게 되나, 이
저항선을 상향돌파 하게 되면 향후 조정시는 지지선으로 작용하게 된다.

(2) 하락추세의 경우 : 거래량 밀집구역은 향후 지지선 기능을 하게 되나, 이
지지선을 하향돌파 하게 되면 향후 기술적 반등시 저항선으로 작용하게
된다.

매물대분석 CHART

매물분석
4. 저항매물대
⇨ 향후 주가 상승시
   매물부담으로 작용 예상
1. 매물대저항 속 반락
2. 지지매물대
⇨ 일시조정후 재반락
⇨ 지지선의 저항선화
3. 지지매물대
⇨ 조정 이후 반등
거래량 (5, 20, 60)

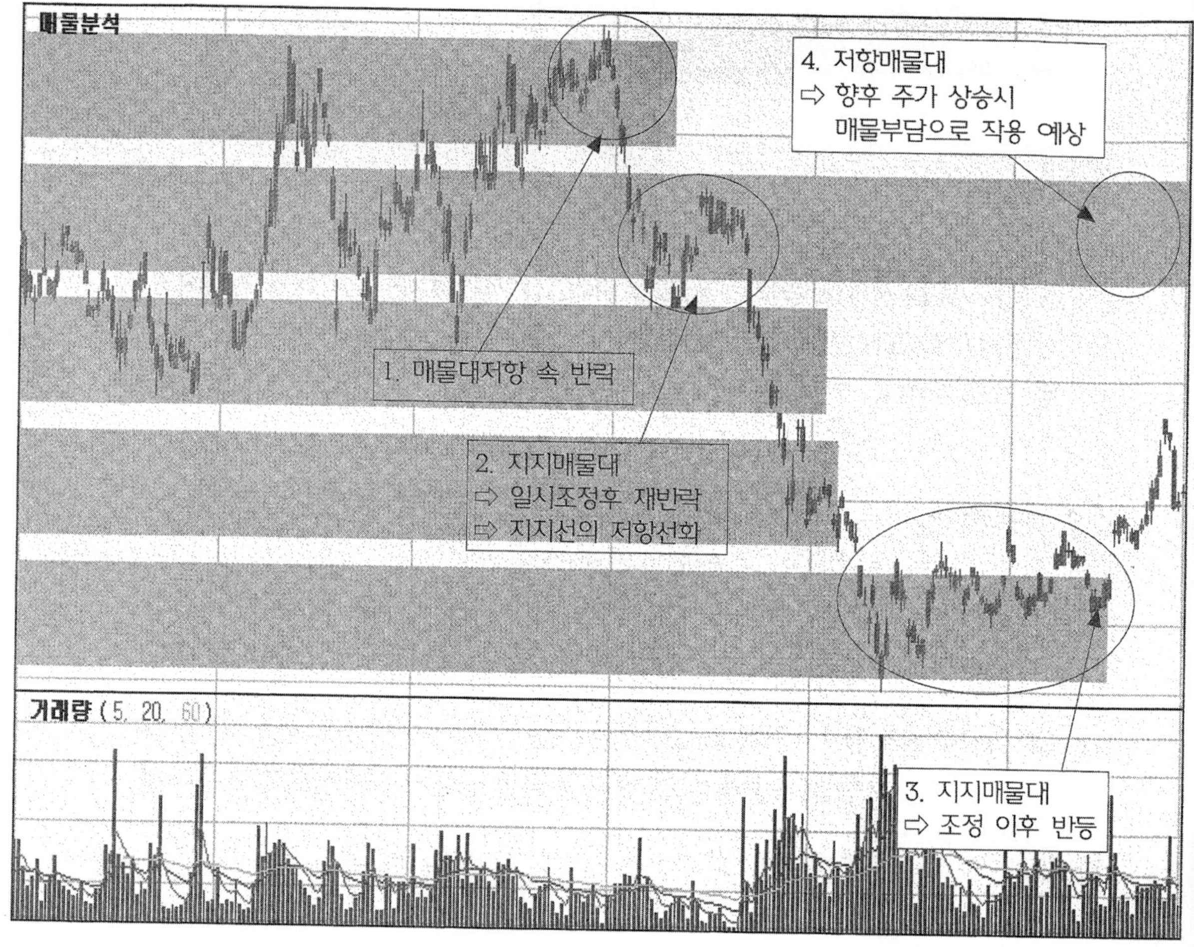

OBV 지표

1. 정의

"OBV(on balance volume)"란 "거래량은 주가에 선행한다"는 전제하에 작성하는 지표이며, 특히 시장이 보합 또는 정체국면에 있을 때 변화의 방향을 예측하고 지수(주가)가 매집 또는 분산단계에 있는 지를 분석하는 지표를 말한다.

2. 작성방법

● 당일종가 〉 전일종가일 경우 OBV⇨ 전일 OBV + 당일 거래량
● 당일종가 〈 전일종가일 경우 OBV⇨ 전일 OBV - 당일 거래량
● 당일종가 = 전일종가일 경우 OBV⇨ 전일 OBV ⇨ 누적계수화

3. 차트형태

(1) **양성형(positive pattern)** : 고점이 지속적으로 직전의 고점보다 높아지는 형태

(2) **음성형(negative pattern)** : 저점이 지속적으로 직전의 저점보다 낮아지는 형태

(3) **중성형(neutral pattern)** : 고점과 저점을 일정한 범위 내에서 움직이는 형태

4. 분석방법

(1) **주가 하락 중**⇨ OBV 이전 저점 위에 형성 : 주가는 조만간 상승을 시도한다.(상승Divergence)

(2) 주가 상승 후 보합, 조정 중⇨ OBV 계속 상승 : 주가는 상승추세를 지속한다.

(3) 주가 상승 중⇨ OBV 이전 고점 아래에 형성 : 주가는 조만간 하락전환
된다.(하락Divergence)

(4) 주가 보합권 등락 중⇨ OBV 계속 하락 : 주가는 하락할 가능성이 높아진다.

OBV 지표 응용 : DMI 병용

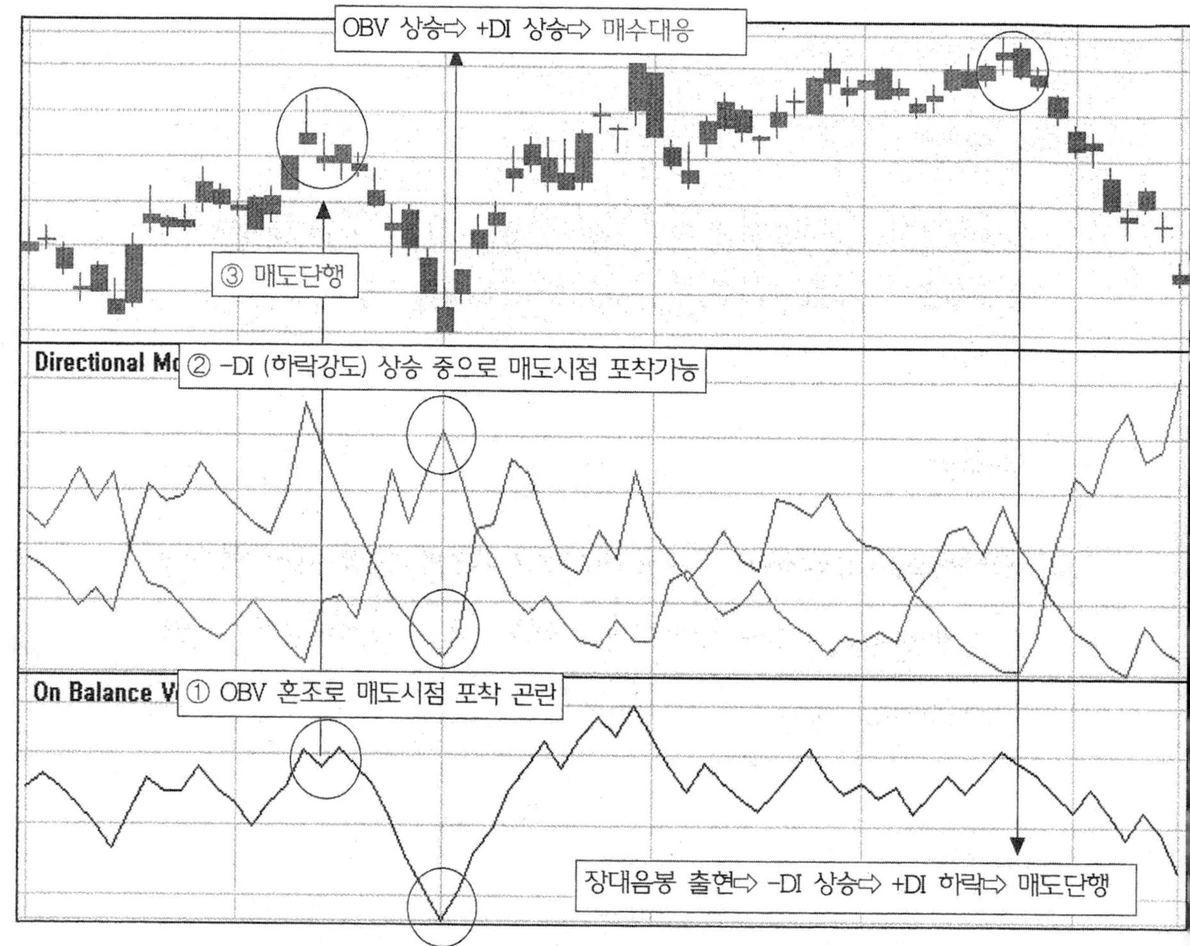

OBV(on balance volume) 지표 : Divergence 적용

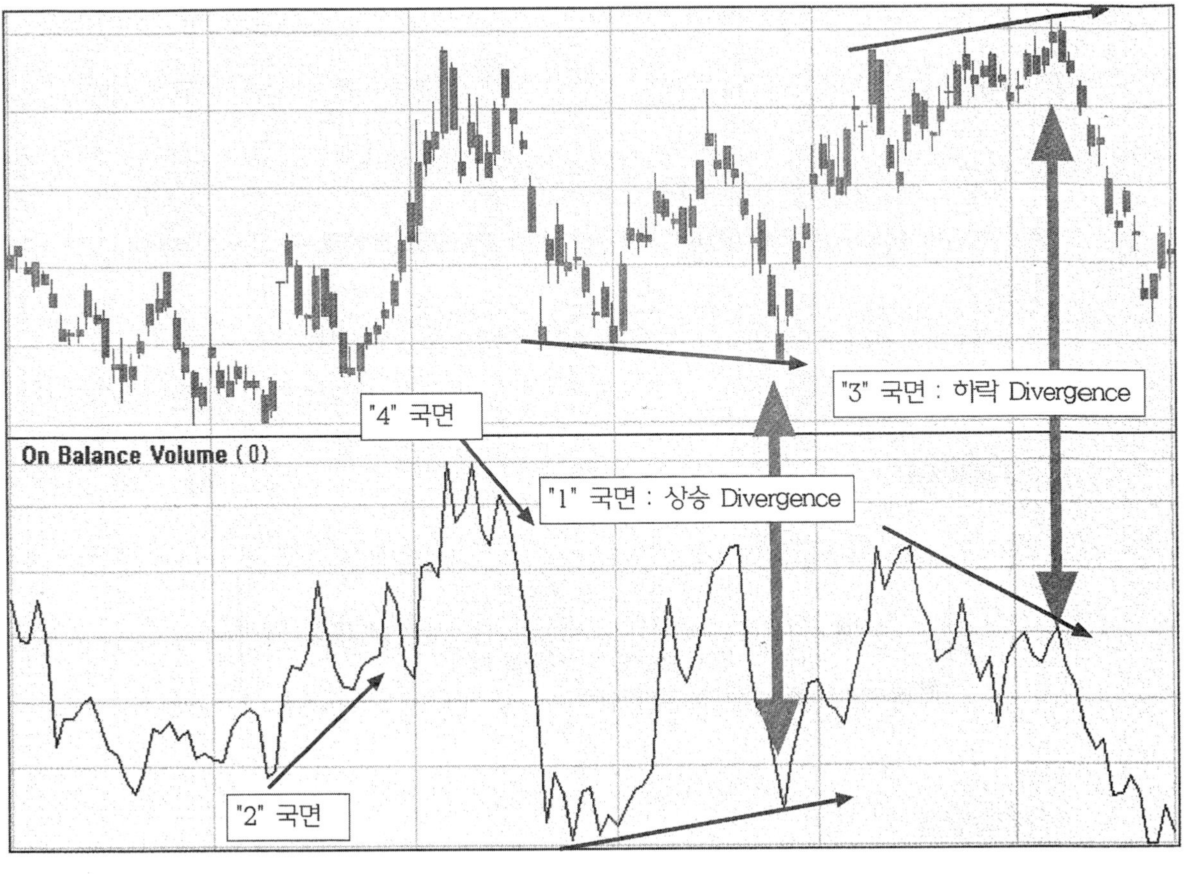

1. 주가 하락 중⇨ OBV 이전 저점 위에 형성 : 주가는 조만간 상승을 시도한다.
2. 주가 상승 후 보합, 조정 중⇨ OBV 계속 상승 : 주가는 상승추세를 지속한다.
3. 주가 상승 중⇨ OBV 이전 고점 아래에 형성 : 주가는 조만간 하락전환된다.
4. 주가 보합권 등락 중⇨ OBV 계속 하락 : 주가는 하락할 가능성이 높아진다.

1. 정의

OBV의 결점을 보완하기 위해 만들어진 지표이며, 주가 상승일의 거래량 합계를 하락일의 거래량 합계로 나주어 이를 Percentage(%)로 작성한 비율지표이다.

보통 20일간의 주가상승일과 하락일의 거래량을 사용한다.

2. 작성방법

$$VR = \frac{주가\ 상승일의\ 거래량\ 합계}{주가\ 하락일의\ 거래량\ 합계} \times 100$$

3. 분석방법

(1) VR = 110%⇨ 주가상승일의 거래량 합계가 하락일의 거래량 합계보다 10% 많다는 것을 암시한다.

(2) VR = 100%⇨ 주가상승일의 거래량과 하락일의 거래량 합계가 같다는 것을 암시한다.

구분	범위	투자판단
VR	450% 이상	천정권
	150~200%	보통상태
	70% 이하	바닥권

(3) VR ＝ 90%⇨ 주가상승일의 거래량 합계가 하락일의 거래량 합계보다
10% 적다는 것을 암시한다.

※ VR은 천정권에서 보다 바닥권에서 신뢰도가 높다.

VR(volume ratio) 지표

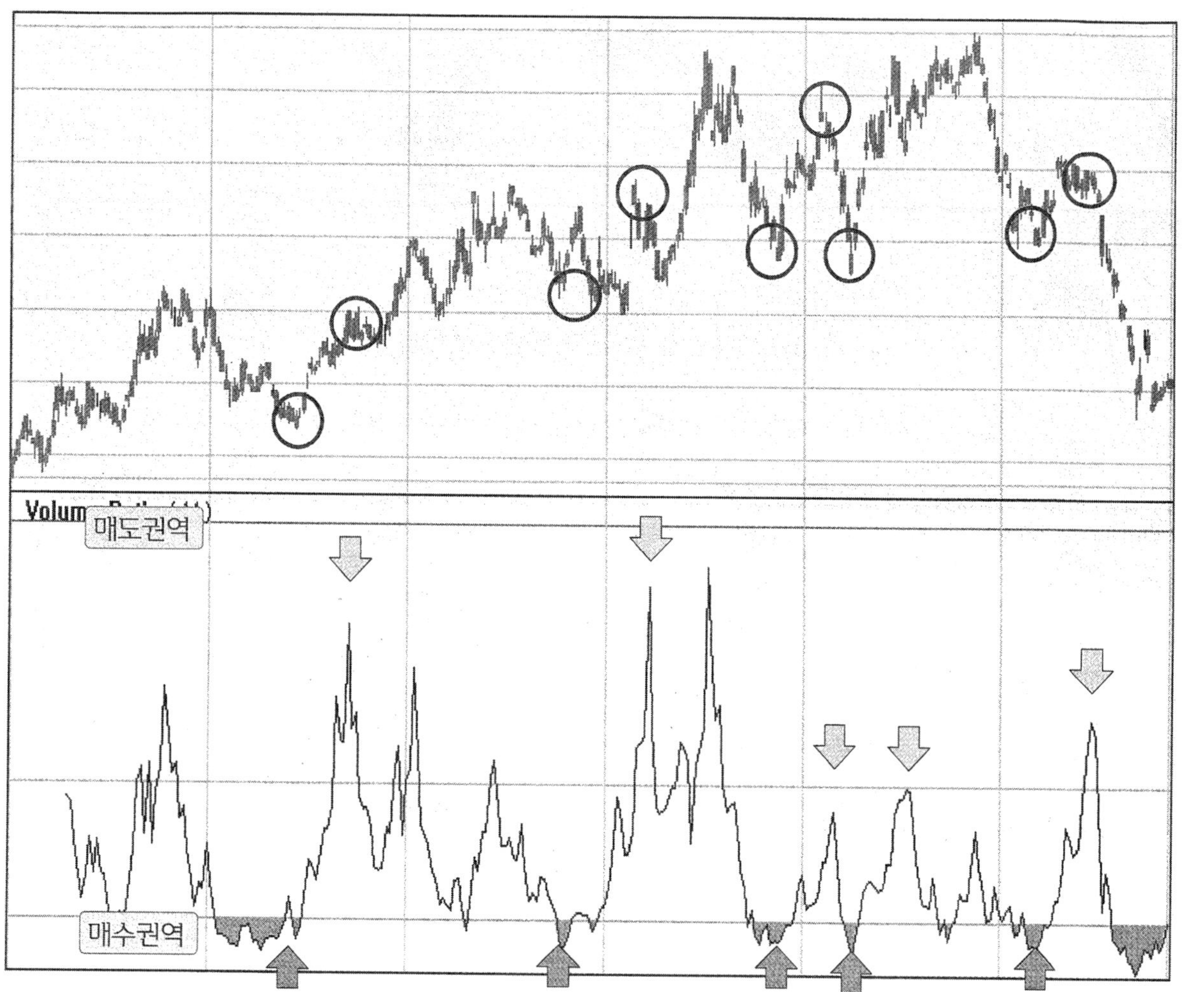

● 분석기법

1. 450% 이상 : 천장권   2. 150% 수준 : 보통상태
3. 70% 이하 : 바닥권   ⇨ VR은 천장권에서 보다 바닥권에서 신뢰도가 높다.

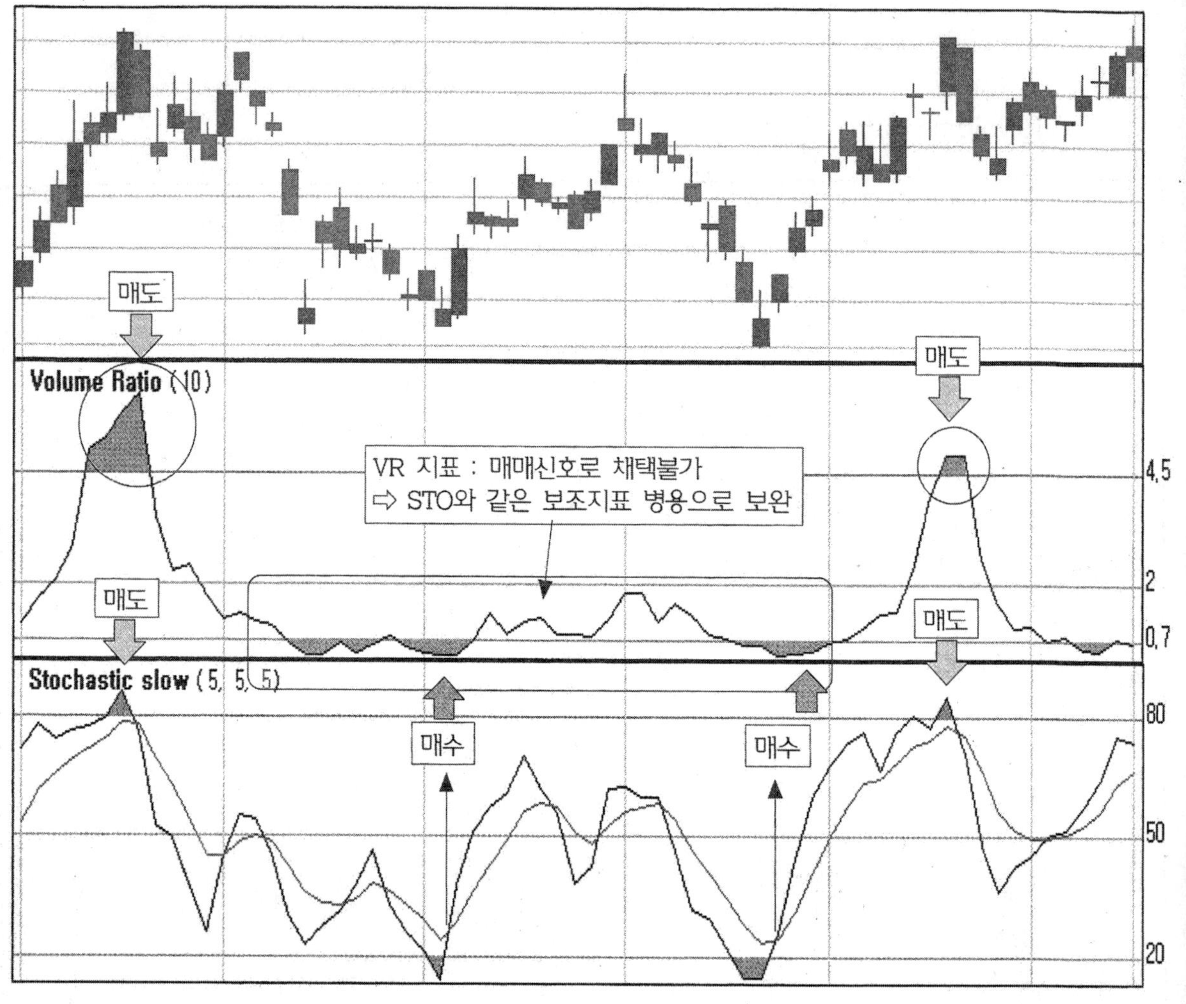
매도
Volume Ratio (10)
VR 지표 : 매매신호로 채택불가
⇨ STO와 같은 보조지표 병용으로 보완
매도
매도
매도
Stochastic slow (5, 5, 5)
매수
매수
4.5
2
0.7
80
50
20

VR 지표 응용 2

Stochastic slow (5, 5, 5)
상승 Divergence
Volume Ratio (14)
VR 침체 : 제반지표로 보아
매집흔적으로 판단
⇨ 매수
VR 약세권으로 STO를
병용한 단기매매

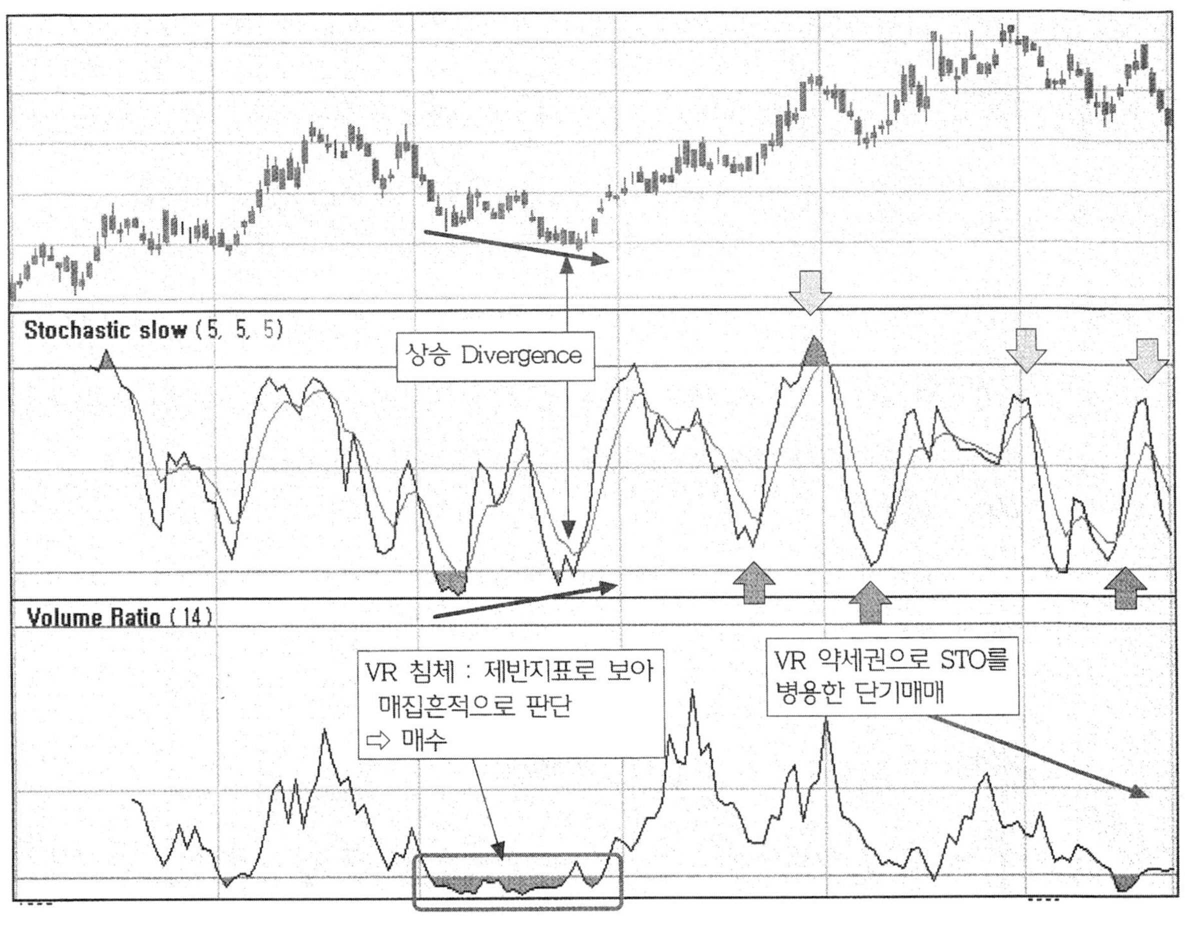

1. 정의

"역시계곡선(Counterlock Line)"이란 주가와 거래량의 상관관계(20일 이동 평균치)를 이용하여 중, 장기 매매타이밍을 포착하는 지표를 말한다.

2.작성방법

주가는 세로축에 거래량은 가로축에 나타내어 매일 매일의 교차점을 연결하여 작성한다.

3. 차트형태

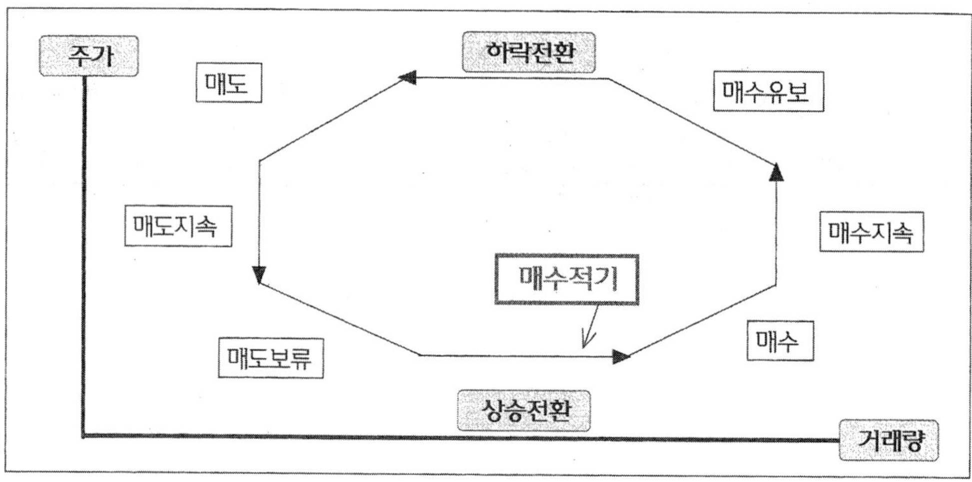

4. 분석방법

(1) **상승전환** : 거래량 증가⇨ 주가 바닥으로 매수를 고려해야 할 시점

(2) **매수시점** : 거래량 증가⇨ 주가 상승시작 시점

(3) **매수지속** : 거래량 정체⇨ 주가 상승지속

(4) **매수유보** : 거래량 감소⇨ 주가 상승지속

(5) **하락전환** : 거래량 감소⇨ 주가 보합세를 지속할 경우로 매도를 고려해야
할 시점

역시계곡선

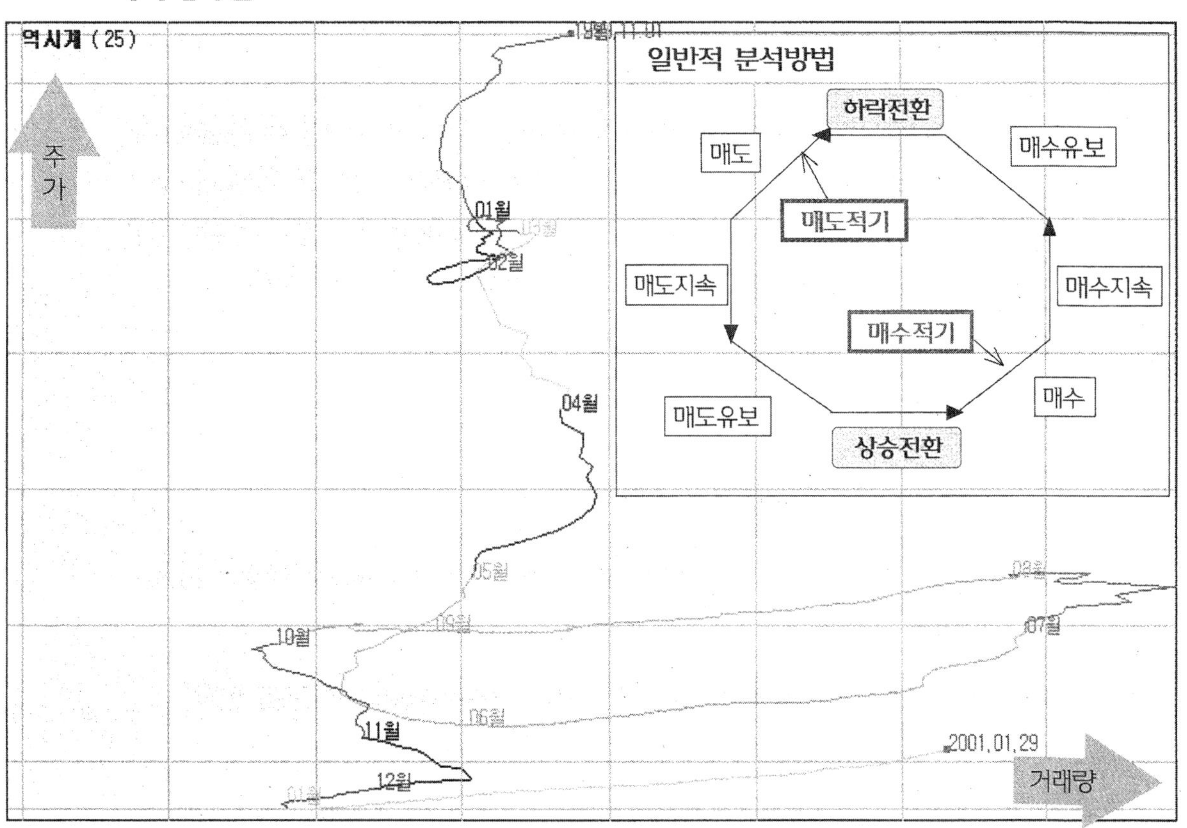

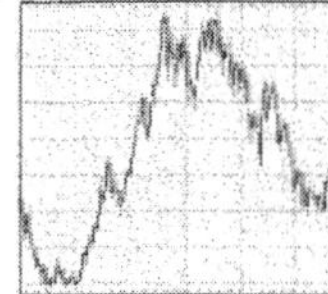

XII . 보조지표

1 추세지표

1. 정의

"MACD(moving average convergence & divergence)"란 "이동평균수렴&확산지수"라고도 하며, 장단기 이동평균선의 이격이 일정수준 멀어지게(divergence) 되면 다시 가까워지게(convergence) 되는 성질을 이용하여 두개의 이평선 차이가 제일 큰 시점을 찾아 매매시점을 포착하는 지표를 말한다.

2. 작성방법

(1) MACD = 단기이동평균선 − 장기이동평균선

(2) Signal = 상기 "(1)"의 값을 재차 n일 이동평균하여 signal로 사용⇨ Chart 에 산입

(3) MACD OSC = MACD−Signal⇨ "MACD Histogram"이라고도 한다.
   ※ 단기 12일, 장기 26일⇨ Signal은 9일이 권장기간

3. 분석방법

(1) 교차분석
① 매수신호 : MACD가 Signal을 아래에서 위로 상향돌파 할 때
⇨ Bullish Moving Average Crossover
② 매도신호 : MACD가 Signal을 위에서 아래로 하향돌파 할 때
⇨ Bearish Moving Average Crossover

(2) 과매수, 과매도분석
① 과매수시점 : MACD가 급격한 상승을 보인 이후 더 이상 상승이 둔화될 경우 ⇨ 매도시점 포착
② 과매도시점 : MACD가 급격한 하락을 보인 이후 더 이상 하락이 방어될 경우 ⇨ 매수시점 포착

(3) Divergence분석
① 상승 Divergence : 주가 저점 하향 ⇨ 지표 저점 상승 ➡ 매수
② 하락 Divergence : 주가 고점 상향 ⇨ 지표 고점 하락 ➡ 매도

(4) 추세재확인(retesting) 투자기법
① 상승 retesting : 주가 상승 중 일시적으로 MACD가 하향 반전되어 Signal과 교차직전에 지지를 받고 재상승하는 것
⇨ 상승강화 또는 지속 암시
② 하락 retesting : 주가 하락 중 일시적으로 MACD가 상승 반전되어 Signal과 교차직전에 저항을 받고 재하락하는 것
⇨ 하락강화 또는 지속 암시

(5) 교차선행성 : 주가의 상승 또는 하락 움직임이 명확한 추세적인 구간에서는 이동평균선 교차보다 선행하는 특징이 있다.
① Golden Cross : 주가하락말기⇨ 상승반전⇨ MACD G - C발생⇨ 이동평균선 G - C발생
② Dead Cross : 주가상승말기⇨ 하락반전⇨ MACD D - C발생⇨ 이동평균

선 D-C발생

※ MACD는 이동평균선의 후행성을 극복하여, 상기와 같은 "선행성"을 보여준다.

4. MACD Oscillator

(1) MACD와 Signal이 교차하는 것을 보다 정확하게 파악하기 위해 작성한 지표

(2) MACD와 Signal의 차이를 다시 한번 오실레이터로 값을 산출한 것

(3) 분석방법

> 매수신호 : MACD 오실레이터가 "0"선을 상향돌파 하는 시점
> 매도신호 : MACD 오실레이터가 "0"선을 하향돌파 하는 시점

MACD 지표

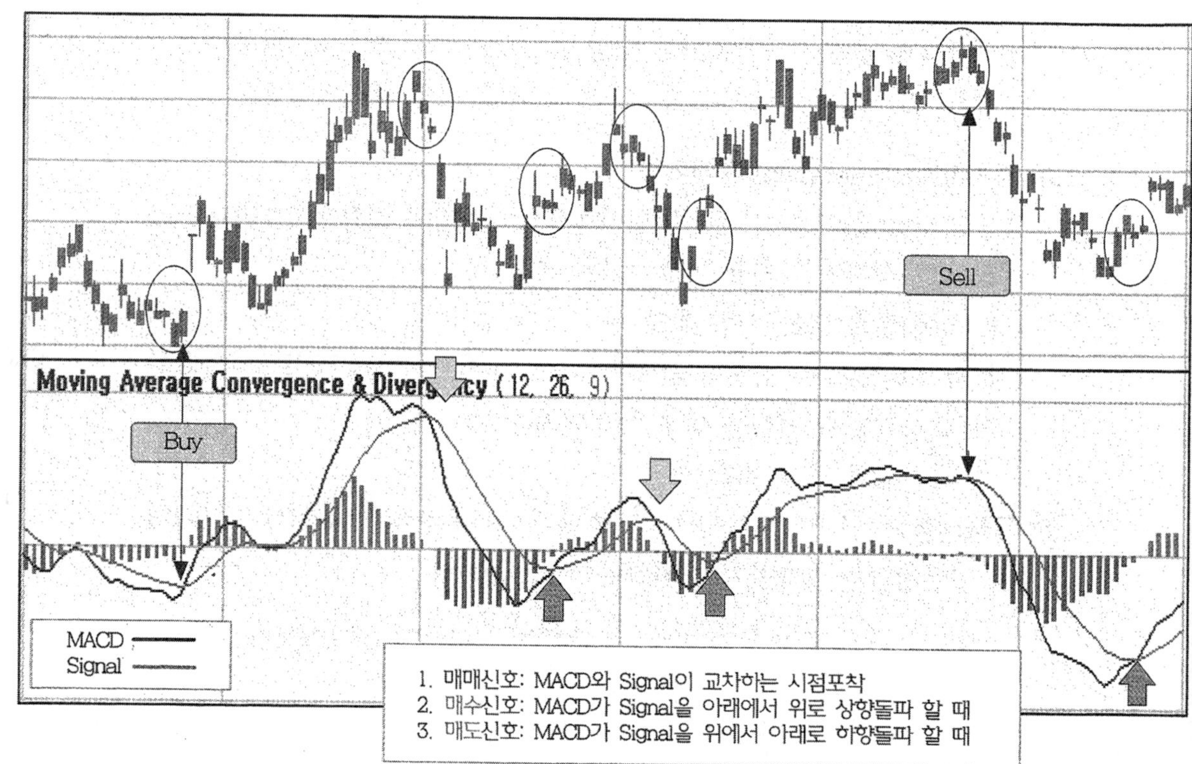

MACD 지표 보완

MACD: 투자판단 유보적
Moving Average Convergence & Divergency (12, 26, 9)
매수
MACD: 투자판단 유보적
MACD Osc : 매수권역
MACD Osc : 매도권역
Stochastic slow (5, 5, 5)
Stoc: 매수신호로 보완 ⇨ 매수단행
Stoc: 매도신호로 보완 ⇨ 매도단행

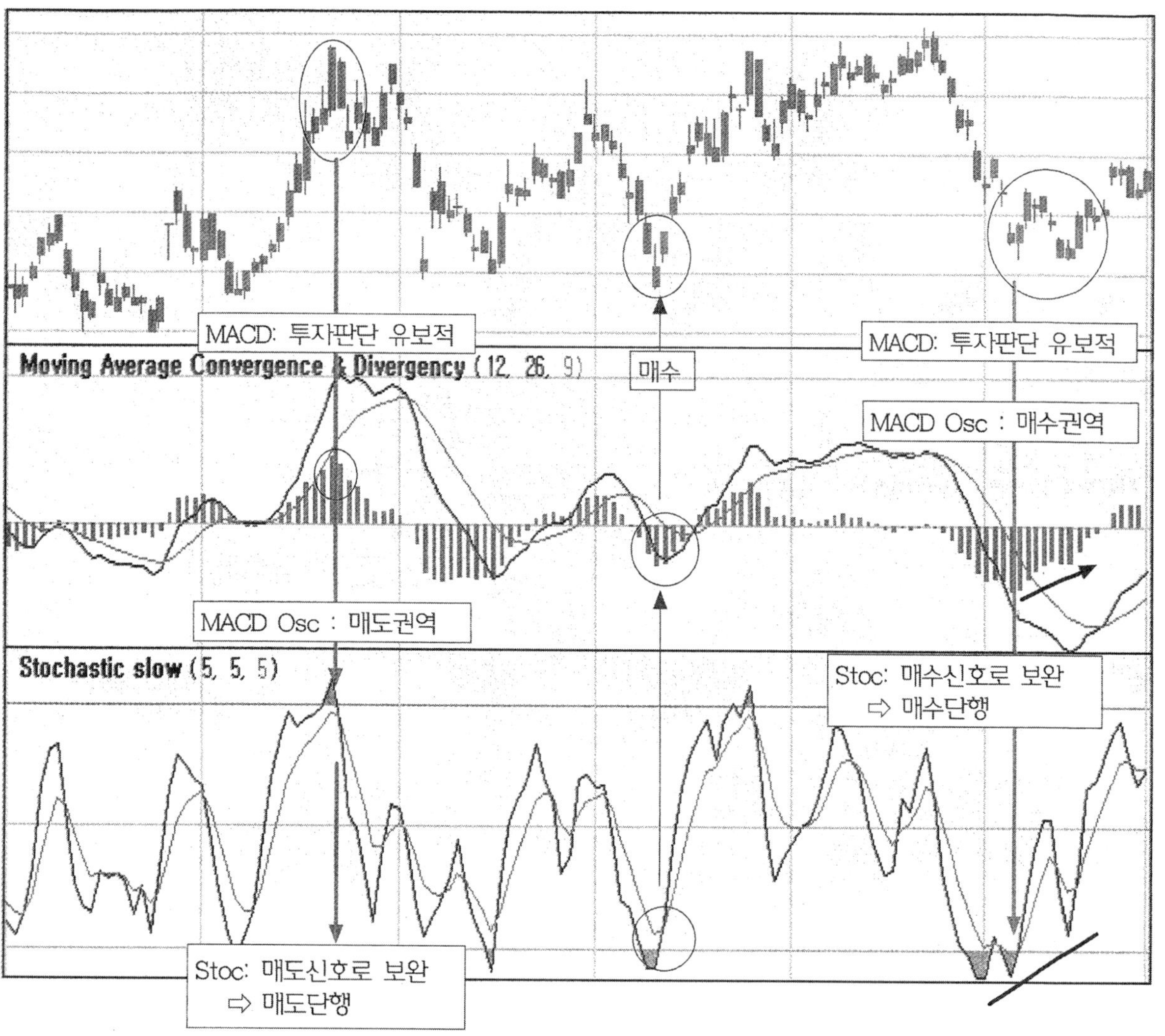

MACD & Macd OSC 지표

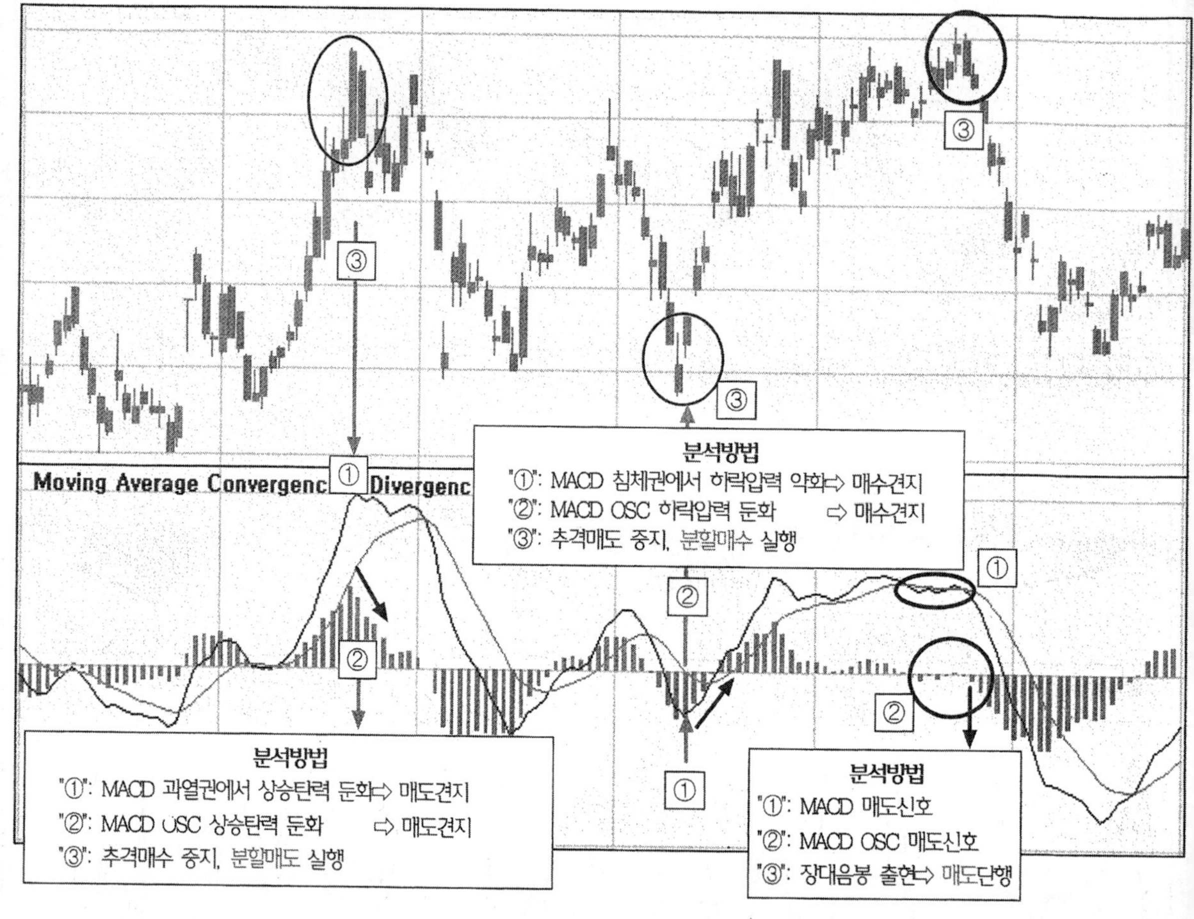

MACD Oscillator 지표

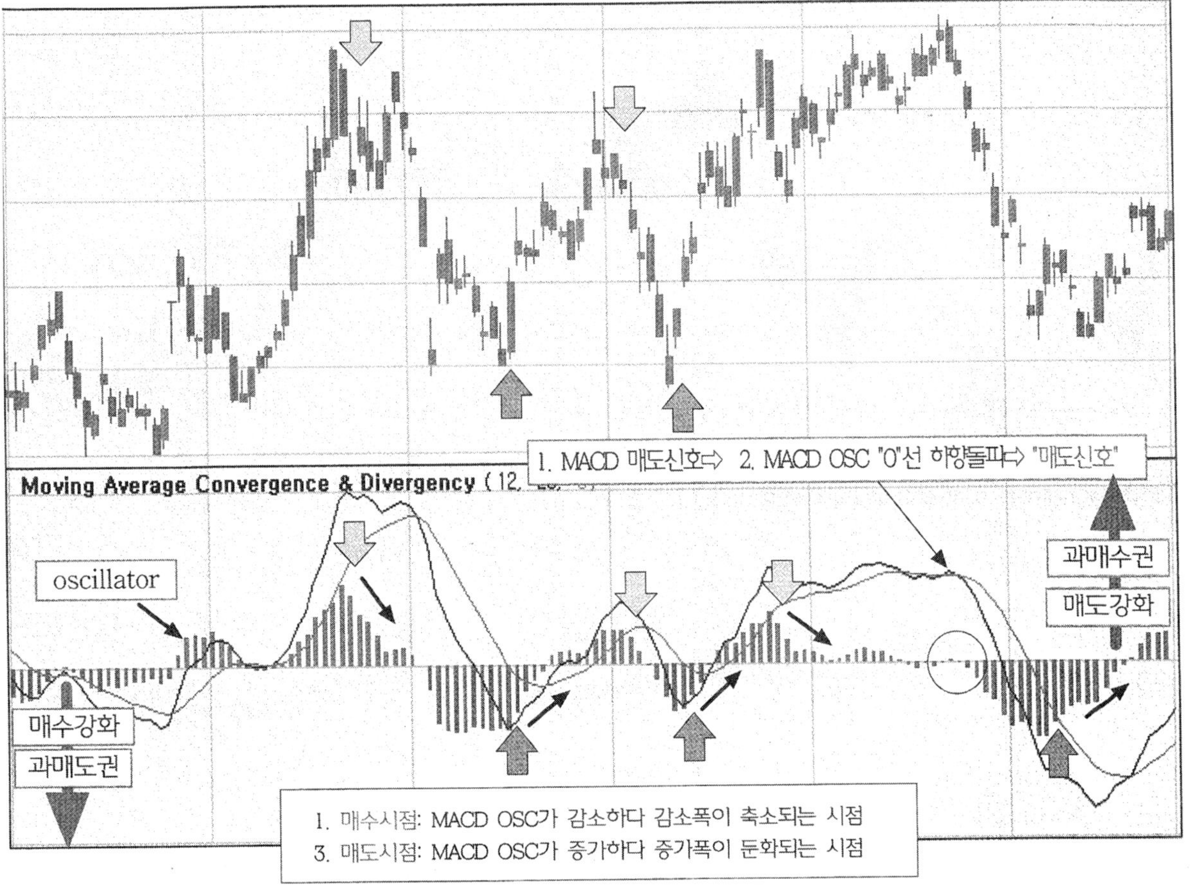

MACD 지표 : Retesting

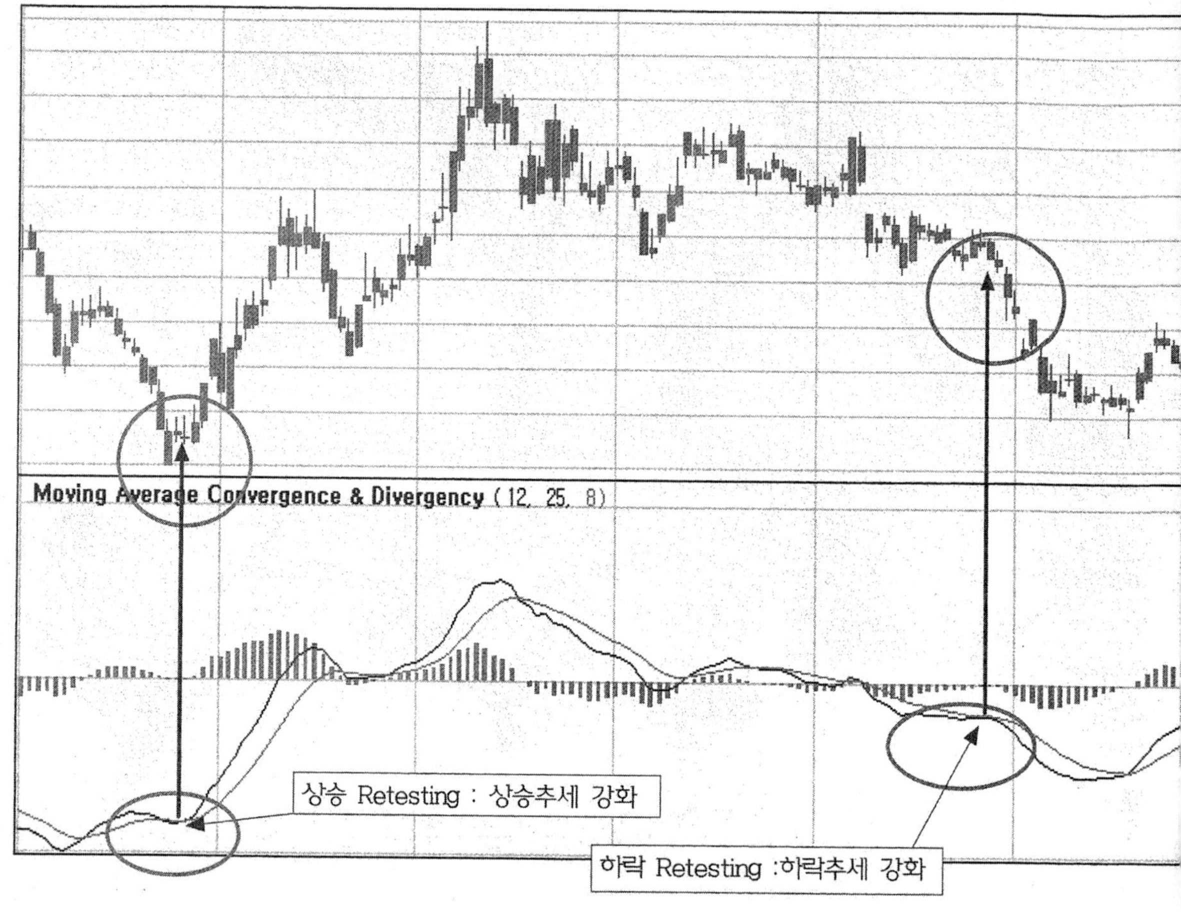

MACD 지표 : 교차선행성

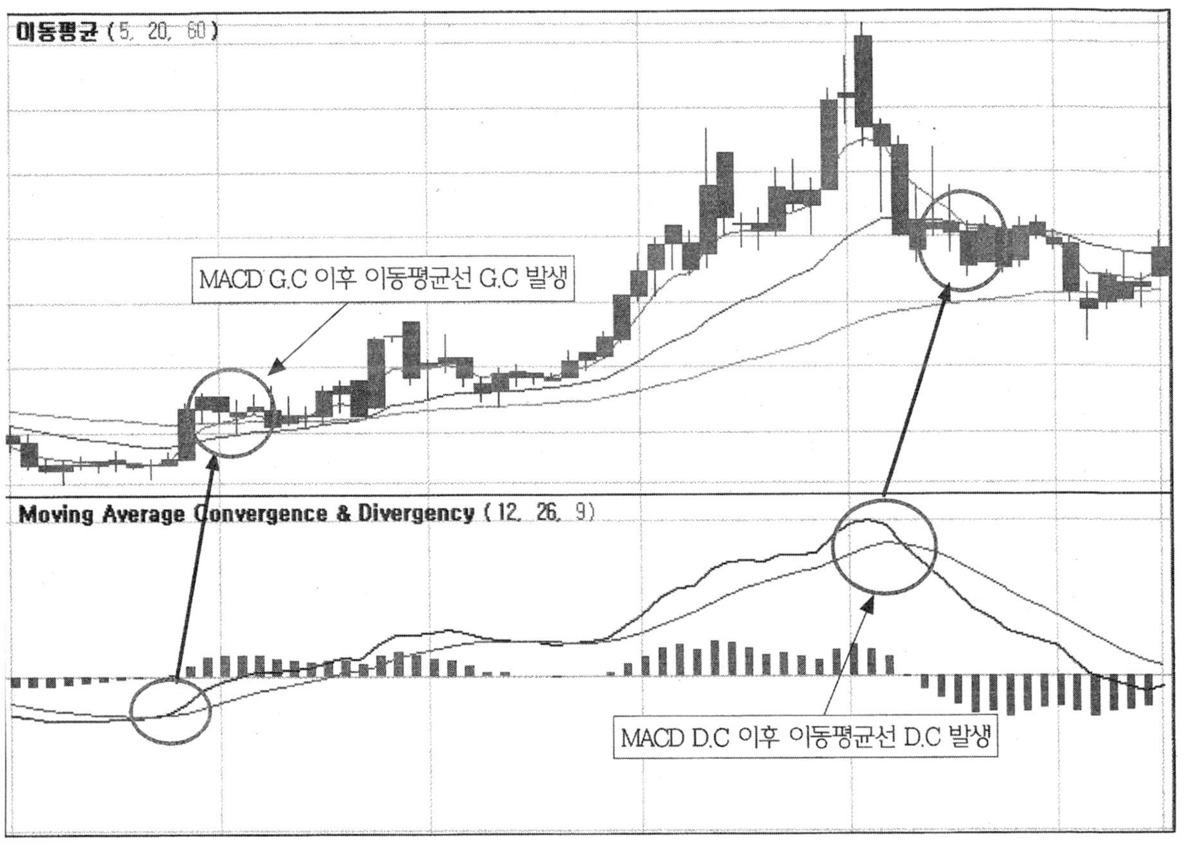

1. 정의

"CCI(commodity channel index)"는 주가이동평균과 현재주가의 편차를 측정하는 지표를 말한다.

- CCI값이 높아지면 현재 주가는 주가이동평균에 비해 현저하게 높다는 것을,
- CCI값이 낮아지면 현재 주가는 주가이동평균에 비해 현저하게 낮다는 것을 암시한다.

환언하면, 주가가 일정기간의 이동평균값과 얼마나 떨어져 있는가, 즉 이동평균값과의 괴리율을 나타내는 지표이다. 예컨대, CCI가 "0"라는 의미는 주가가 이동평균에 수렴해 있다는 것을 암시한다.

2. 작성방법

```
CCI=(M-m) / d×0.015
M=(고가+저가+종가) / 3
m=M의 이동평균차
d : 평균편차
※ 단기 : 5일~25일 적용, 중기 : 55일 적용
⇨ 개발자인 램버트 권장치 : 20일
```

3. 분석방법

(1) 과매수-과매도활용법

- 과매수(overbought) 국면 : +100% 이상⇨ 매수 자제
- 매도시점 : +100% 선을 하향돌파 할 경우
- 과매도(oversold) 국면 : -100% 이하⇨ 매도 자제
- 매수시점 : -100% 선을 상향돌파 할 경우

(2) ZERO Line 활용법

- 매도시점 : 0선을 하향돌파 할 경우
- 매수시점 : 0선을 상향돌파 할 경우

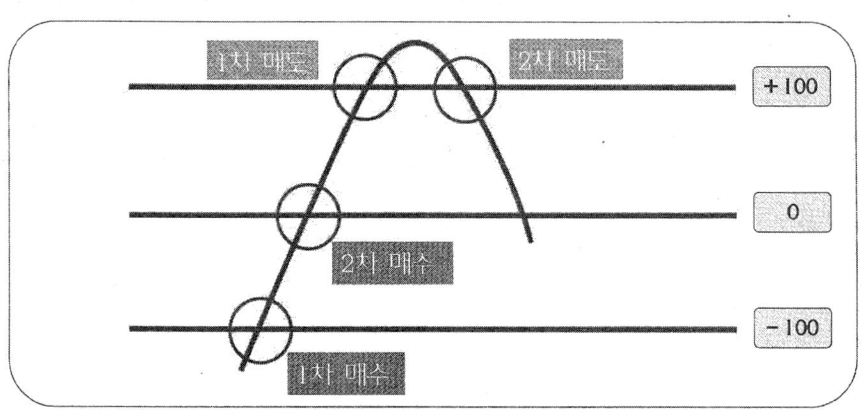

※ 후행성 보완기법 : signal 병용

(3) Divergence 활용법

- 매도시점 : 주가 상승 중 CCI지표 하락지속시 (하락Divergence)
- 매수시점 : 주가 하락 중 CCI지표 상승지속시 (상승Divergence)

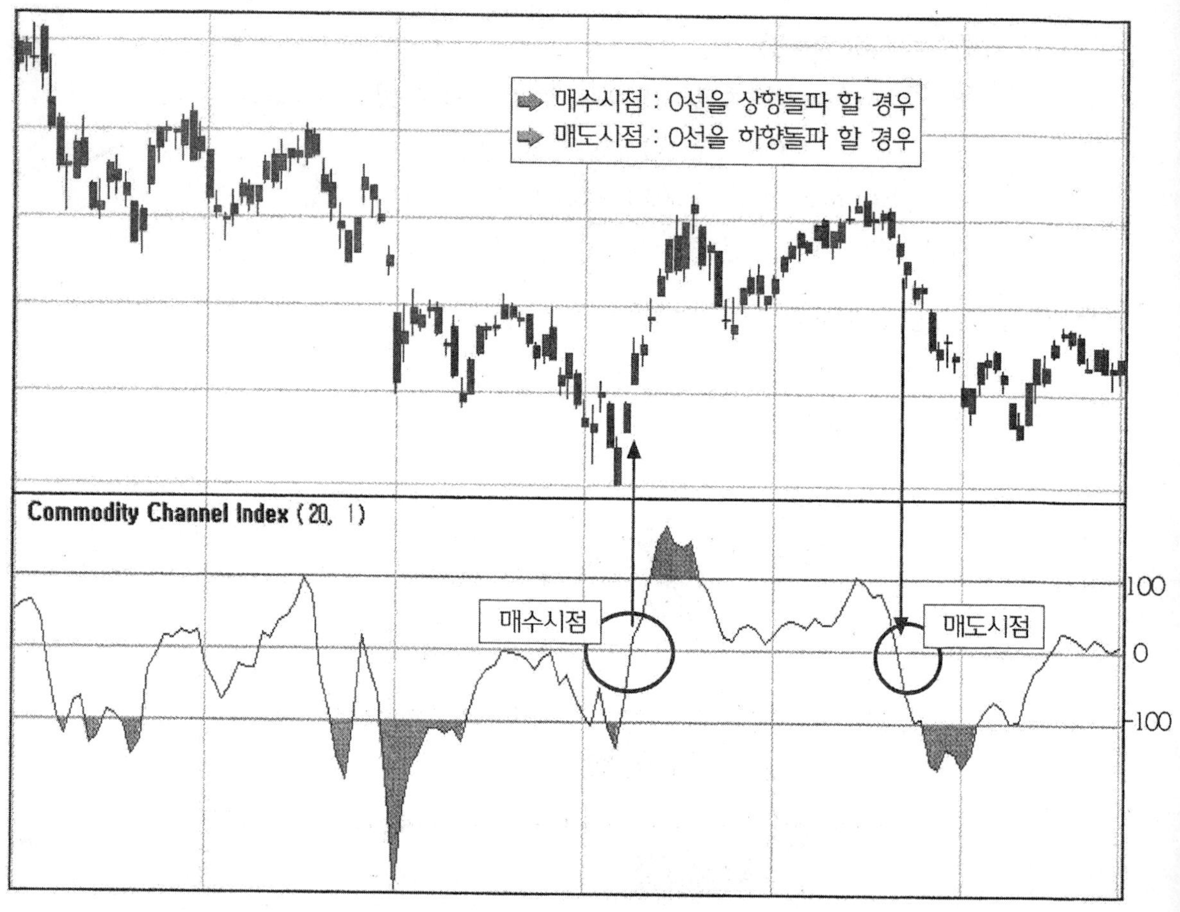

● **보완**

과매도 국면에서 매수시점을, 과매수 국면에서 매도시점을 포착하는데 주력

⇨ 과매수 국면 : +100% 이상
⇨ 과매도 국면 : −100% 이하

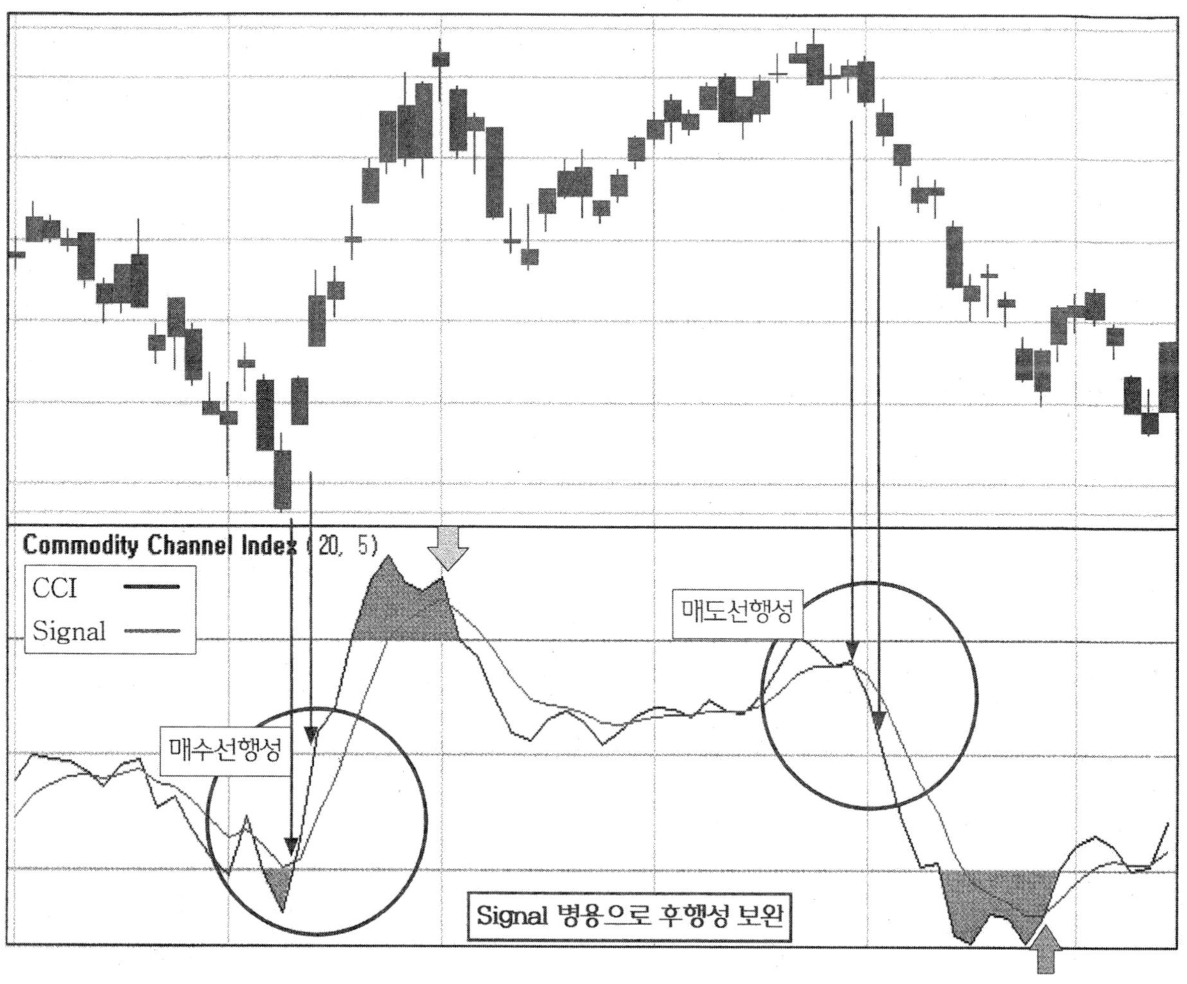
Commodity Channel Index (20, 5)
CCI
Signal
매도선행성
매수선행성
Signal 병용으로 후행성 보완

C C I 차트 응용 2 - 적용기간 차별화

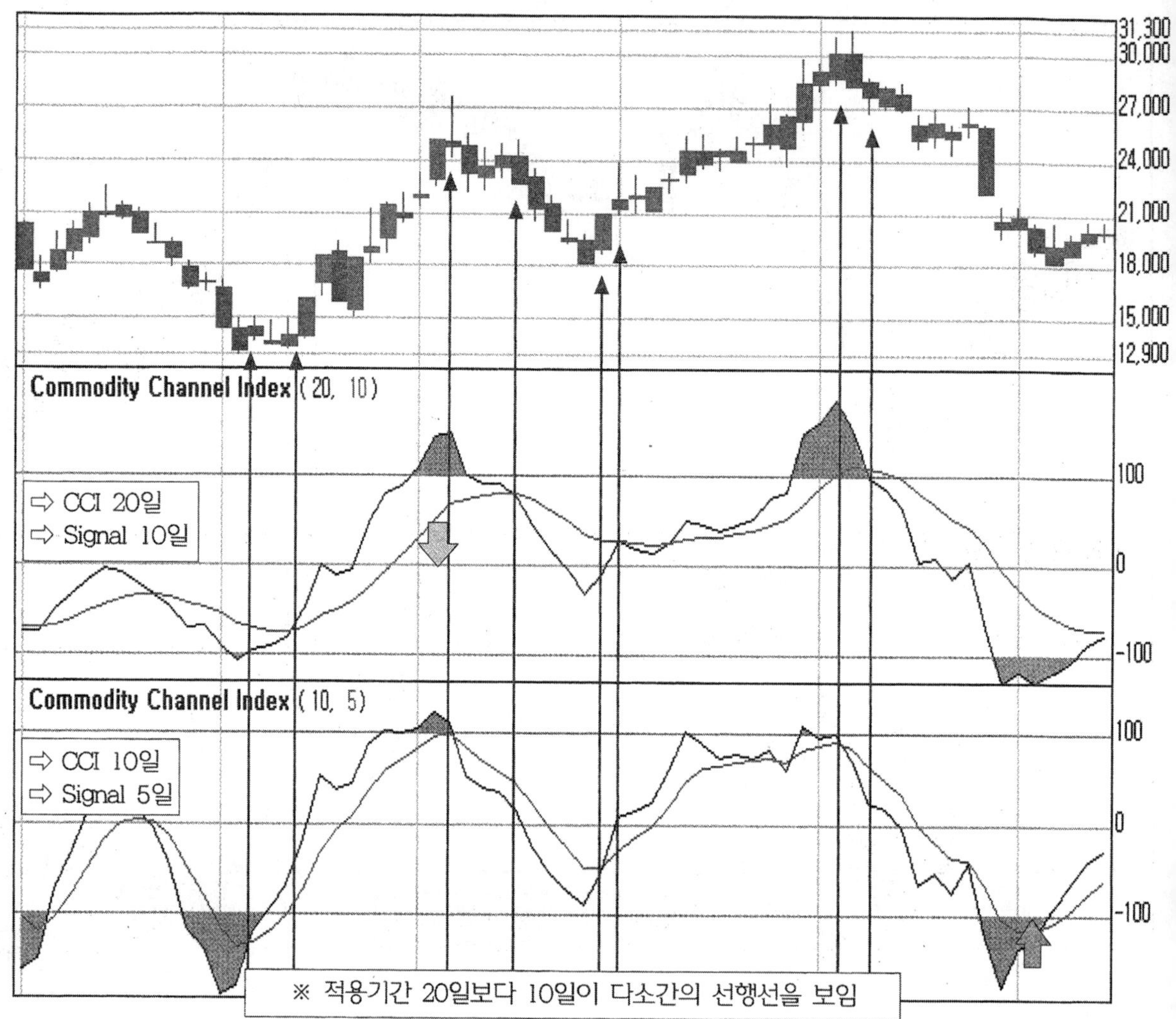

TRIX

1. 정의

"TRIX"(triple exponentially smoothed moving average)란 종가에 대해 3번 지수
이동평균 한 값을 모멘텀으로 하여 매매시점을 포착하는 지표를 말한다.
이는 지수이동평균선의 후행성을 보완하기 위해 작성한 지표이다.

2. 작성방법

(1) 제 1 이동평균치＝종가의 n일 이동평균치
(2) 제 2 이동평균치="(1)"의 n일 이동평균치
(3) 제 3 이동평균치="(2)"의 n일 이동평균치
(4) TRIX＝(금일의 "(3)"－전일의 "(3)" / 전일의 "(3)"
(5) TRIX Signal＝TRIX의 m일 이동평균치
n의 적정기간 : 12~25일 적용이 일반적
m의 적정기간 : 9일 적용이 일반적

3. 분석방법

(1) ZERO LINE 매매기법

➡ 매수시점 : TRIX가 "0"선을 상향 돌파할 경우

➡ 매도시점 : TRIX가 "0"선을 하향 돌파할 경우

(2) TRIX 방향성 매매기법 : 상기 "(1)"의 후행성 봉완

➡ 매수시점 : TRIX가 상승 반전할 경우

➡ 매도시점 : TRIX가 하락 반전할 경우

(3) Signal 응용기법 : 상기"(1)"의 후행성과 "(2)"의 단점보완

➡ 매수시점 : TRIX가 Signal을 상향돌파할 경우

➡ 매도시점 : TRIX가 Signal을 gkgidfehf파할 경우

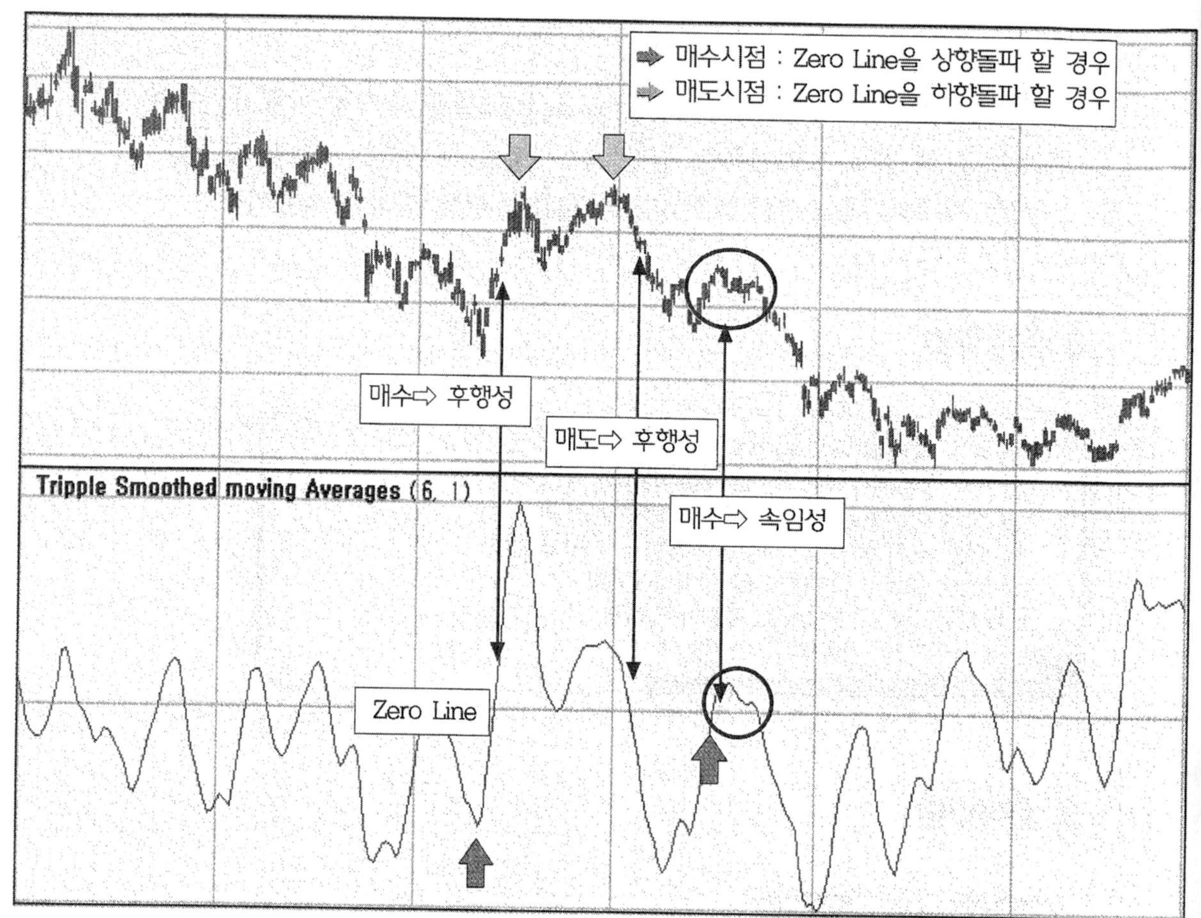

● **속임형과 후행성 보완기법**

1. Divergence 응용
2. Signal을 응용
3. 기타 지표응용

TRIX 차트 응용 1 : Divergence 응용

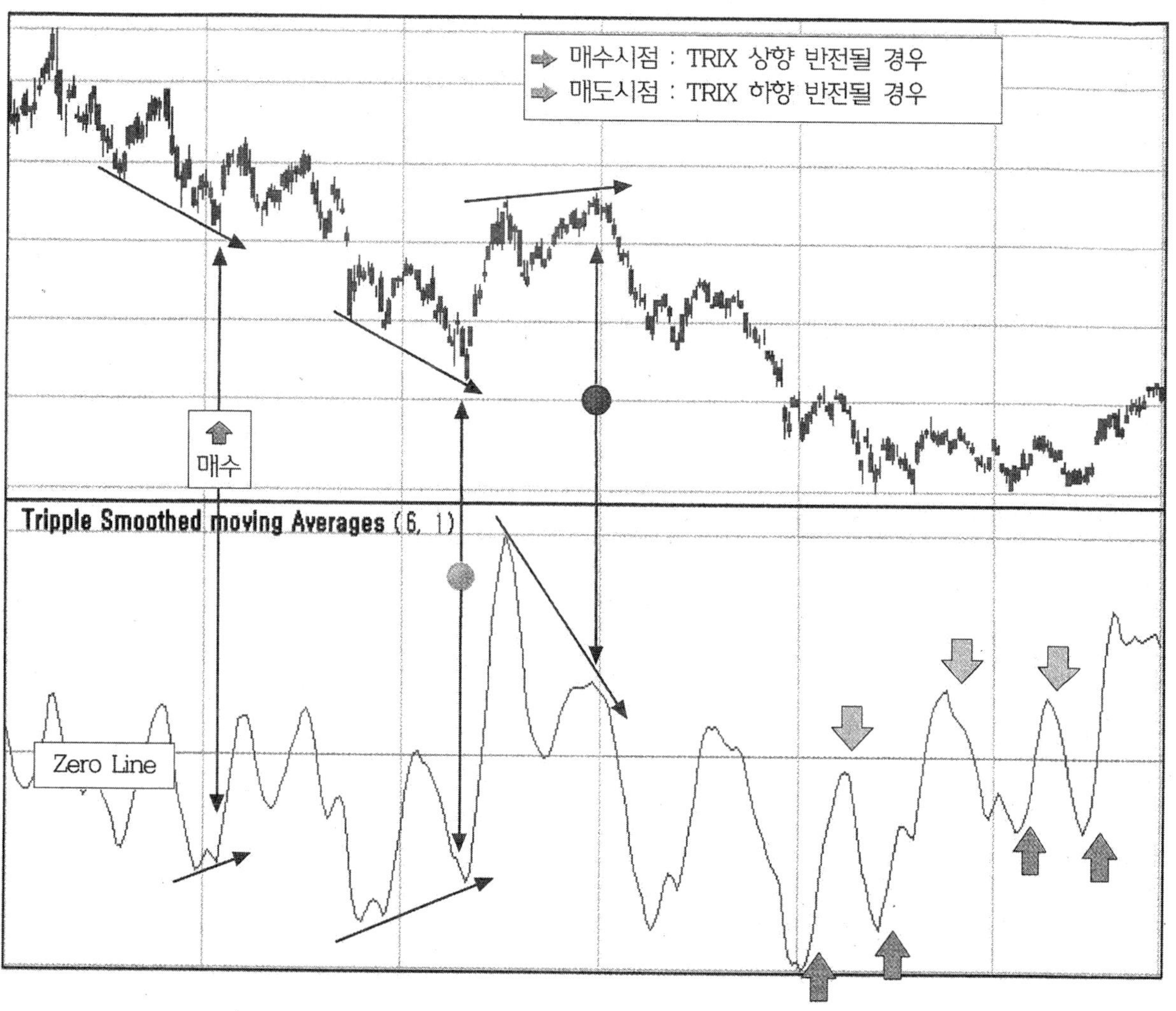

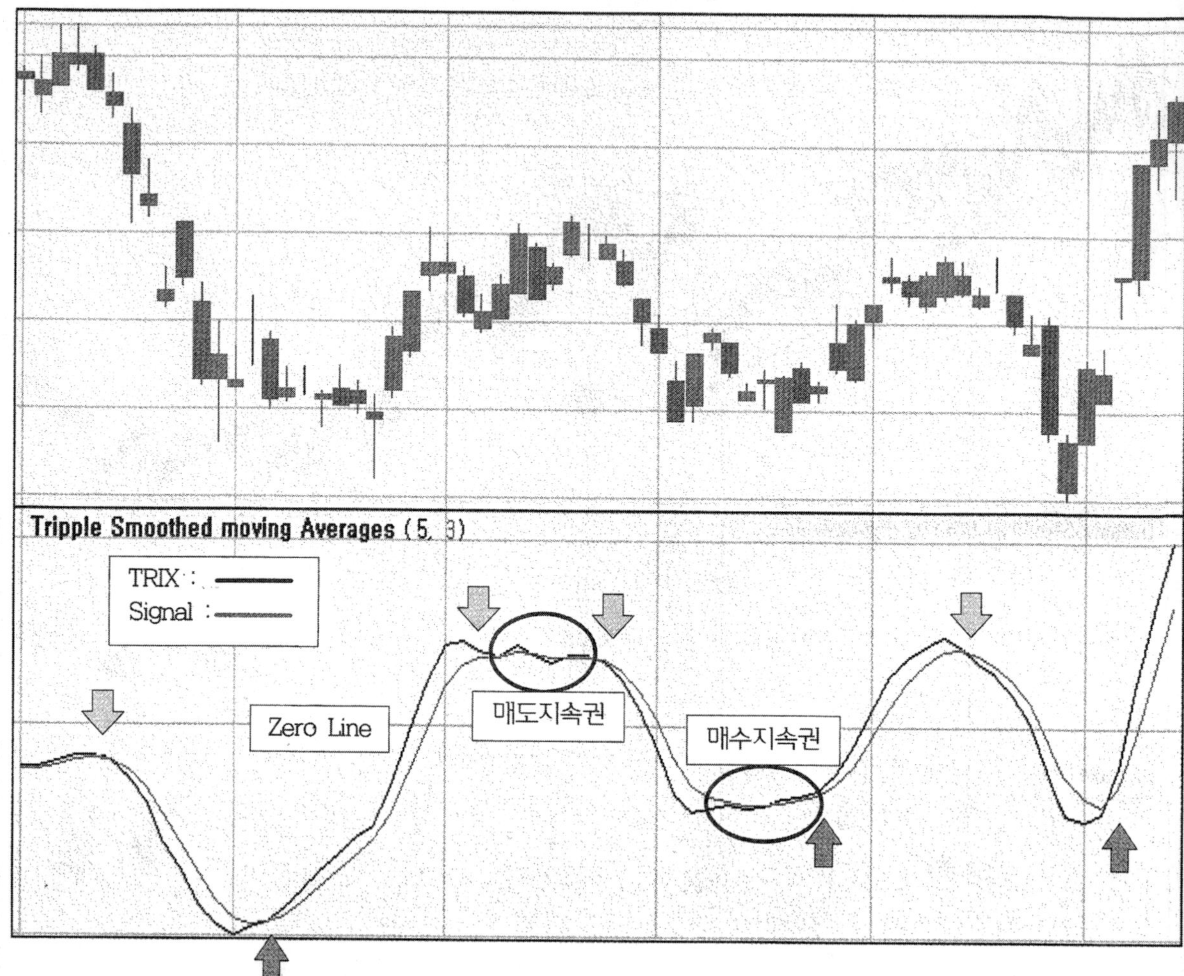

● **Signal이란 상기 TRIX를 재차 n기간으로 이동평균한 것을 의미**

⇨ 매수시점 : TRIX가 Signal을 상향돌파 할 경우
⇨ 매도시점 : TRIX가 Signal을 하향돌파 할 경우

TRIX 차트 응용 3 : 보조지표활용

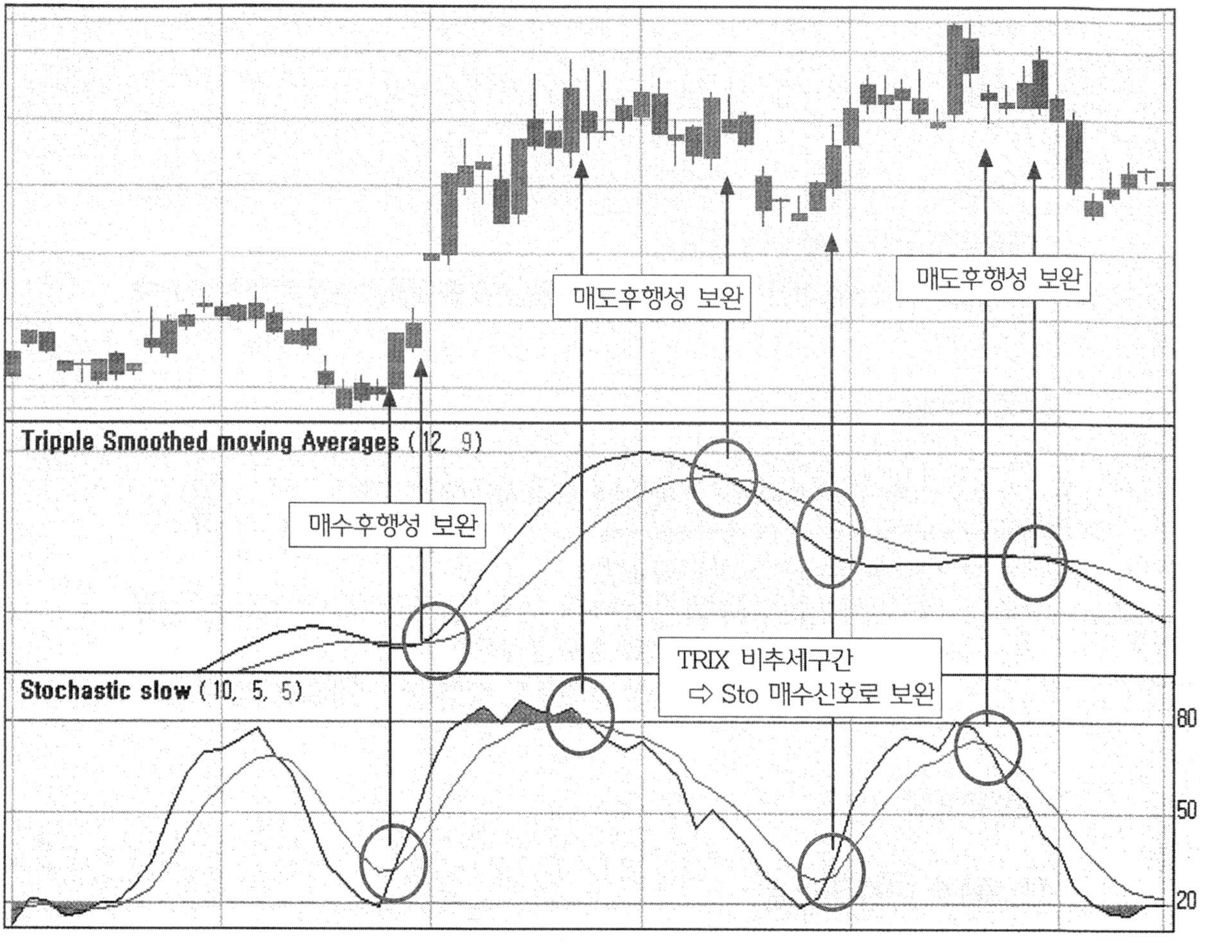

● **Stochastic 단기병용**

⇨ 매매후행성 극복

1. 정의

"Chaikin's Oscillator"는 이동평균 오실레이터로써, 주가(지수)의 과열 또는 침체를 판단하는 데 이용한다.

⇨ A&D(매집&분산지표)와 병용할 경우 추세판단의 오류를 축소시켜준다.

2. 작성방법

> CO = 단기 A&D n일 이동평균 − 장기 A&D n일 이도평균

※ 단기는 3일, 장기는 10일을 적용한다.
※ 특 징 : ① 당일 종가가 당일 가격변동폭 ⟨(고가 + 저가)/2⟩의 중간값 이상일 경우 매집국면, 이하일 경우 분산국면
　　　　　② 주가상승⇨ 거래량 증가⇨ OO 증가, 주가하락⇨ 거래량 감소⇨ OO 감소

3. 분석방법

(1) ZERO LING 응용법

➡ 매수시점 : Chaikin's Oscillator가 Zero Line을 상향돌파 할 경우
⇨ 매도시점 : Chaikin's Oscillator가 Zero Line을 하향돌파 할 경우
　⇨ 단점 : 후행성이 강해 방향성분석과 Signal을 병용함이 적절하다.

(2) 방향성 응용법

➡ 매수시점 : Zero Line 이하에서 상승전환 할 경우
⇨ 매도시점 : Zero Line 이상에서 하락전환 할 경우

(3) Sginal 응용법

➡ 매수시점 : CO Line이 Signal을 상향돌파 할 경우

➡ 매도시점 : CO Line이 Signal을 하향돌파 할 경우

(4) Divergence 응용법

➡ 상승 Divergence : 주가 저점갱신 ⇒ CO 저점 상향 ⇒ 상승추세로 반전예고

➡ 하락 Divergence : 주가 고점갱신 ⇒ CO 고점 하향 ⇒ 하락추세로 반전예고

Chaikin's Oscilloator

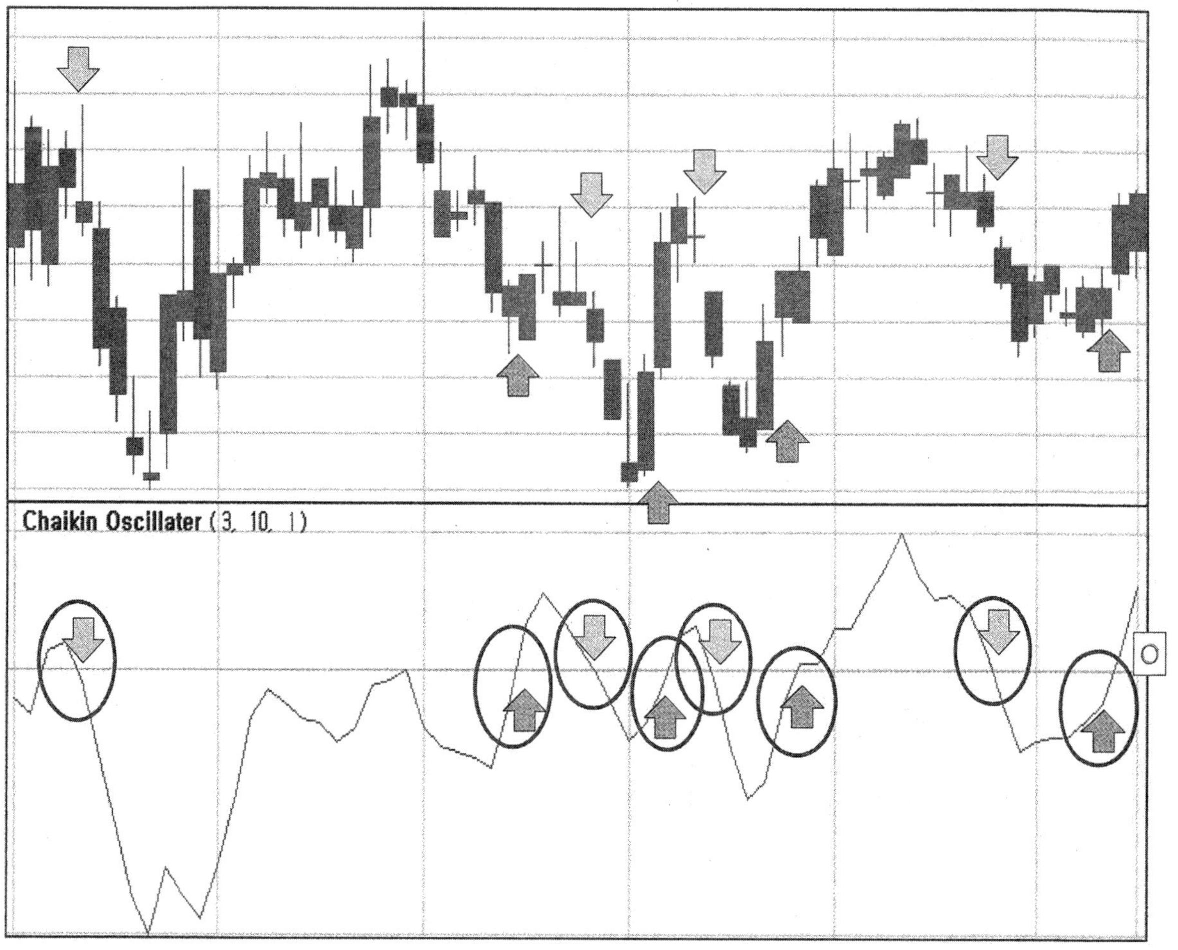

● **후행성을 극복기법** 방향성과 Signal 병용

Chaikin's Oscilloator 2

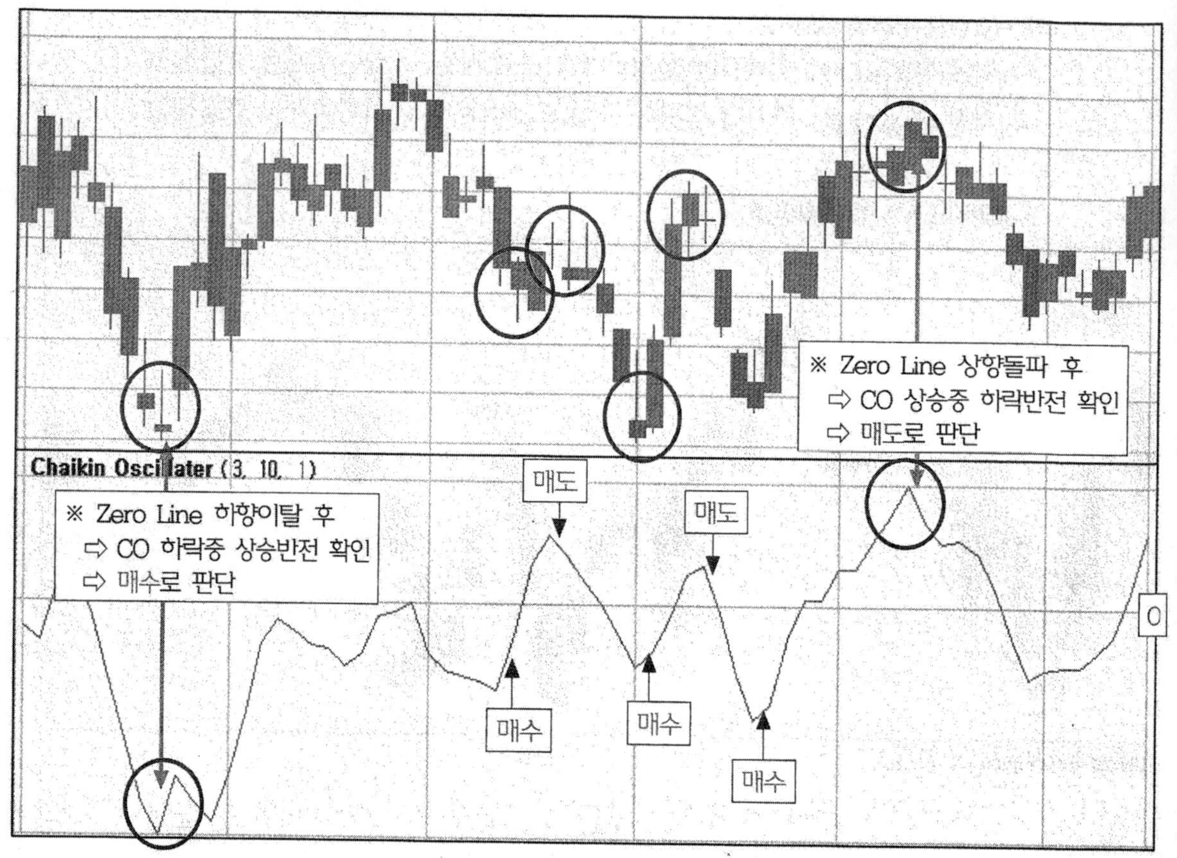

● **방향성 응용**

Zero Line 대비 후행성 극복가능

Chaikin's Oscilloator 3

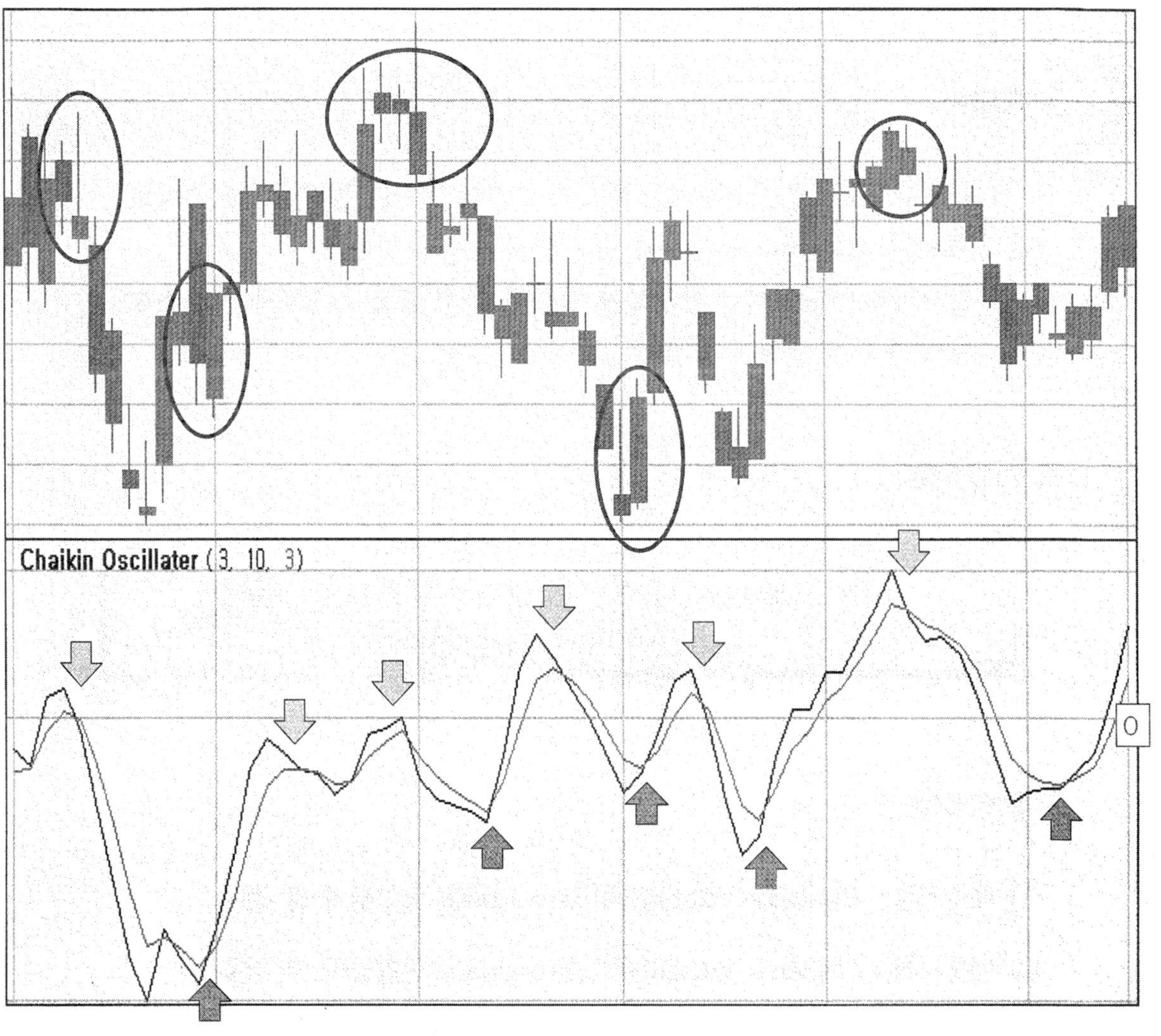

● **Signal 응용**

Zero Line 대비 후행성 극복가능

1. 정의

"Chaikin's Volatility"는 일정기간 동안의 고가와 저가간 등락범위를 수치화한 지표이며, Chaikin's Oscillator와 병용할 경우 유용하다.
➪ 급변하는 시장에서는 변동성이 커지며, 조정 또는 횡보장에서는 변동성이 작다는 점에 착안한다.

2. 작성방법

$$CV = \frac{(\text{고가}-\text{저가})\text{의 n일 이동평균} - \text{n일전}(\text{고가}-\text{저가})\text{의 n일 이동평균}}{\text{n일전}(\text{고가}-\text{저가})\text{의 n일 이동평균}} \times 100$$

3. 분석방법

(1) 매수시점 : Chaikin's Volatility가 Zero Line을 상향돌파 할 경우

(2) 매도시점 : Chaikin's Volatility가 Zero Line을 하향돌파 할 경우

ATR 지표

1. 정의

"ATR(average true range)"은 전일 종가를 토대로 금일의 고가와 저가의 위치를 비교하여 현재의 시장가격이 어떠한 방향으로 어느 정도 변동했는지를 수치화 한 것이다.

2. 작성방법

> (1) A=금일종가 － 금일저가
> (2) B=전일종가 － 금일고가
> (3) C=전일종가 － 금일저가
> (4) ATR=MAX (A, B, C)
>
> ※ 통상 14일을 적용기간으로 한다.

3. 분석방법

(1) ATR 상승 : 주가 상승추세 암시

(2) ATR 하락 : 주가 조정 또는 횡보장세 암시

ATR 차트

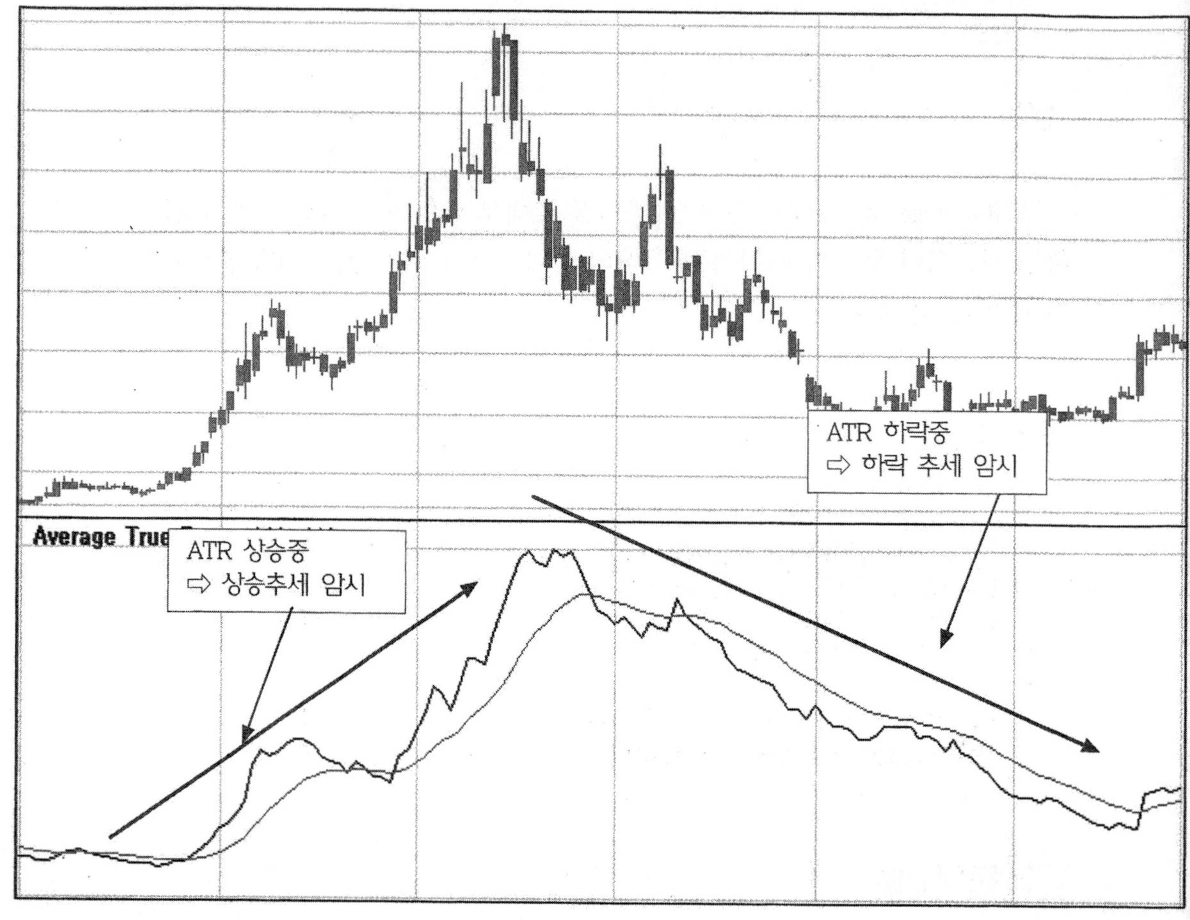

1. 정의

"ROC(ratio of change)"란 금일 주가와 n일전 주가 사이의 차이를 나타내는 지표이며, 일반적으로 비율로 표시하는 추세파악 지표이다.

예컨대, 현재 가격이 n일기간 전과 동일하다면 ROC는 "0"이 될 것이다.

2. 작성방법

$$ROC = \frac{\text{현재주가} - \text{n일전 주가}}{\text{n일전 주가}} \times 100$$

⇨ 단기 : 10~15일 적용
⇨ 중기 : 25~30일 적용

3. 분석방법

(1) 상승추세 : ROC가 (+)권 ⇒ 이는 현재 가격이 n일기간 전보다 높다는 것을 암시

(2) 하락추세 : ROC가 (-)권 ⇒ 이는 현재 가격이 n일기간 전보다 낮다는 것을 암시

(3) Zero Line 활용법

⇨ 매수시점 : Zero Line을 상향돌파 할 경우

⇨ 매도시점 : Zero Line을 하향돌파 할 경우

※ ROC의 후행성을 보완하기 위해 아래 Signal을 사용한다.

4. ROC Signal 응용

(1) Signal이란 상기 ROC를 재차 n기간으로 이동평균한 것을 의미한다.

(2) 매수시점 : ROC가 Signal을 상향돌파 할 경우

(3) 매도시점 : ROC가 Signal을 하향돌파 할 경우

5. 장단기지표 병용

(1) 장 점
- 단기지표 : 매매신호에 있어서 대부분의 경우 선행성을 보임
- 장기지표 : 단기지표의 빈번한 매매신호로 인한 속임수 보완가능

(2) 단 점
- 단기지표 : 잦은 매매신호로 인해 중장기 추세 파악이 힘들다.
- 장기지표 : 후행성으로 인해 매매신호가 지연된다.

ROC 차트

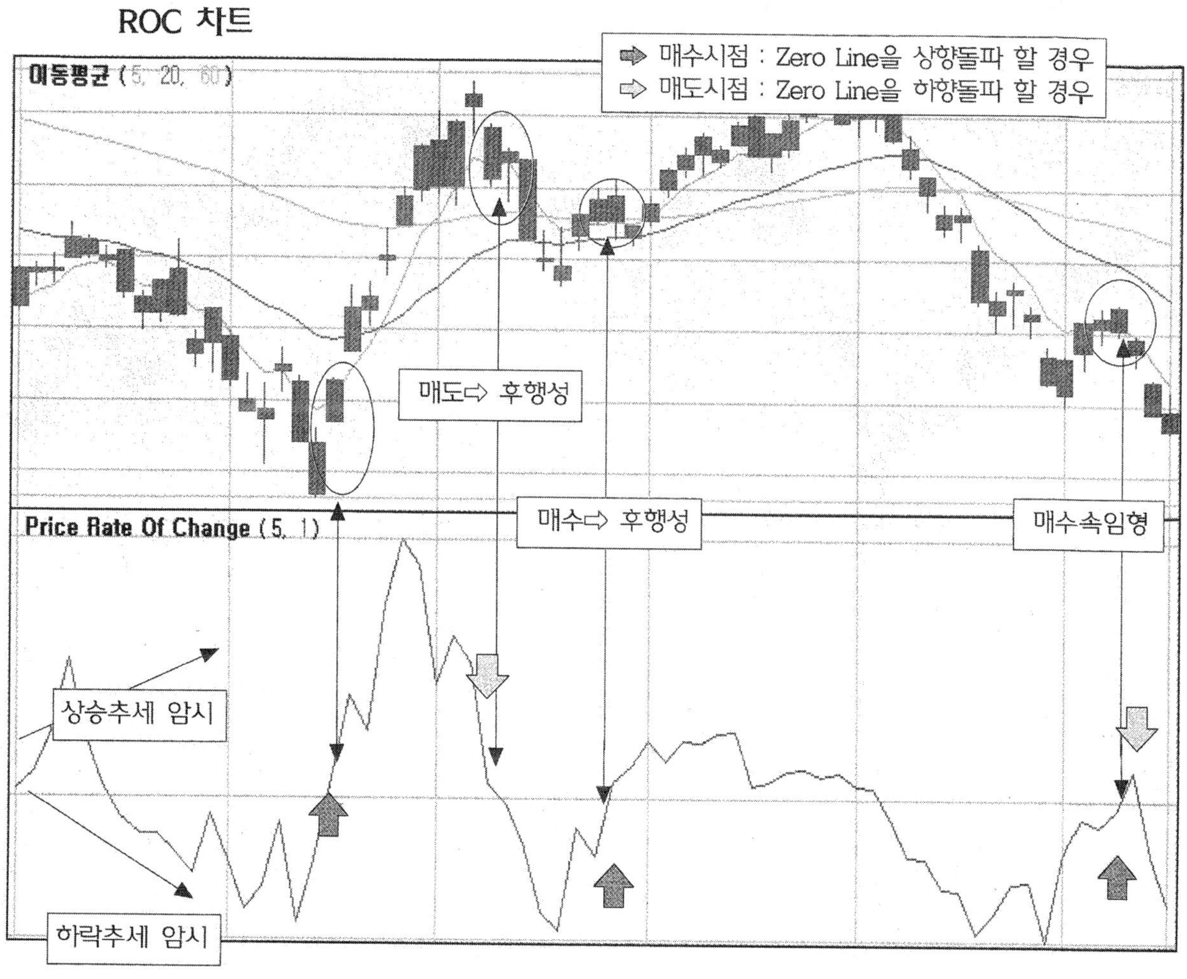

● **속임형과 후행성 보완기법**

1. Signal을 응용
2. 장기 ROC 응용
3. 기타 지표응용

ROC 차트 응용 I : Signal 활용

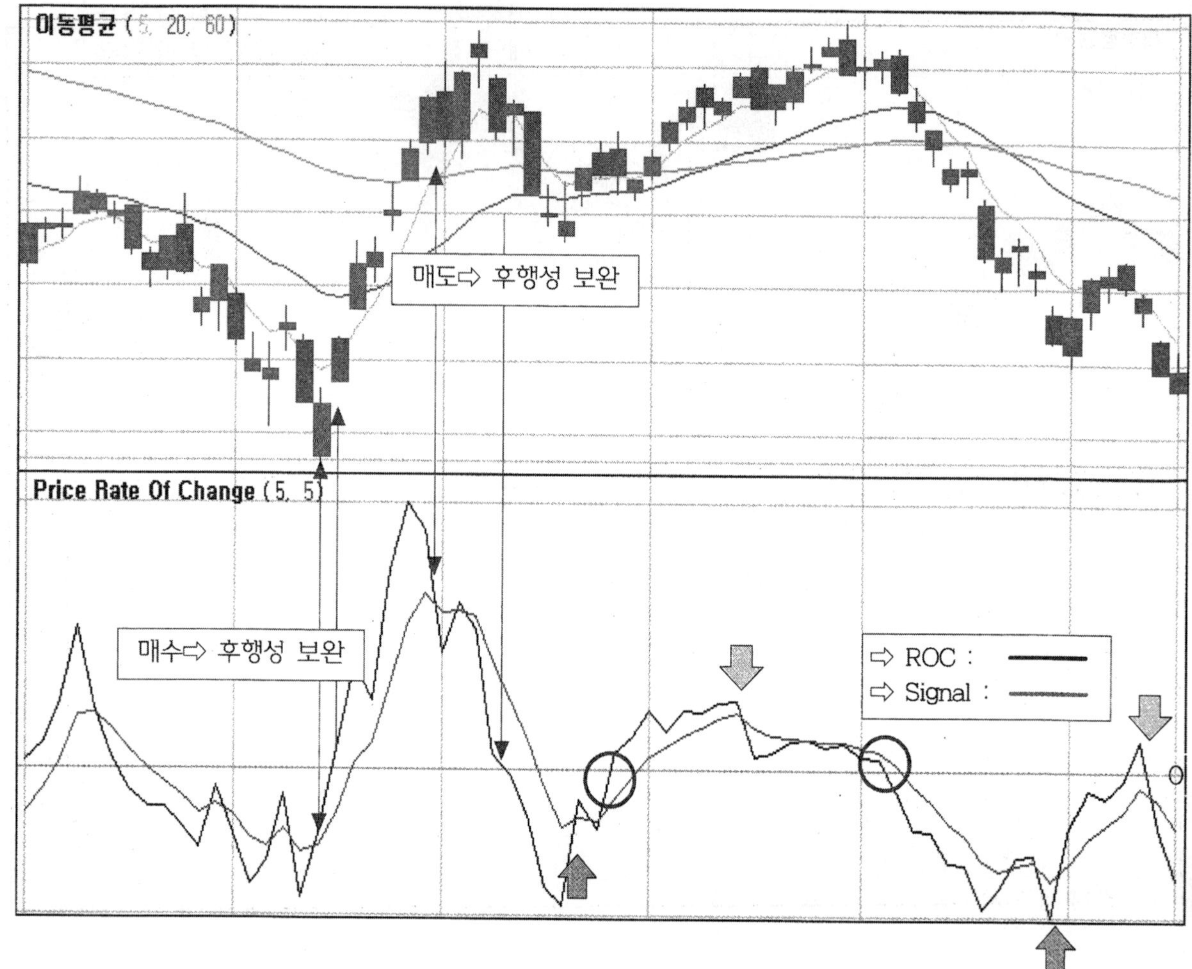

● **Signal이란 상기 ROC를 재차 n기간으로 이동평균한 것을 의미**

(1) 매수시점 : ROC가 Signal을 상향돌파 할 경우
(2) 매도시점 : ROC가 Signal을 하향돌파 할 경우
   ⇒ Signal을 응용함으로써 Zero line의 후행성 극복가능

ROC 차트 응용 2 : 기간차별화 활용

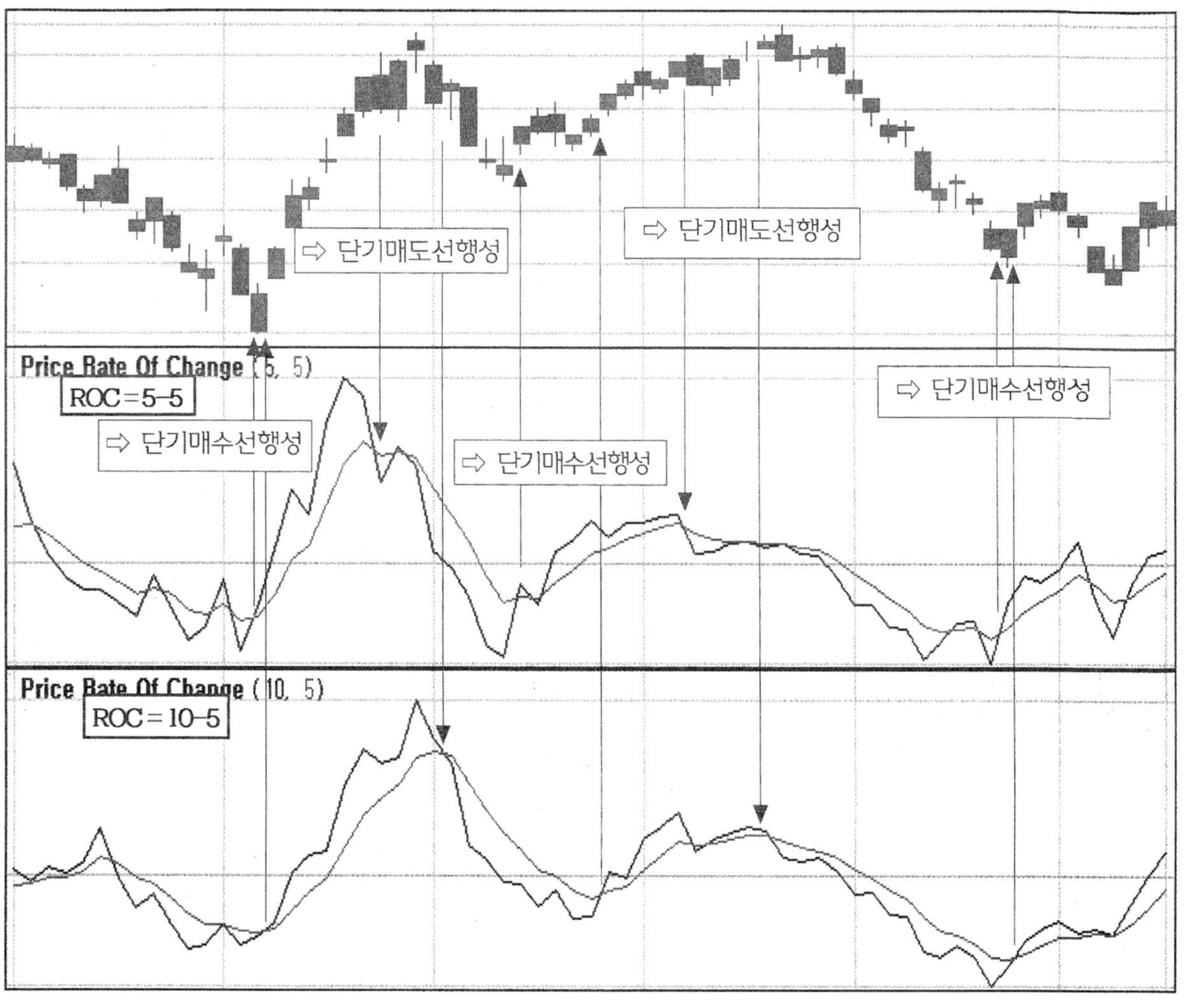

ROC 차트 응용 3 : 보조지표 병용

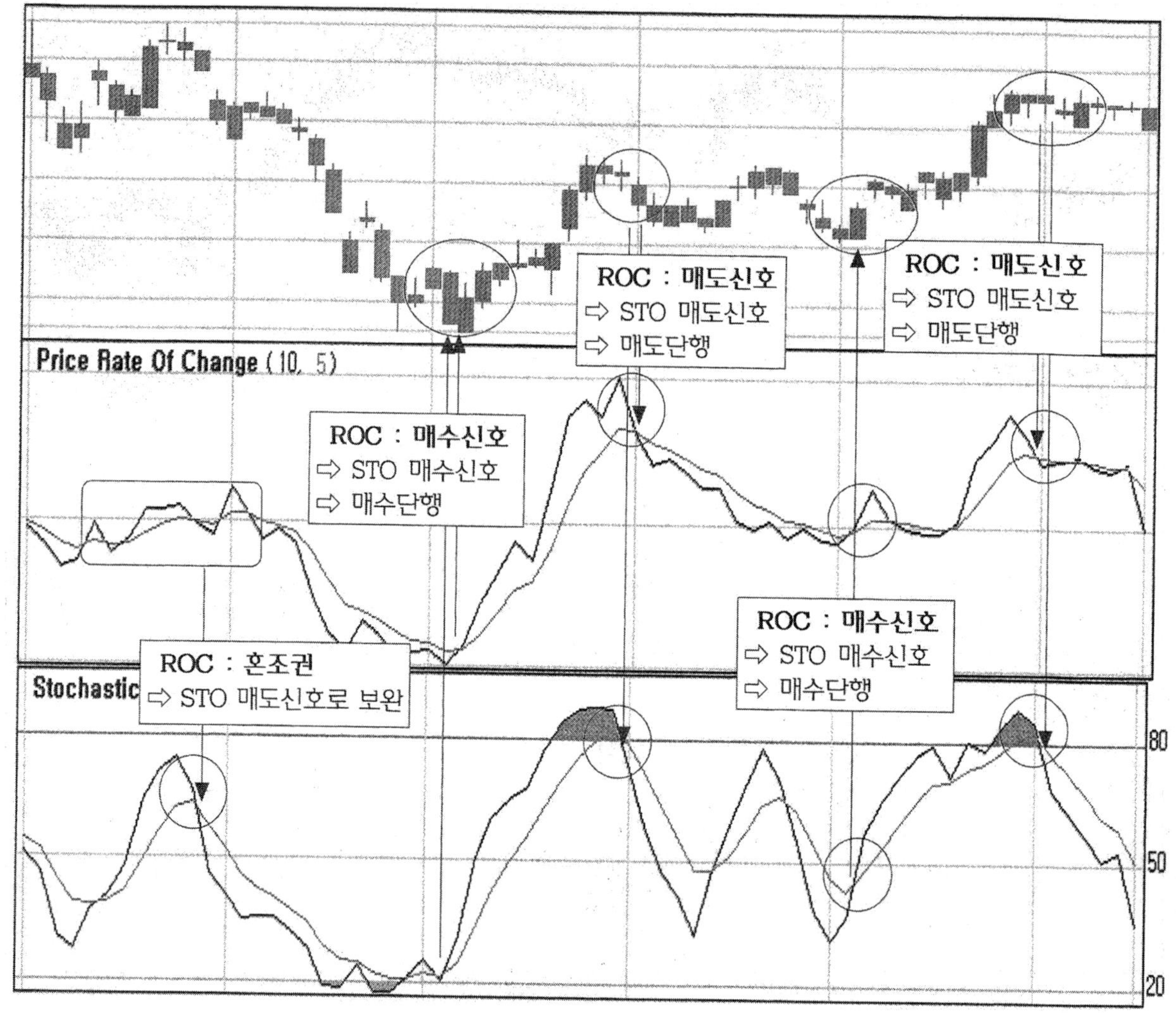

STOCHASTIC

1. 정의

최근 주가의 변동폭과 당일 종가와의 관계를 나타내는 % K선과 % D선을 이용하여 주가 방향을 예측하는 기법이다.

- 기준기간에 따라 단, 중, 장기지표로 사용되며, 대표적인 탄력성 지표이다.
- 상승추세에서 매일 매일 종가는 최근 고가권에서 형성될 가능성이 높고, 하락추세에서 매일 매일 종가는 최근 저가권에서 형성될 가능성이 높다는 점을 응용한다.

2. 분석방법

(1) 주가 전환시점 : % K선과 % D선이 서로 교차하는 시점

구분	지표	시장상태
% K	> 70	상승추세
	< 30	하락추세
% D	> 80	과매수상태
	< 20	과매도상태

바림직한 교차형태
⇨ "우측교차": %D선의 우측에서 %K선이 교차될 경우

(2) 매도신호 : % K선이 % D선을 위에서 아래로 하향돌파 할 경우

(3) 매수신호 : % K선이 % D선을 아래에서 위로 상향돌파 할 경우

(4) 강력한 매도신호 : % D 값이 과매수 상태(80% 이상)⇨ % K선이 % D선

을 위에서 아래로 하향돌파 할 경우

(5) 강력한 매수신호 : % D 값이 과매도 상태(20% 이하)⇨ % K선이 % D선
을 아래에서 위로 상향돌파 할 경우

$$\%K = \frac{현재가 - 최근 n일 중 최저가}{최근 n일 중 최고가 - 최근 n일 중 최저가} \times 100(n일 \ \%K를 구하고자 하는 기간)$$

※ %D : %K의 이동평균치

● 상기 % K와 % D를 Fast % K, % D라 하며, Slow % K, % D는 상기
Fast를 이동평균하여 사용한다.

지표	단기	중기	장기
%K	5	10	30
%D	3	5	10
Signal	3	5	10

● 단기지표의 빈번한 매매신호를 중장기지표로 보완하는 기법이 적절하다.

(6) Divergence(역배열) 이용기법 : "% D 이용"

① 상승 Divergence : 주가 저점 갱신 중⇨ % D 저점 상승시 ➡ 매수신호

② 하락 Divergence : 주가 고점 갱신 중⇨ % D 고점 하락시 ➡ 매도신호

(7) Rstesting(추세확인) :% K가 % D의지지 또는 저항

➡ 매수신호 : % K가 % D를 상향돌파 ⇨ % K가 % D에 재근접 ⇨ %
K가 % D의 지지 속 재상승

➡ 매도신호 : % K가 % D를 하향돌파 ⇨ % K가 % D에 재근접 ⇨ %
K가 % D의 저항 속 재반락

(8) Failure (전환실패) : % D 값이 과매수 또는 과매도 상태에서 % K와
% D가 교차하면서 매매신호가 발생한 이후 % K와 % D가 재차 교차되
는 것을 "failure"라고 하며, 통상 failure가 발생하면 기존 추세가 더욱 강
화되고 있음을 암시한다.

(9) Hinge (탄력둔화) : % K 지표 상승(하락)속도의 둔화를 의미하며, 조만
간 추세의 전환이 있음을 암시한다. 특히, % K 값이 80% 이상 또는 20%
이하에서 신뢰성이 높다.

(10) Warning (전환경고) : 지표 상승(하락)이 진행되던 중 급락(급등)하는
형태가 출현하는 것으로 조만간 하락전환(상승전환)이 있음을 암시한다.

3. 단 점

(1) Stochastic 지표는 추세적 시장(trend market), 즉 상승추세 또는 하락추세가
확연할 경우에는 자주 과매수 또는 과매도권에서 등락을 보이게 되는
약점이 있다. 다만, 비추세적 시장(non-trend market)에서는 확실한 매매신
호를 보이고 있다.

(2) 상승장세에서는 매도신호의 속임수가 많으며, 하락장세에서는 매수신호
의 속임수가 많다. 따라서 추세적인 매매를 위해서는 각종 보조지표를
병용함이 적절하다.

(3) 탄력성지표이기 때문에 잦은 매매신호를 보완하기 위해서는 추세지표인
MACD 등과 병행함이 적절하다.

Stochastic 차트

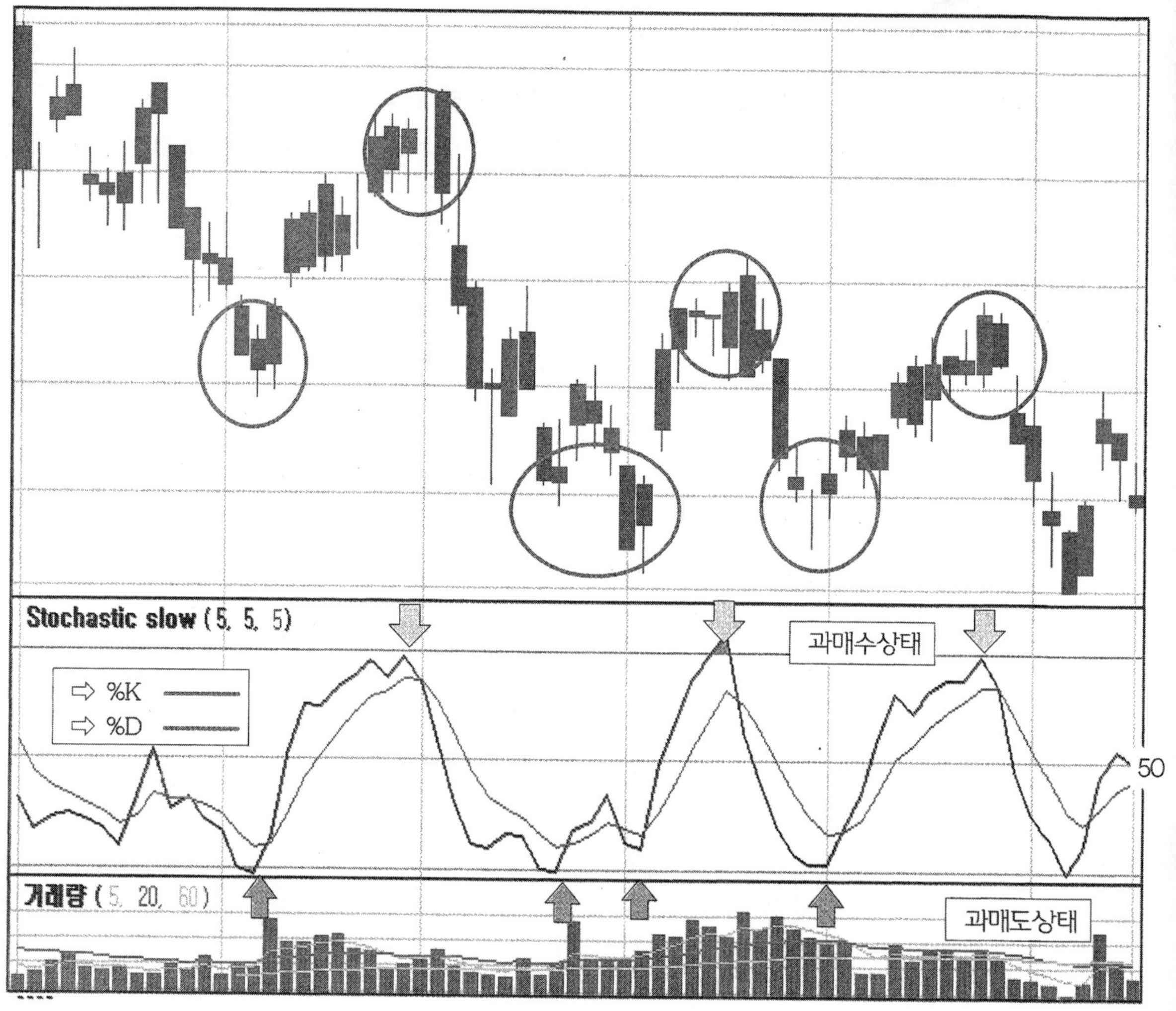

구분	지표	시장상태
%K	>85	과매수상태
	>70	상승추세
	<30	하락추세
	<15	과매도상태

Stochastic 지표 2

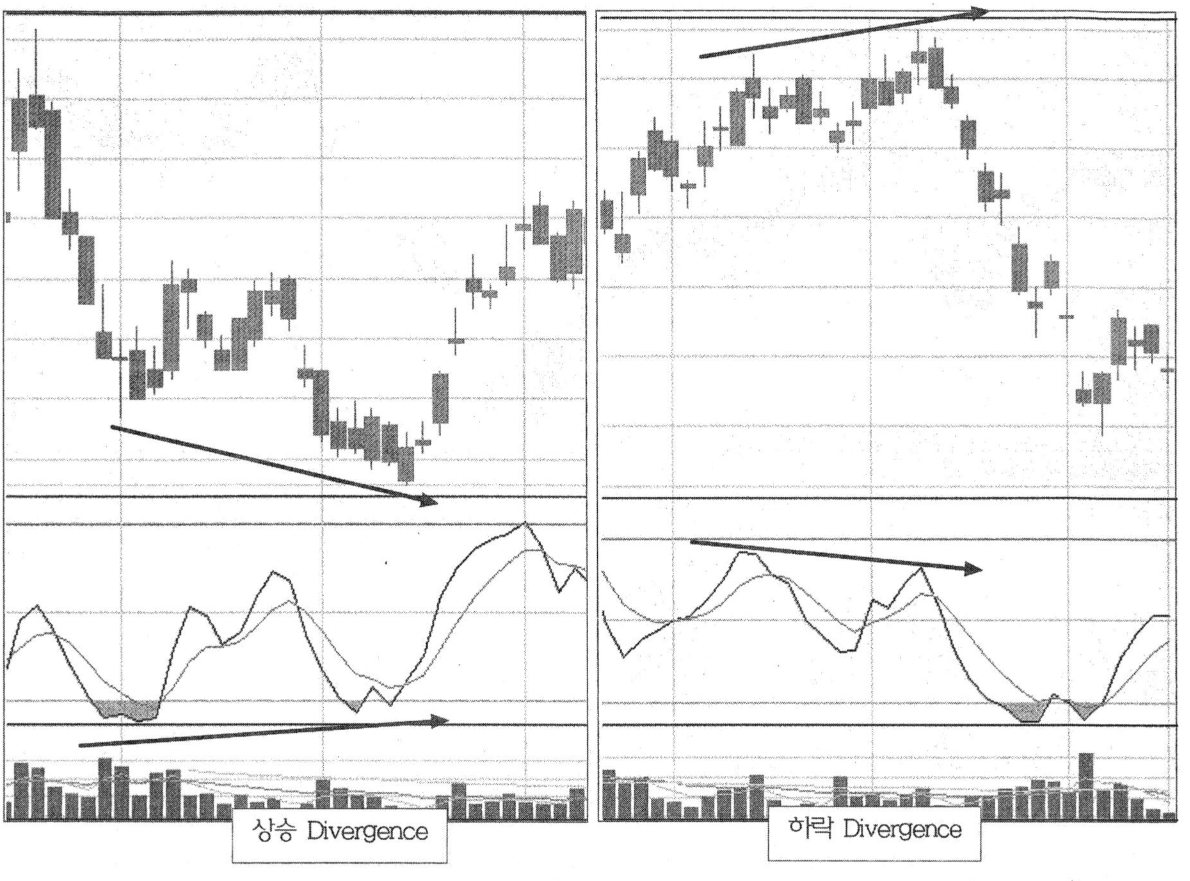

● **상승 Divergence**

⇨ 주가저점 갱신
⇨ 지표저점 상향
⇨ 적극적 매수신호

● **하락 Divergence**

⇨ 주가고점 갱신
⇨ 지표고점 하향
⇨ 적극적 매도신호

Stochastic 지표 3

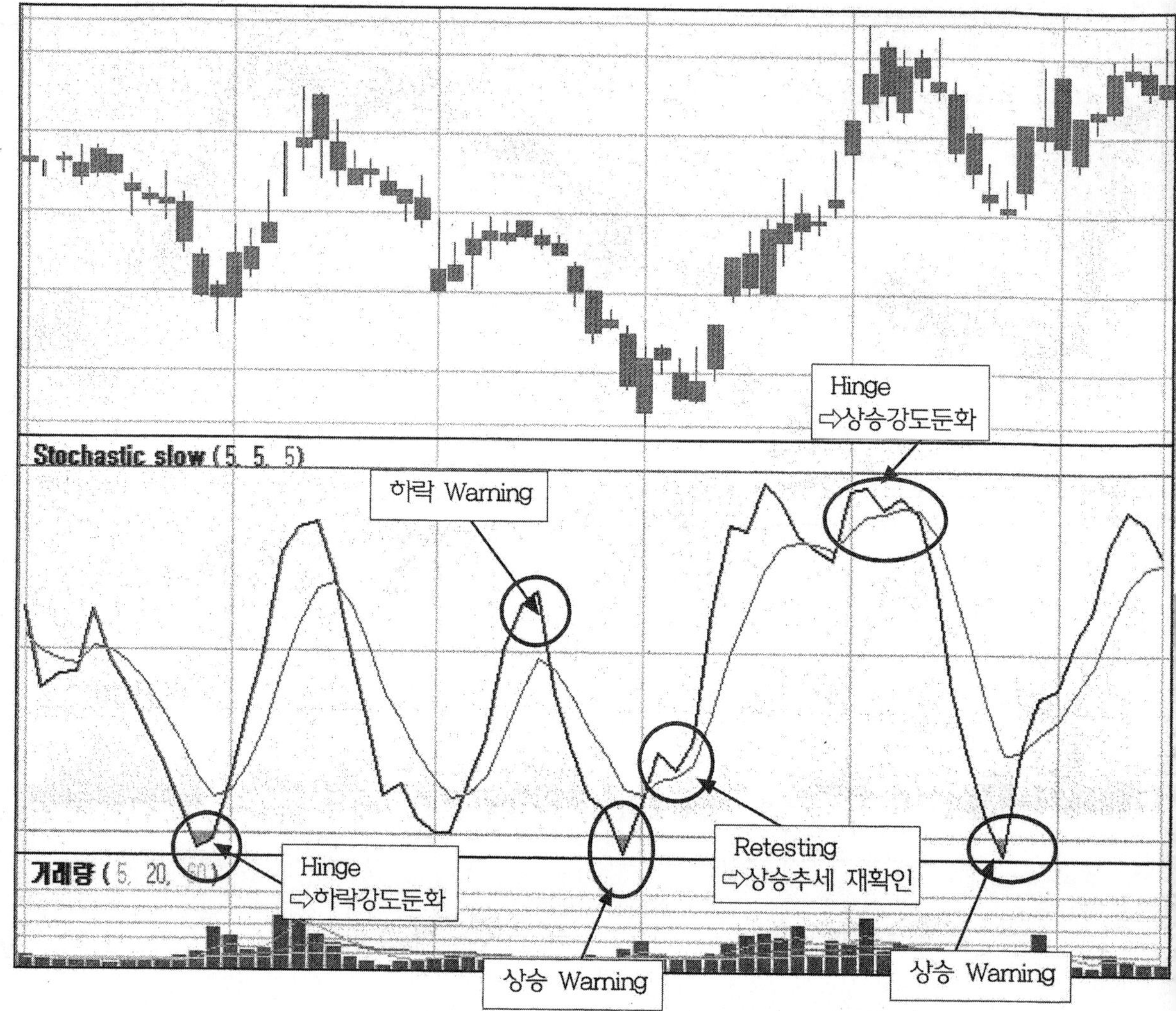

Stochastic 지표 4

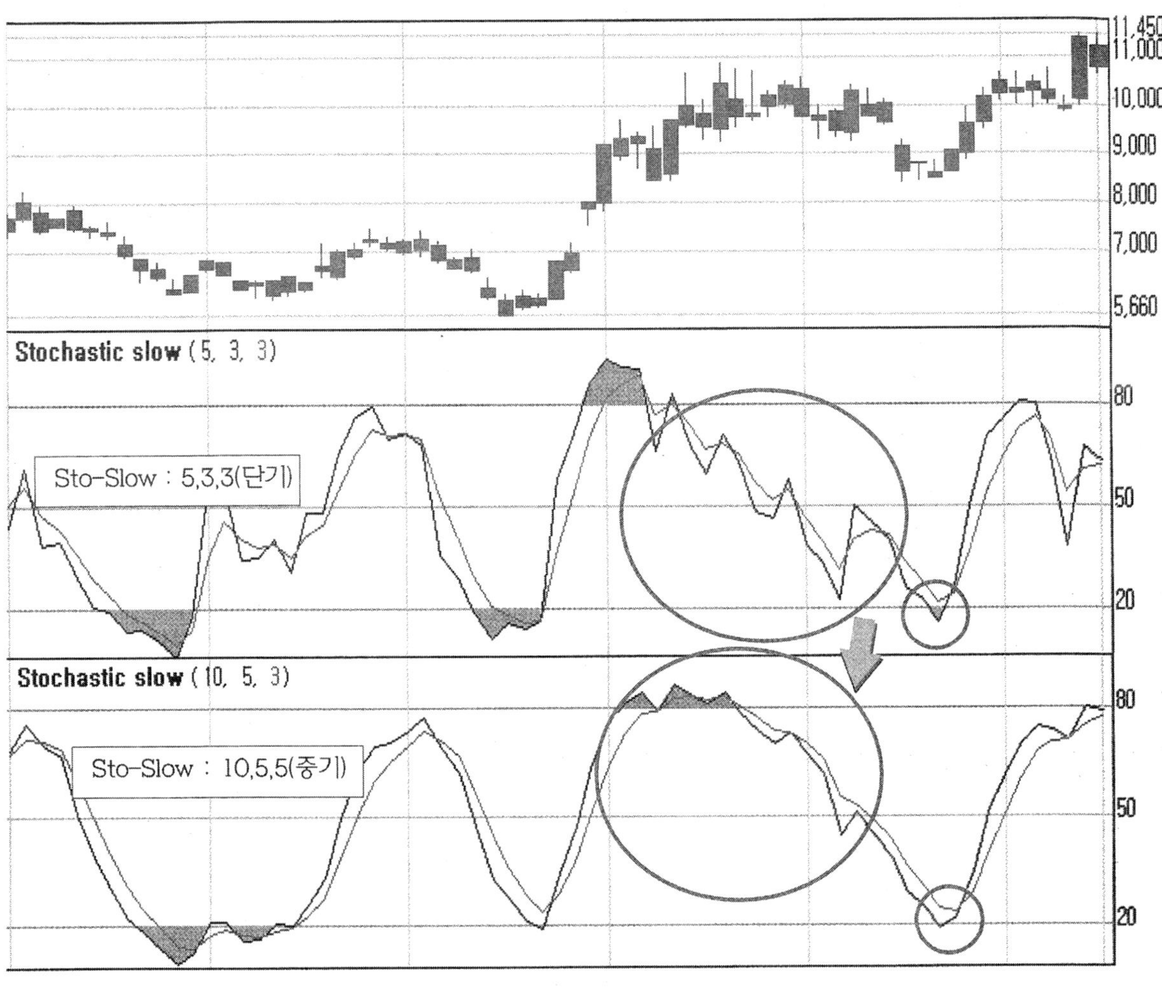

● 단기지표의 빈번한 매매신호를 중기지표로 보완
　⇨ 최적의 매매시점 포착

Stochastic 지표 5 : 추세지표(MACD) 병용

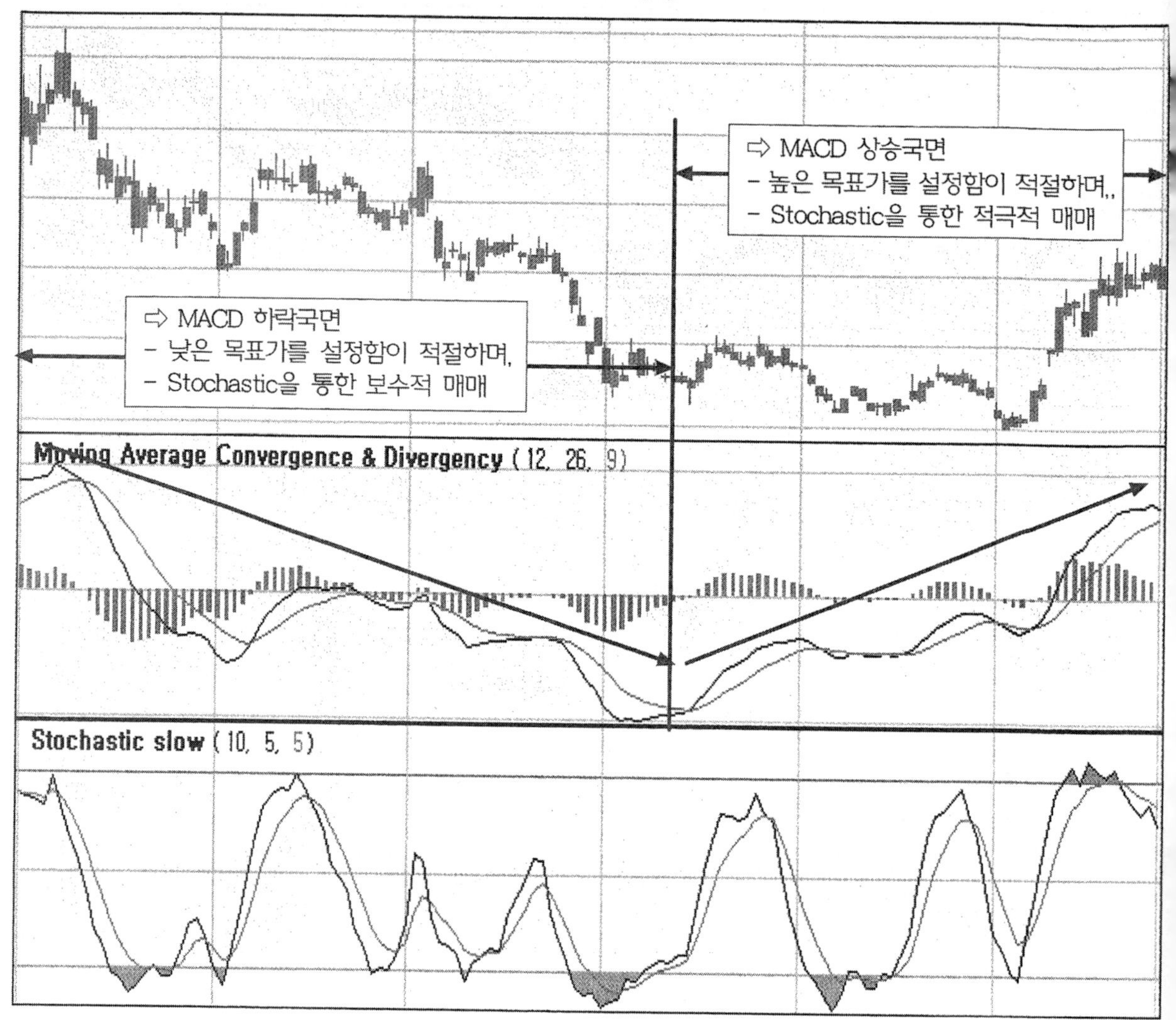

● **투자전략**

추세분석이 선행되어야 보다 높은 수익실현 가능
1. MACD 하락 중 매매 : 기대수익률이 낮으며, 예기치 못한 손실 발생가능성 증대
2. MACD 상승 중 매매 : 기대수익률이 높으며, 시장수익률 이상의 이익실현 증대

Stochastic 지표 6 : 하락추세 투자전략

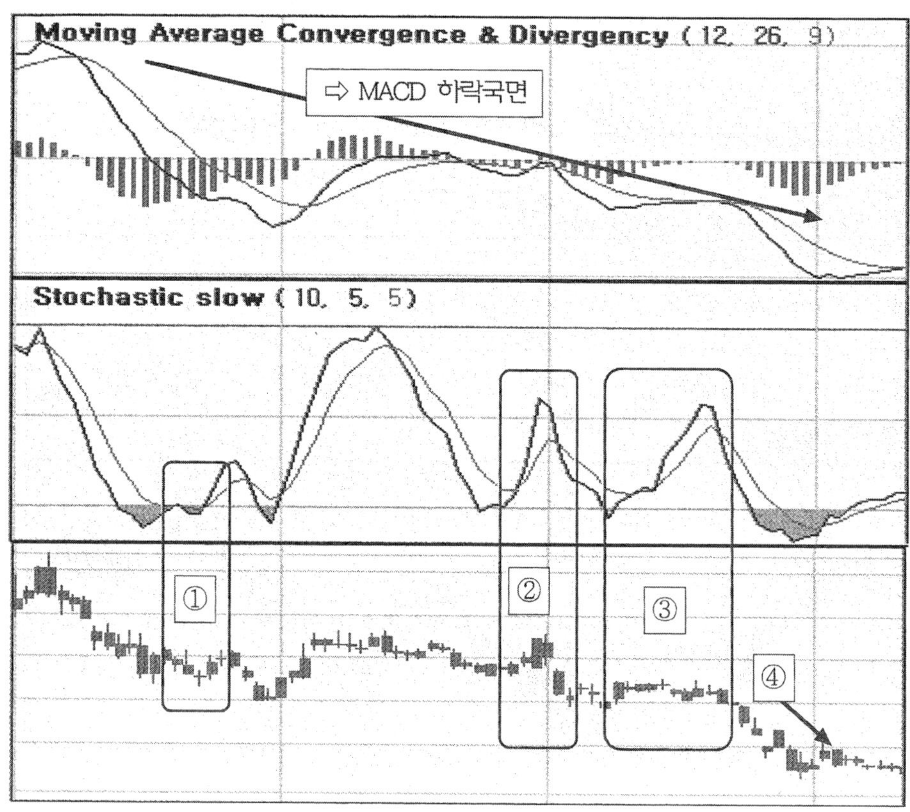

● 국면별 설명

①번 국면 – 매수속임형 출현으로 매매손 발생

②번 국면 – 매수 이후 신속하게 차익실현을 못할 경우 매매손 발생

③번 국면 – 매수 이후 매도시기를 놓칠 경우는 예기치 못한 급락으로 매매손 증대(④)

● MACD 하락국면에서 투자전략

1. 철저한 저점매수로 대응한다.
2. 목표가를 낮게 설정한다.
3. 신속한 차익실현을 한다.
4. 추세급락시는 과감한 Stop-Loss(손절매)를 한다.
5. 일정부분 현금을 보유하면서 철저하게 보수적인 매매로 리스크 관리에 치중한다.

Stochastic 지표 7 : 상승추세 투자전략

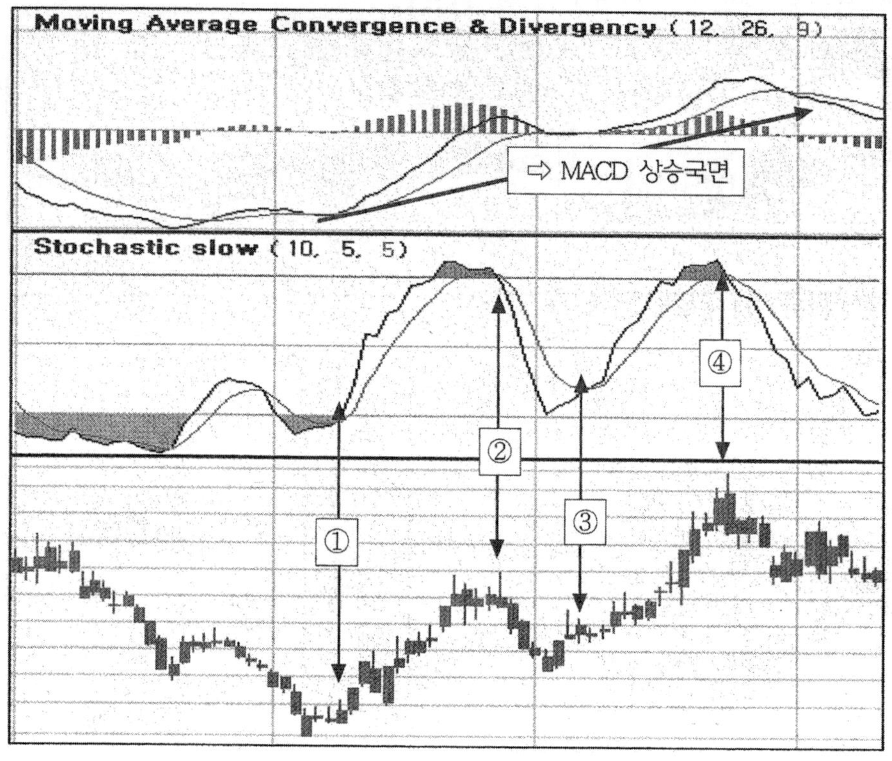

● **국면별 설명**

①~②번 국면 – 약 70%의 차익실현 가능
③~④번 국면 – 약 70%의 차익실현 가능

● **MACD 상승국면에서 투자전략**

1. 과감한 추격매수로 대응한다.
2. 목표가를 높게 설정한다.
3. 일정기간을 두고 차익실현을 한다.
4. 현금 보유비중을 낮추면서 최대이익을 실현하는 적극적인 전략으로 대응한다.

DMI

1. 정의

"DMI(directional movement index)"는 전일 대비 금일 고가, 저가, 종가의 최고값을 이용하여 현재 추세의 강도 및 매수, 매도 시점을 판단해주는 지표이다.

시장을 추세적 시장(Trend Market)과 비추세적 시장(Non-trend Market)으로 구분할 경우,

● 추세적 시장에서는 매매패턴을 Position-trading으로 가져가야 할 것이며,
● 비추세적 시장에서는 Day-trading으로 대응함이 적절하다.

DMI는 현 시장의 추세여부는 물론 그 강도까지 나타내주는 지표로써 중장기 추세를 파악하는 데 유용하다.

2. 작성방법

$$+DI = \frac{+DM(n)}{TR(n)} \qquad -DI = \frac{-DM(n)}{TR(n)}$$

(1) +DM = (당일고가 – 전일고가)의 절대값⇨ "상승강도"

(2) –DM = (당일저가 – 전일저가)의 절대값⇨ "하락강도"

(3) CL = (당일종가 – 전일종가)의 절대값

(4) TR = MAX (+DM, –DM, CL)

(5)   n = 통상 14일 이동평균을 적용하나, 절대적인 기준은 아니다.

3. 분석방법

(1) 매수시점 : +DI가 -DI를 상향돌파 하는 시점

(2) 매도시점 : -DI가 +DI를 상향돌파 하는 시점

※ Whipsaw(톱니현상) : +DI와 -DI가 빈번히 교차하는 현상으로 통상 횡보국면
에서 자주 출현하며, 이에 따른 빈번한 매매신호를 아래와 같은 "Extreme
Point Rule"을 병용함이 적절하다.

➡ 매수유보 : +DI가 -DI를 상향돌파 할 경우라도, 주가의 종가가 장중
고점을 형성할 때까지 매수관망, 이후 주가가 고점형성에 실패하면서
재차 하락반전될 경우 매수유보 또는 매도

➡ 매도유보 : -DI가 +DI를 하향돌파 할 경우라도, 주가의 종가가 장중
저점을 형성할 때까지 매도관망, 이후 주가의 저점형성이 방어되면서
재차 상승반전 될 경우 매도유보 또는 매수

(3) +DI와 -DI의 이격활용

① 매수시점 : -DI가 최고조인 상황에서 -DI와 +DI의 이격이 축소될 경우
② 매도시점 : +DI가 최고조인 상황에서 +DI와 -DI의 이격이 축소될 경우

4. ADX 병행활용법

ADX(average directional movement index)란 추세와 관계없이 주가의 탄력
성과 변동성만을 나타내주는 것으로, 현재 진행중인 추세의 상대적 강도를
의미한다. DMI에 병행하여 속임수를 완화하는 기능을 수행한다.

$$ADX = DX의\ n일\ 이동평균$$

(1) DX = 〔 〈(+DI) - (-DI) 〉의 절대값 / 〈(+DI) + (-DI) 〉 〕 × 100

(2) n : 통상 14일을 적용한다.

(3) 매수신호 : +DI가 -DI를 상향돌파 and ADX가 상승세로 반전

(4) 매도신호 : -DI가 +DI를 상향돌파 and ADX가 상승세로 반전

　※ ADX의 상승은 시장이 강세 또는 약세이든 추세가 강화되고 있음을 암시하며,
　　ADX의 하락은 기존의 추세가 약화되면서 새로운 추세가 잉태되고 있음을 암시한
　　다.

(5) 추세전환 암시 : +DI와 -DI의 이격이 최대치를 형성한 이후 축소되면서
　　ADX가 주가와 반대로 움직일 경우

(6) +DI가 -DI보다 큰 상태에서 ADX 값이 계속 상승 : +DI와 -DI의 이격이
　　커지며, 주가는 가파른 상승 지속

　➡ 매도시점 : +DI가 상승하고 있는 ADX를 하향돌파 할 경우

(7) -DI가 +DI보다 큰 상태에서 ADX 값이 계속 상승 : -DI와 +DI의 이격이
　　커지며, 주가는 가파른 하락 지속

　➡ 매수시점 : -DI가 상승하고 있는 ADX를 하향돌파 할 경우

DMI 차트

매수시점 : +DI가 −DI를 상향돌파 하는 시점
매도시점 : −DI가 +DI를 상향돌파 하는 시점
Directional Movement Indicators (10)
+DI(상승강도):
−DI(하락강도):
Buy
Sell

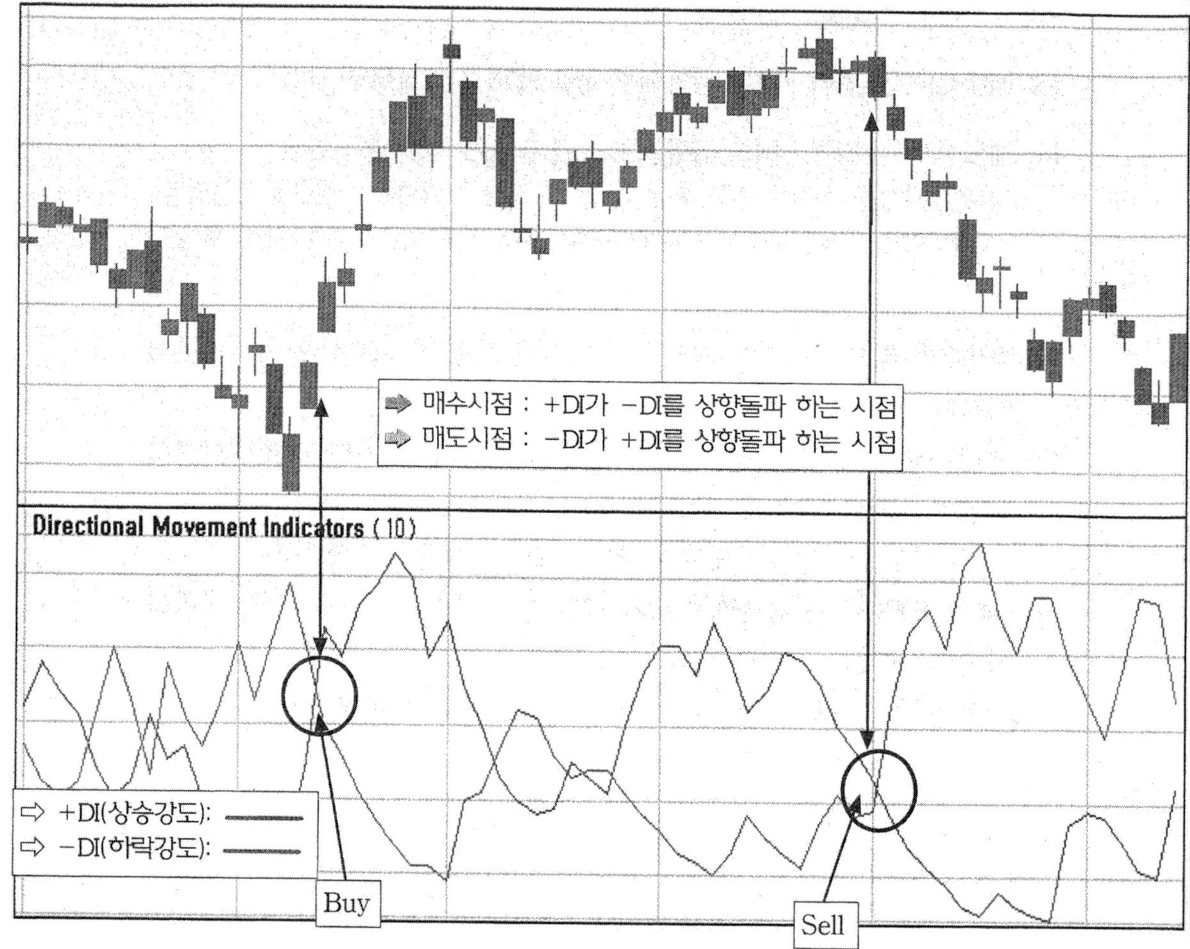

DMI 차트 응용 : 매수후행성 보완

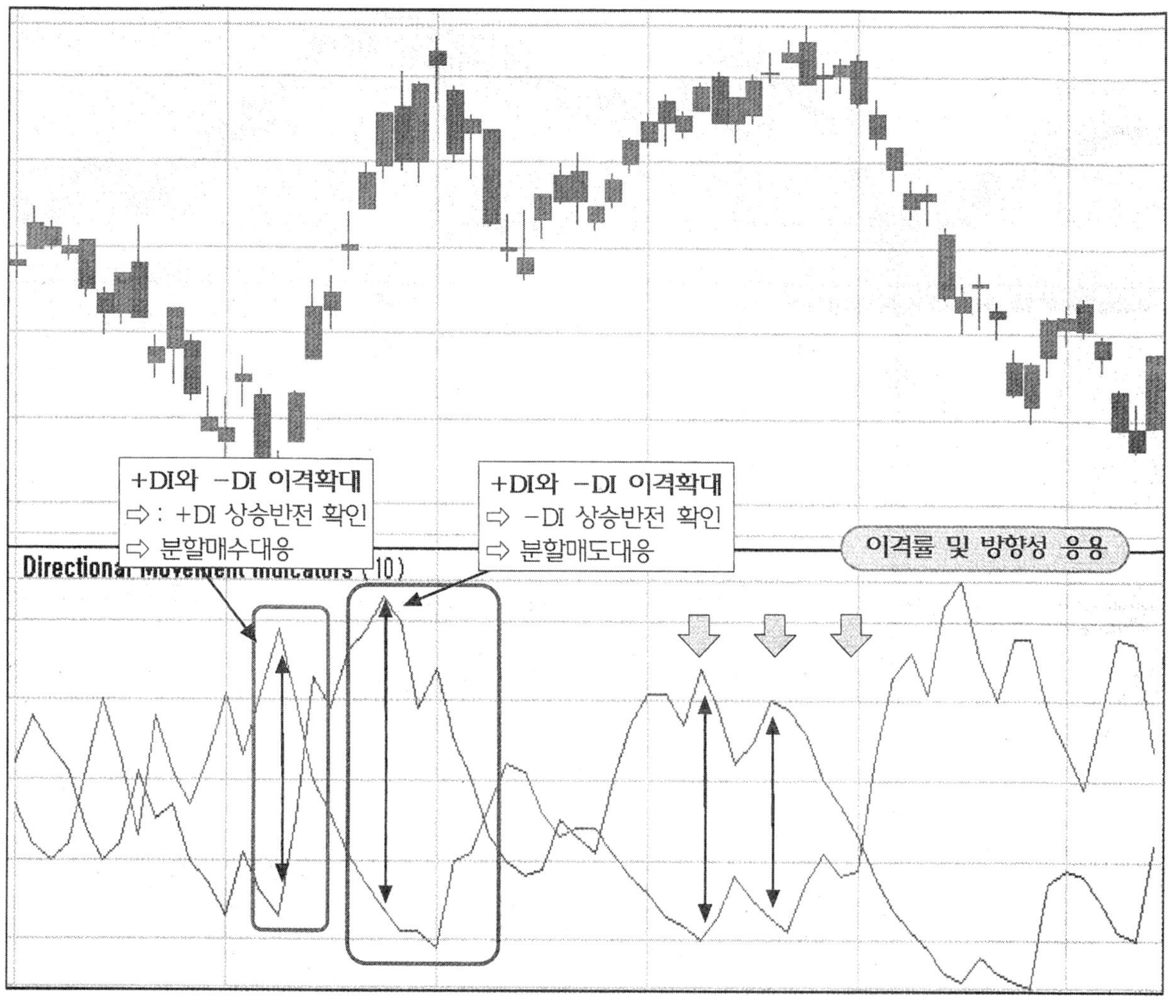

+DI와 −DI의 이격률 방향선을 응용함으로써

교차지점 보다 선행성 확보가능

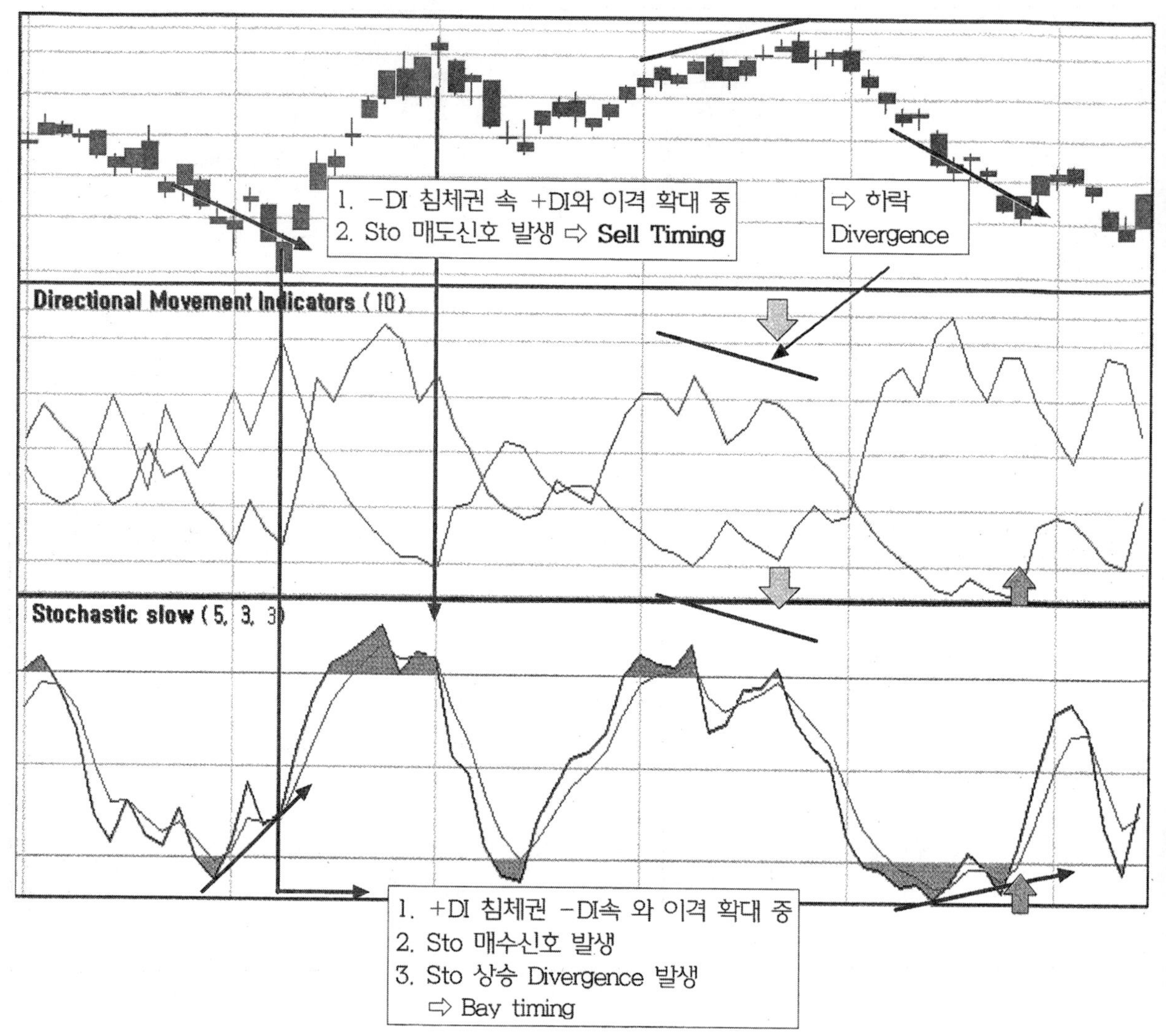
1. −DI 침체권 속 +DI와 이격 확대 중
2. Sto 매도신호 발생 ⇨ Sell Timing
⇨ 하락
Divergence
Directional Movement Indicators (10)
Stochastic slow (5, 3, 3)
1. +DI 침체권 −DI속 와 이격 확대 중
2. Sto 매수신호 발생
3. Sto 상승 Divergence 발생
⇨ Bay timing

DMI 차트 응용 : ADX 병용

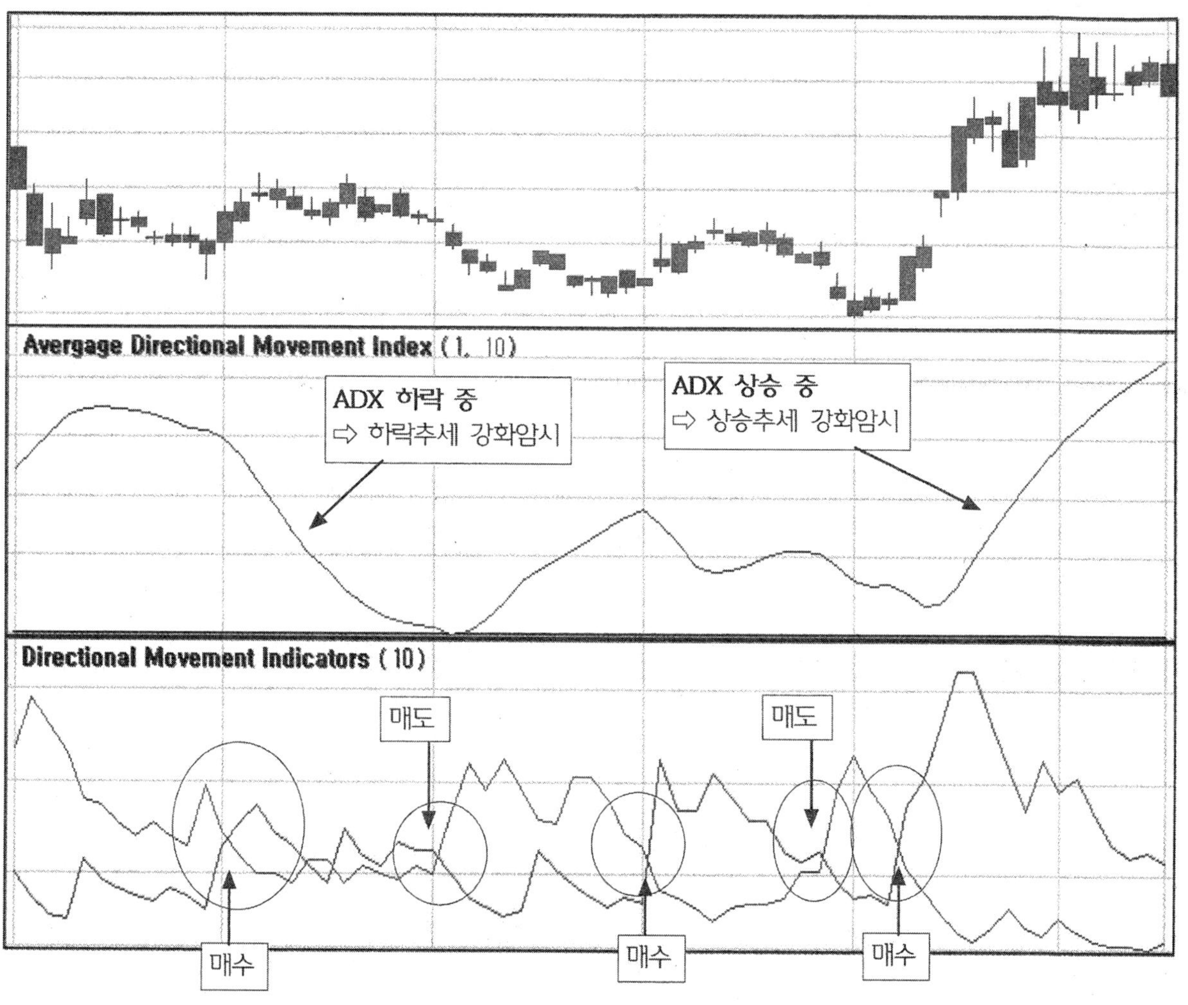

● **ADX를 병용함으로써**

하락추세 중의 매수신호(속임형) 인지
상승추세 중의 매도신호(속임형) 인지를 판단할 수 있음

DMI 차트 응용 : 속임형 대응

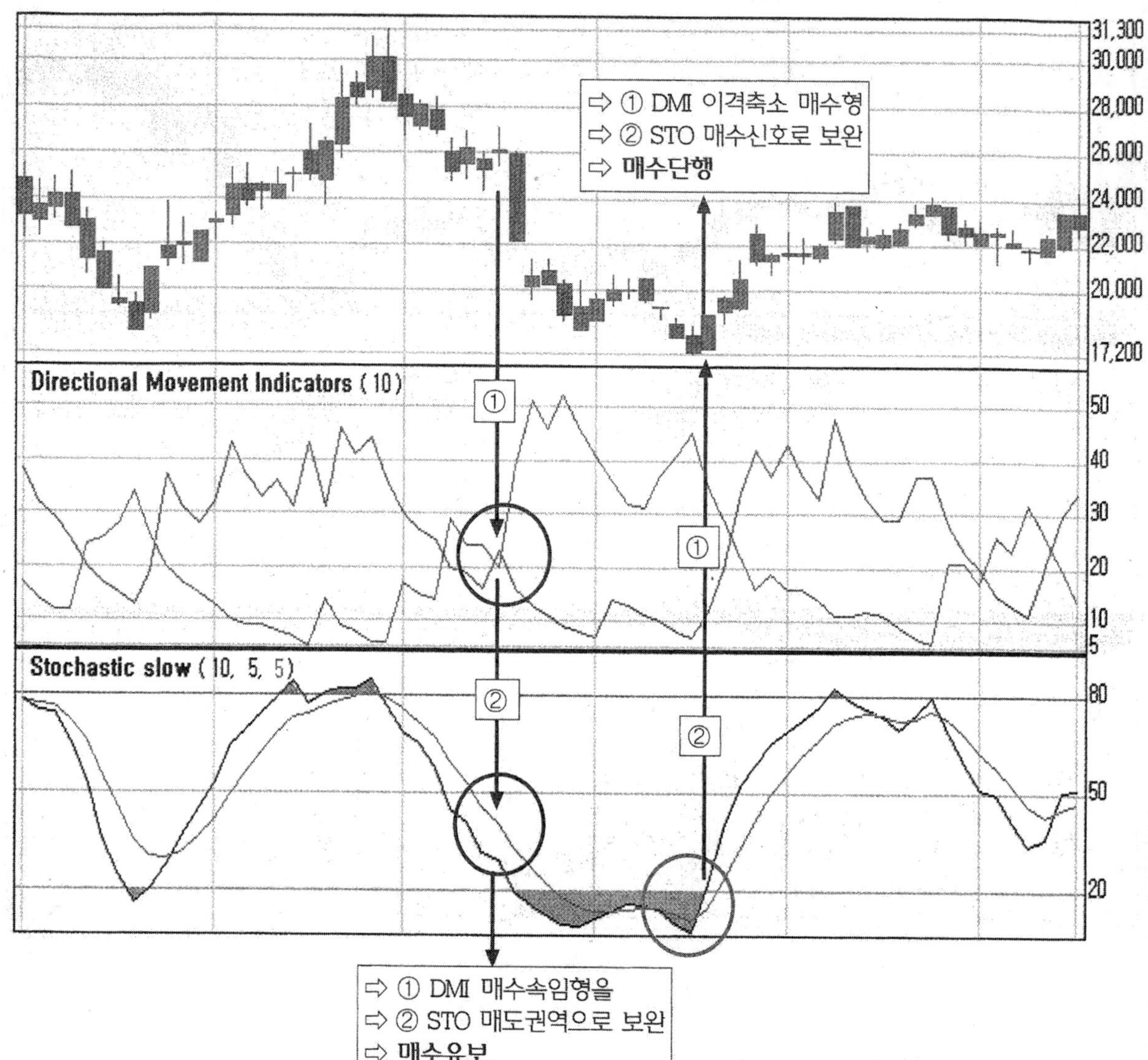

거래량지표

EOM 지표

1. 정의

"EOM(ease of movement)"은 주가가 변화하기 위해서는 어느 정도의 거래량
이 필요한지를 보여주는 지표로써, 거래량과 주가변화의 관계를 나타낸다.

2. 작성방법

> (1) Mdipoint = [(당일고가＋당일저가/2)] － [(당일고가＋당일저가/2)]
> (2) Box Ratio = 거래량 / (고가－저가)
> (3) EOM = Mdipoint / Box Ratio

※ 적용기간 : 통상 14일 지표를 사용한다.

3. 분석방법

(1) 특징 : 적은 거래량으로 주가가 상승할 경우 EOM은 높은 값을 가지며, 적은
거래량으로 주가가 하락할 경우 EOM은 낮은 값을 가진다. 다만, 대량거래
가 수반될 경우에는 0선 근처에서 값이 형성된다.

(2) Zero Line 응용기법
➡ 매수시점 : EOM이 Zero Line을 상향돌파 할 경우
➡ 매도시점 : EOM이 Zero Line을 하향돌파 할 경우
※ 후행성 극복 : Signal 또는 각종 보조지표를 병용

(3) Signal 응용기법

➡ 매수시점 : EOM이 Signal을 상향돌파 할 경우
➡ 매도시점 : EOM이 Signal을 하향돌파 할 경우

EOM 차트 : Zero Line 응용법

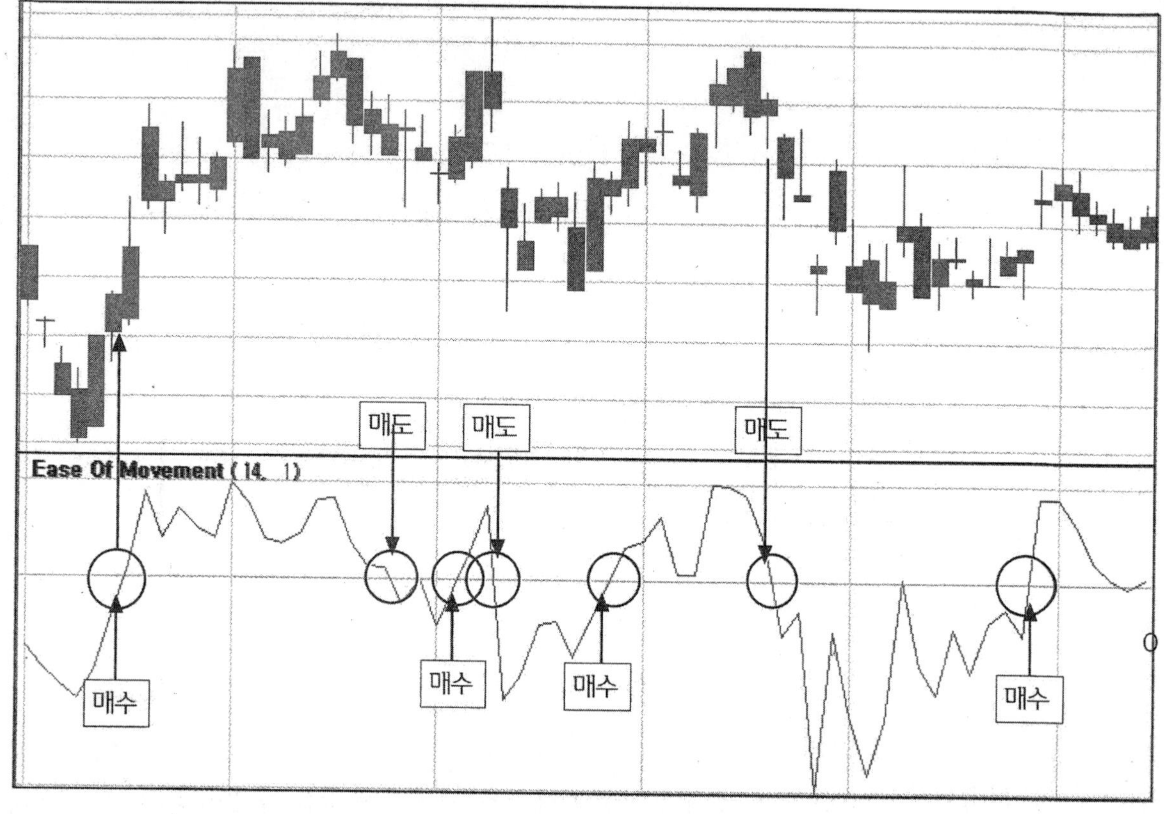

EOM 차트 : Signal 병용

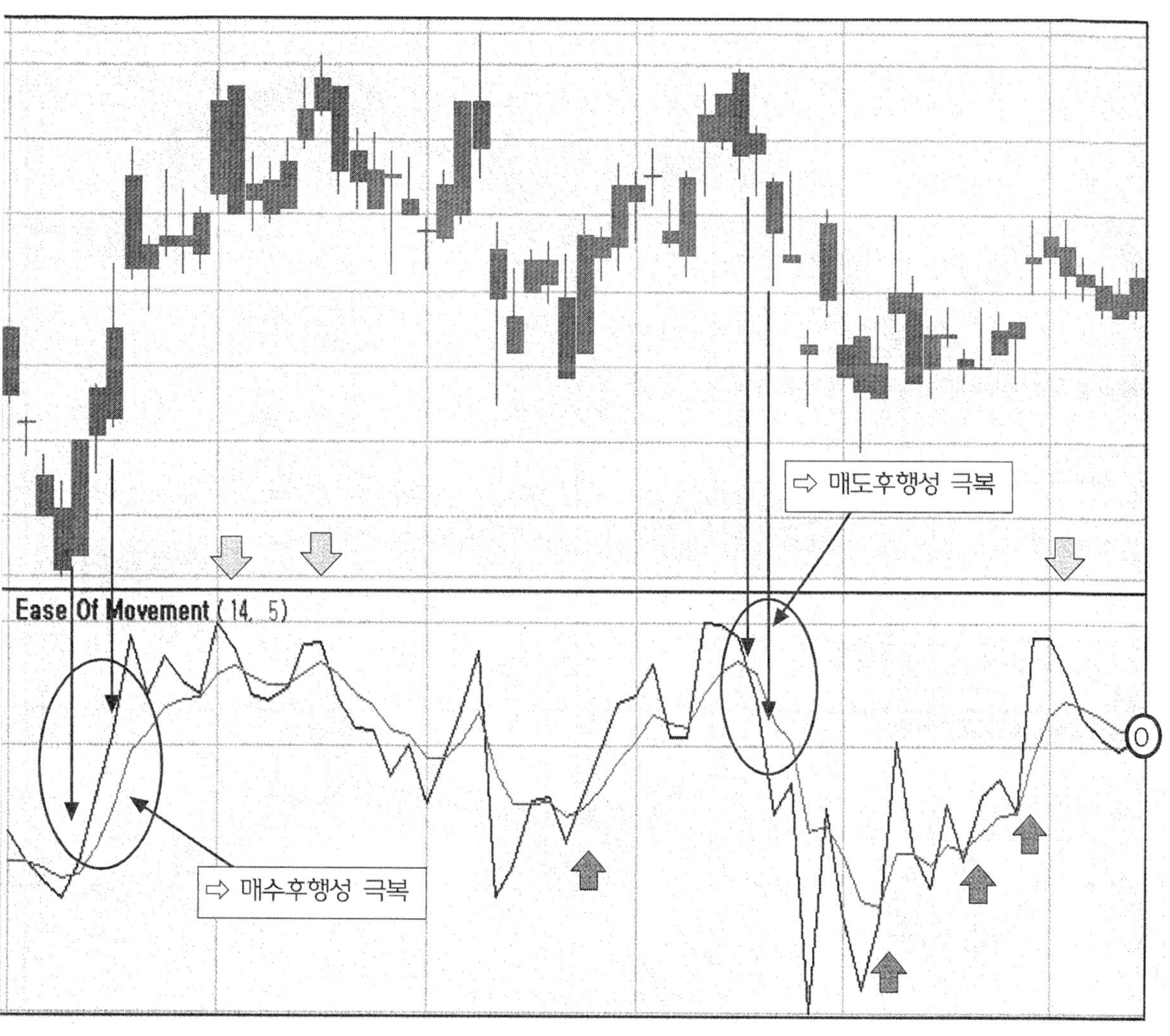

EOM 차트 : 보조지표 병용

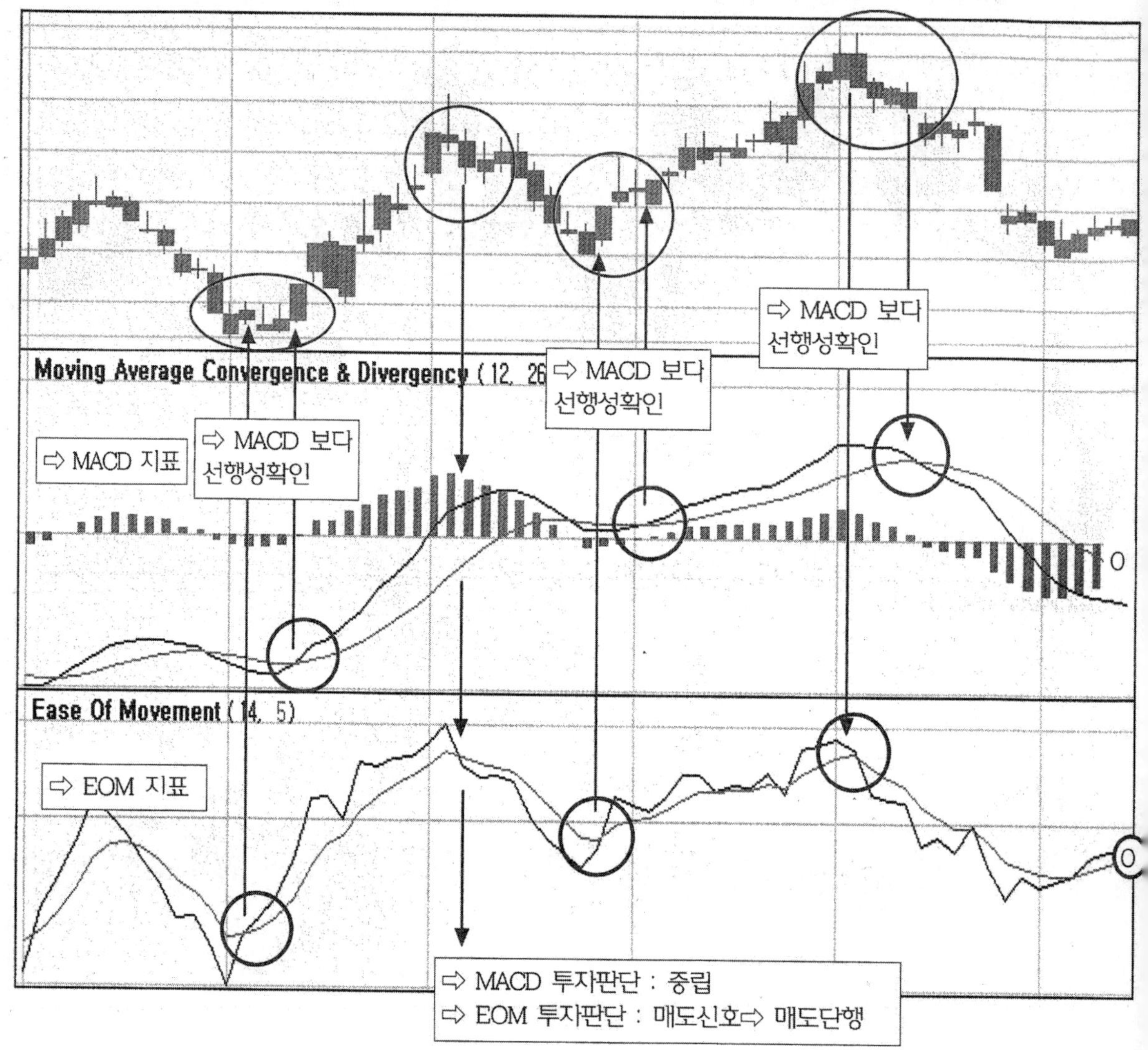

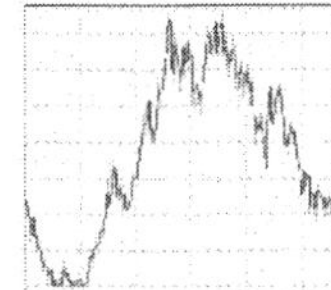

XIII. 패턴분석

1 반전형패턴

Head & Shoulder Tops Pattern

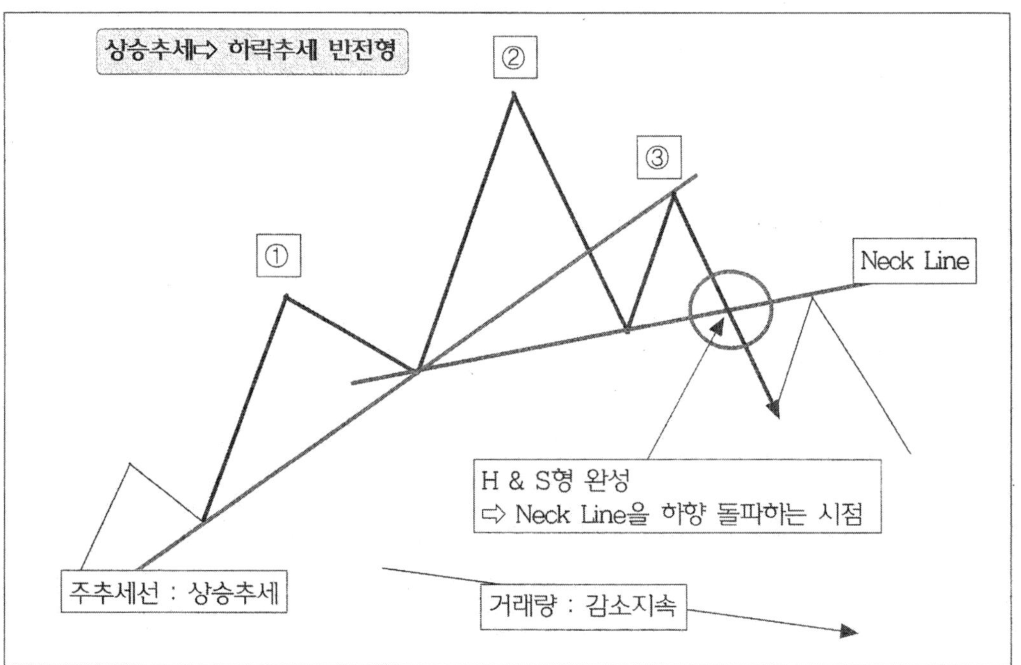

● 국변별 특징

1. "①"에서는 거래량이 가장 많다.
2. "②"에서는 등락폭이 심하며, 장대음봉 기타 추세전환의 신호가 출현한다.
3. "③"에서는 거래량이 급감하며, 머리에서의 하락폭에 대해 1/2~1/3정도 되돌림 후 반락한다.

Head & Shoulder Tops Pattern 2

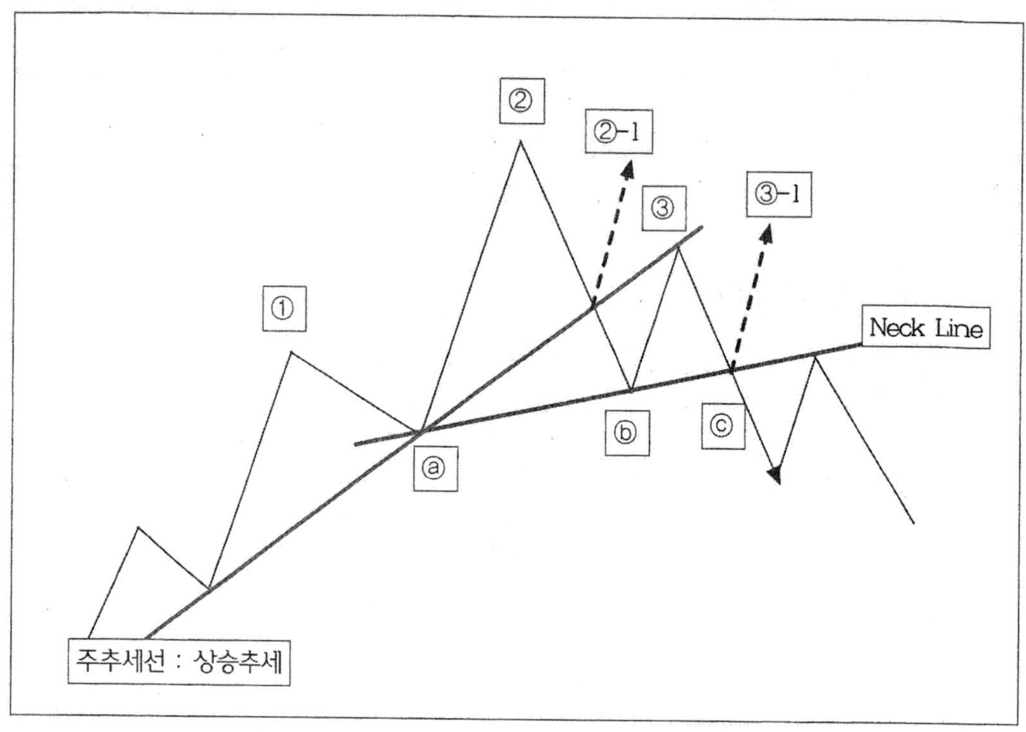

● **Neck Line :** ⓐ와 ⓑ를 겨드랑이(armpit)라 하며, 이를 연결한 선을 말한다.

1. 1차 매도 : "③"에서 주추세선의 저항을 확인한 이후 매도실행
2. 2차 매도 : "ⓒ"에서 NL하향돌파 확인 이후 되돌림시 매도실행

단, 머리를 형성한 이후 주추세선을 하향이탈하지 않고 재상승(②-1)을 할 경우
이는 상승추세 지속형으로 간주하여야 하며, 또한 NL을 하향돌파하지 못하고
재상승 (③-1)할 경우도 상승추세가 다시 시작된다고 판단해야 한다.

Head & Shoulder Bottoms Formation

Head & Shoulder Bottoms Formation 1 : 3중 바닥형 또는 3천형

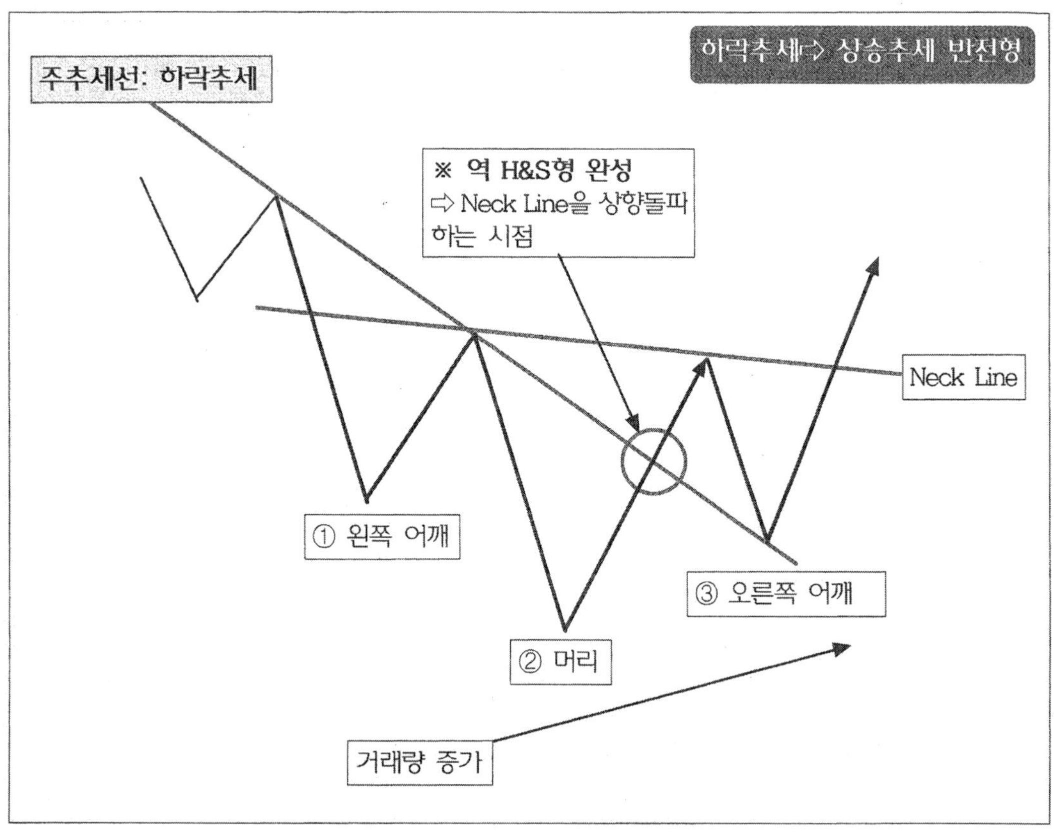

🔵 국면별 특징

1. "①"에서는 거래량이 가장 적다.
2. "②"에서는 등락폭이 심하며, 장대양봉 기타 추세전환의 신호가 출현한다.
3. "③"에서는 거래량이 급증하며, 머리에서의 상승폭에 대해 1/2~1/3 하락 후 상승반전된다.

Head & Shoulder Bottoms Formation 2

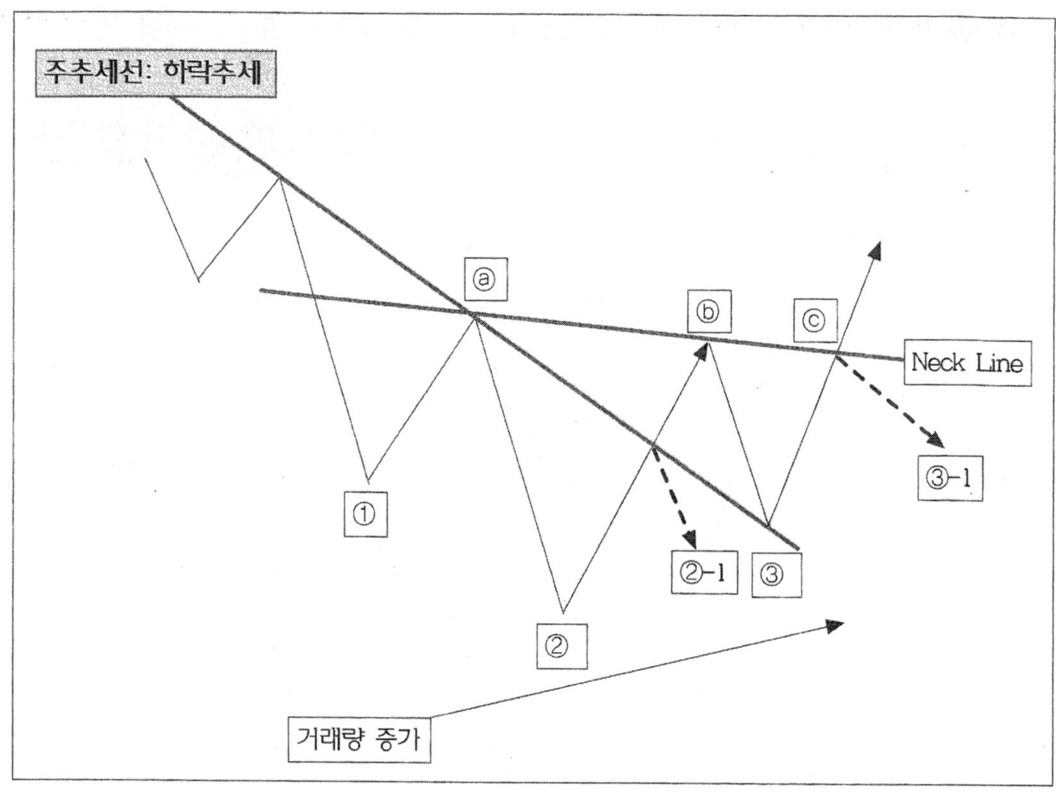

● **Neck Line : ⓐ와 ⓑ를 겨드랑이(armpit)라 하며, 이를 연결한·선을 말한다.**

 - 1차 매수 : "③"에서 주추세선의 지지를 확인한 이후 매수실행
 - 2차 매수 : "ⓒ"에서 NL상향돌파 확인 이후 되돌림시 매수실행

 - 단, 머리를 형성한 이후 주추세선을 상향이탈하지 않고 재하락(②-1)을 할
   경우 이는 하락추세 지속형으로 간주하여야 하며, 또한 NL을 상향돌파 하지
   못하고 재하락(③-1)할 경우도 하락추세가 다시 시작된다고 판단해야 한다.

Head & Shoulder Bottoms Formation : 목표가 계산

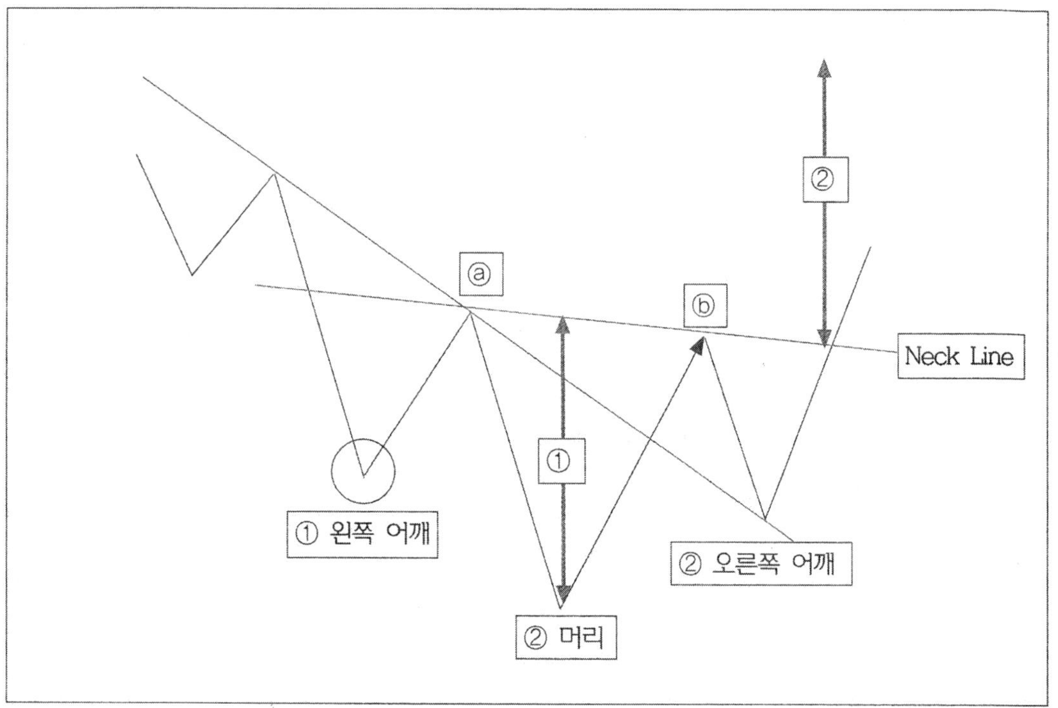

🔘 목표치 계산

"①" : 주가 최저가 시점과 NL까지의 폭
"②" : NL 상향돌파 시점에서 "①"과 동일한 폭

Double Bottom Pattern, W자형

● 국변별 특징

1. "①"까지는 거래량의 특징은 없으나 강한 반등 기록
2. "②"에서는 거래량이 증가하면서 직전저점 위에서 재반등 기록
3. 두 번째 바닥이 첫 번째 바닥보다 낮은 경우는 거의 없다.

이중바닥형 : 상승목표치 계산

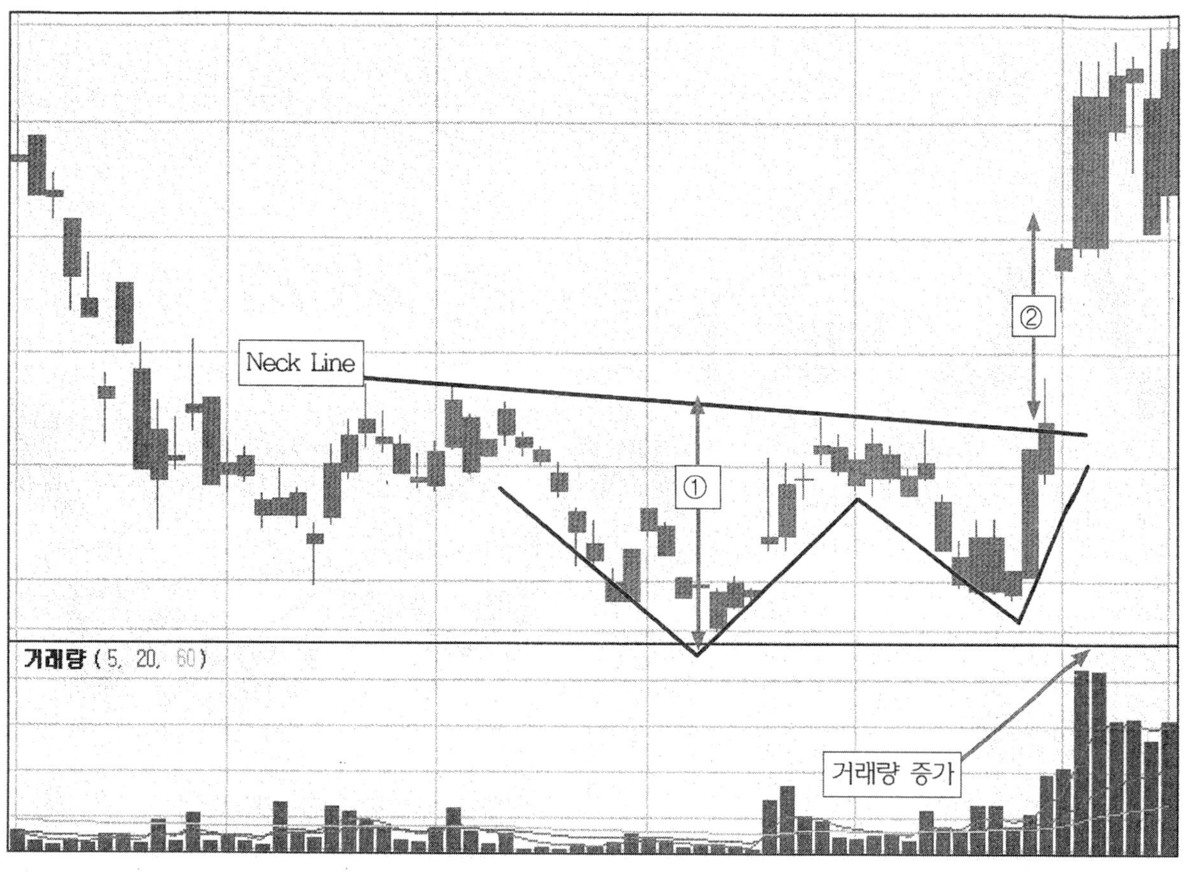

최소상승목표치 계산

"①" : 주가 최저가 시점과 NL까지의 폭

"②" : NL상향돌파 시점에서 "①"과 동일한 폭

이중바닥형 : 매수시점 포착

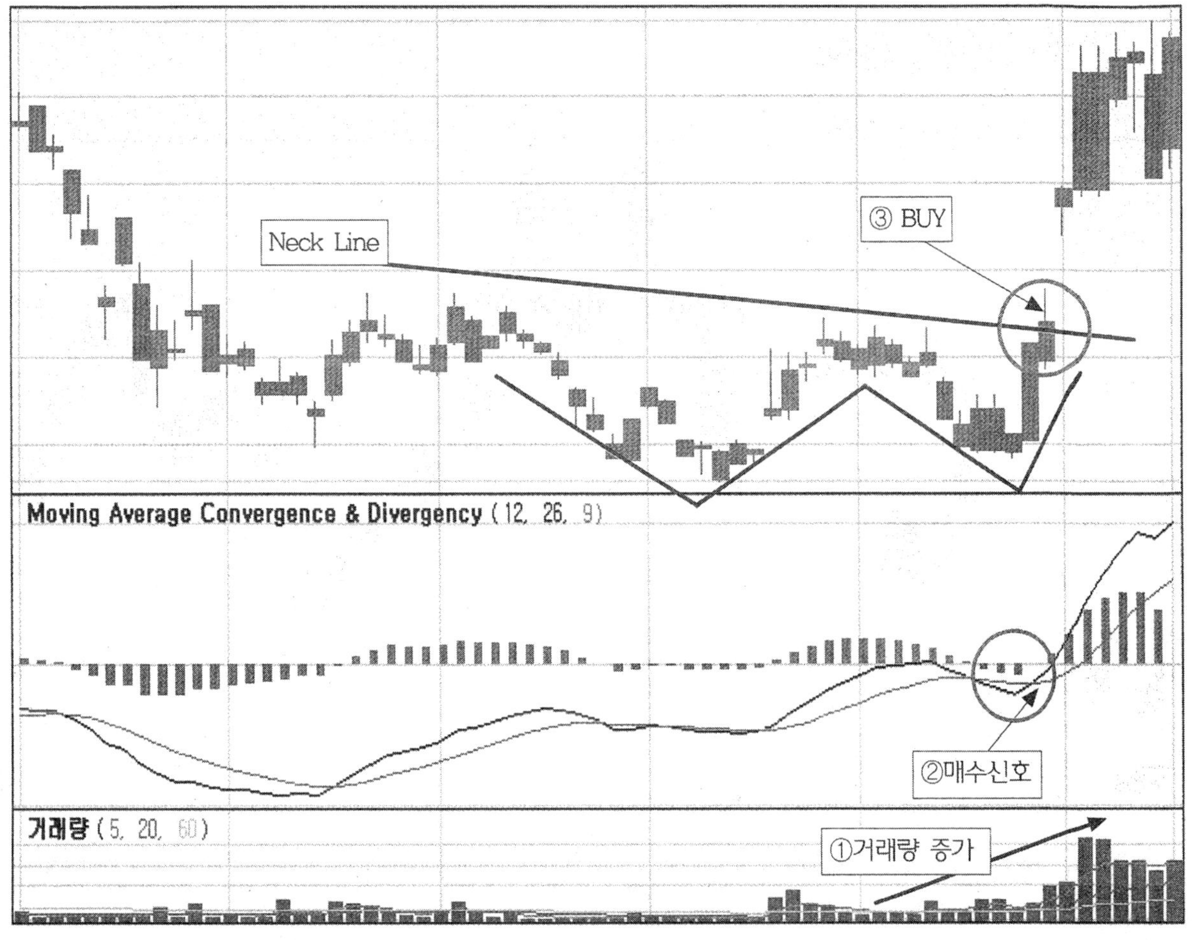

● 이중바닥형 확인기법

1. 거래량 증가여부 점검(①)
2. 보조지표 Signal 확인(②)
   ⇨ NL상향돌파시는 적극적 매수 단행(③)

이중천정형 : M자형

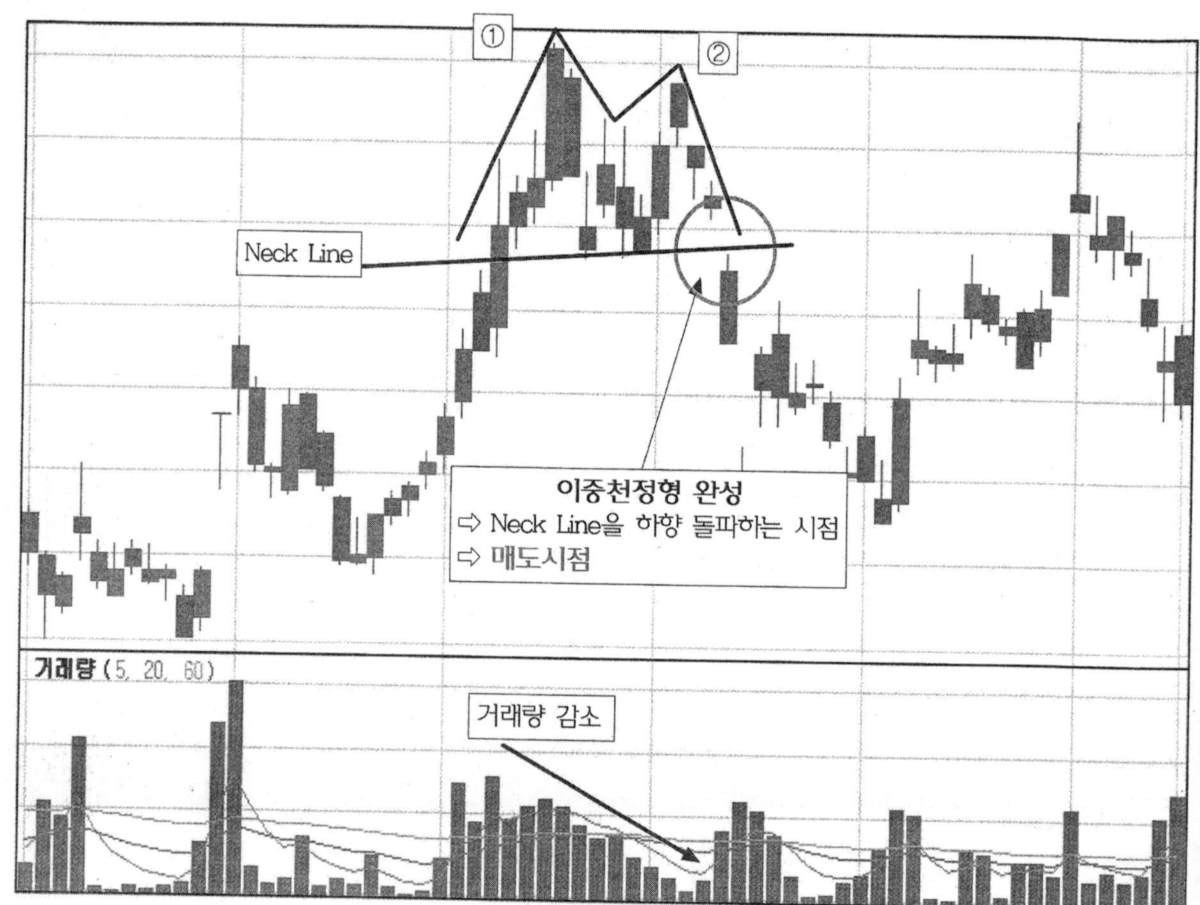

🔵 국면별 특징

1. "①"까지는 거래량이 증가하면서 큰 폭의 상승세 기록
2. "②"까지는 거래량이 감소하면서 직전고점 수준까지 상승
3. "②"가 "①"보다 높을 수 있으나 일반적으로 직전고점을 상회하지 못한다.

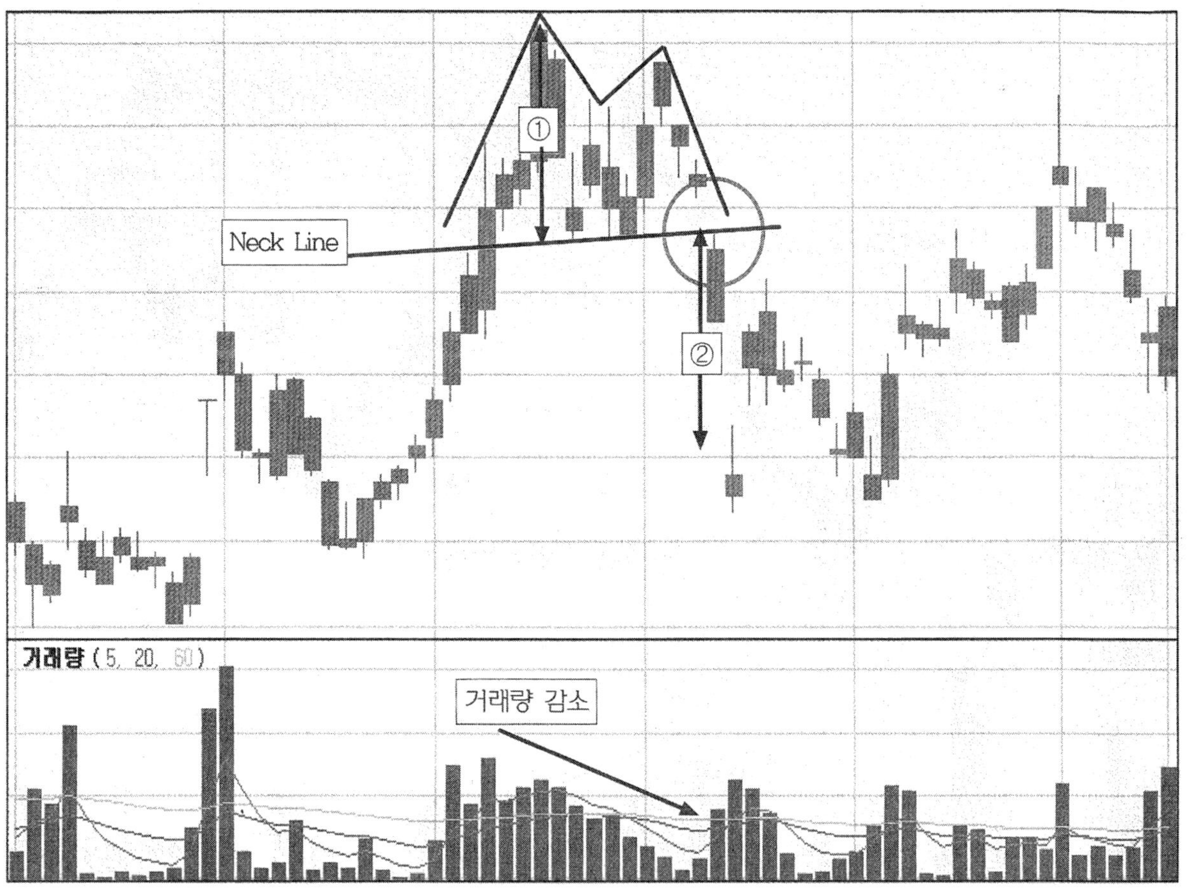

● 최소하락목표치 계산

1. "①" : 주가 최고가 시점과 NL까지의 폭
2. "②" : NL하향돌파 시점에서 "①"과 동일한 폭

이중천정형 : 매도시점 포착
1차 매도 : 주추세선 하향이탈
Neck Line
2차 매도 : NL선 하향이탈
주추세선
거래량 (5, 20, 60)
거래량 감소

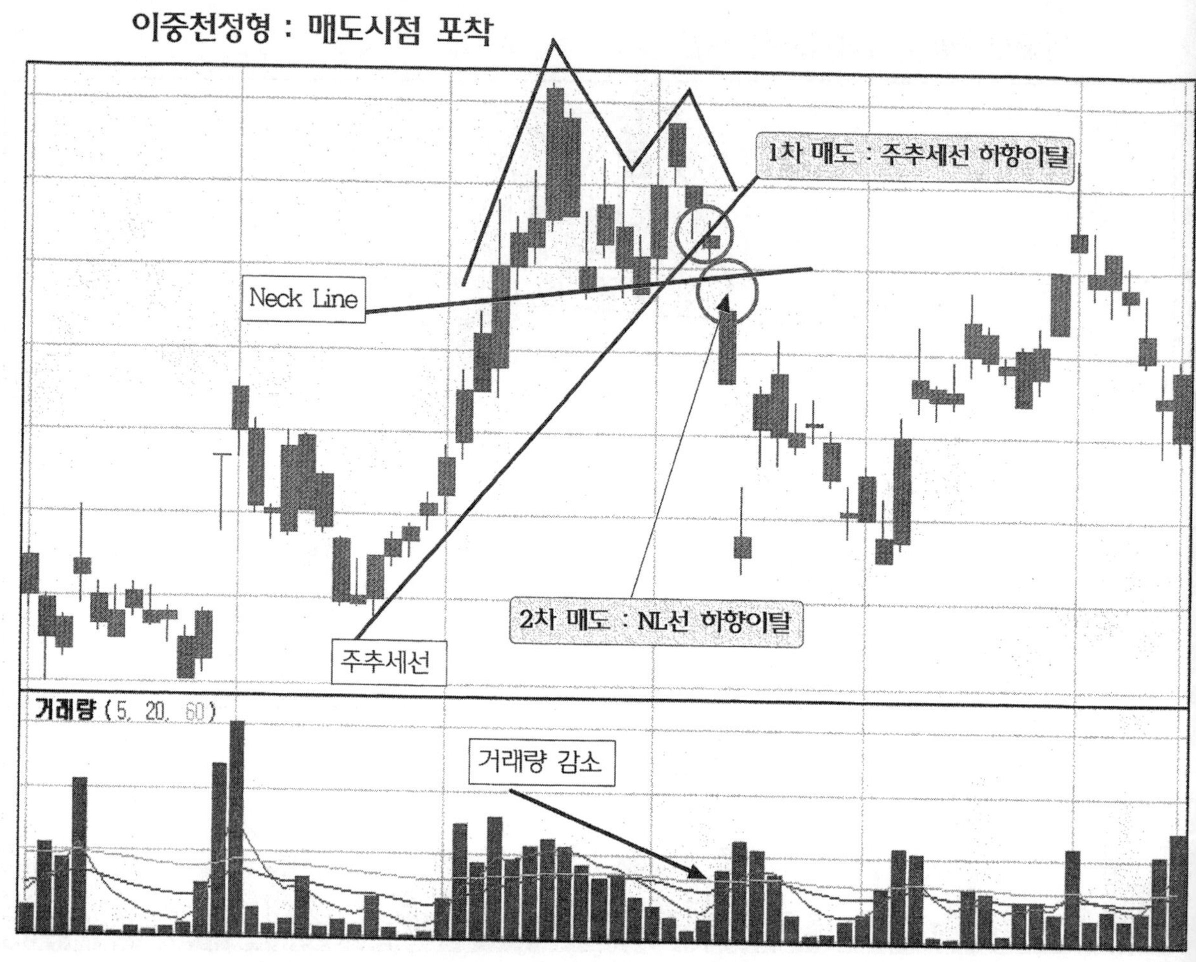

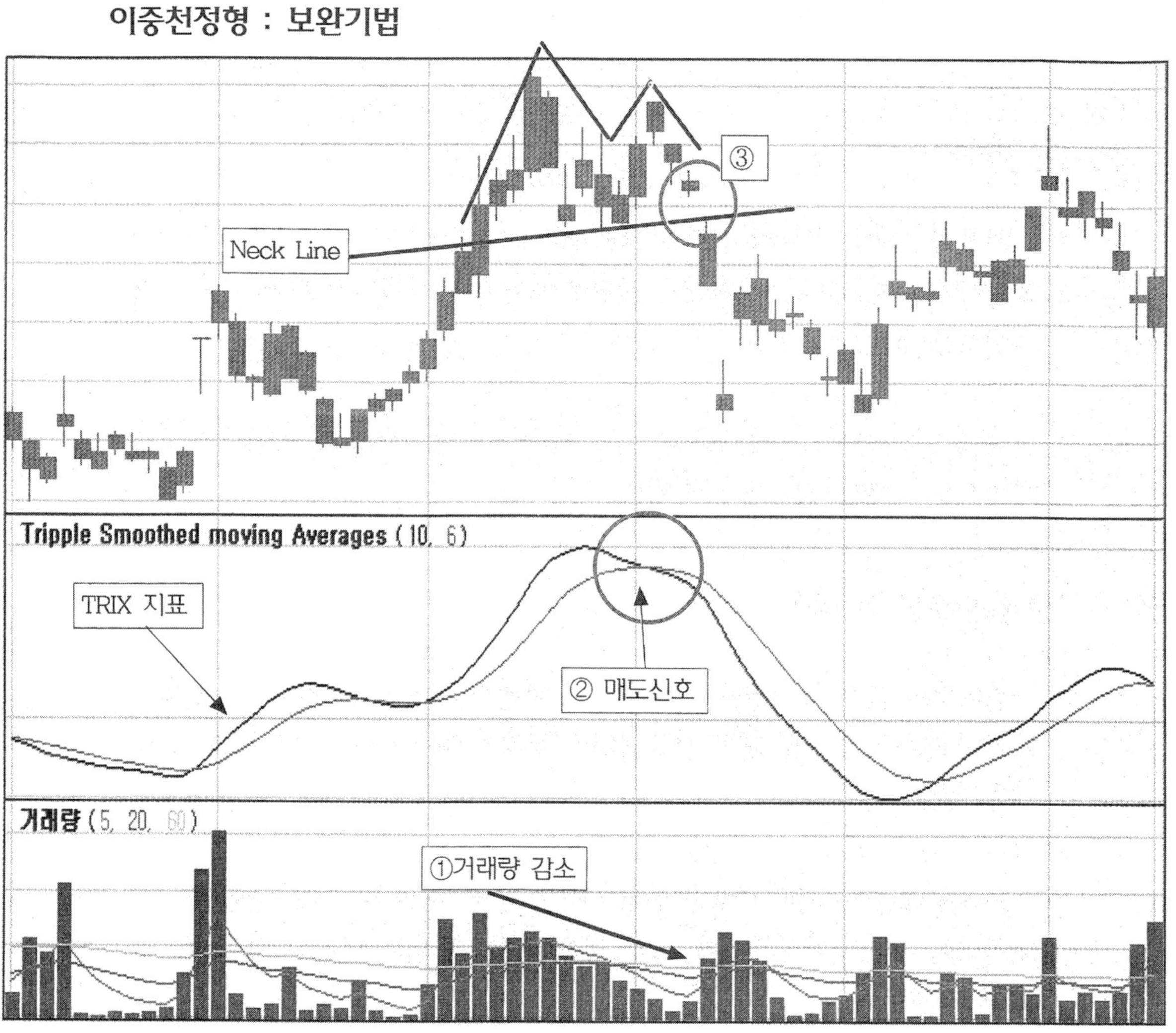

이중천정형 확인기법

1. 거래량 감소여부 점검(①)
2. 보조지표 Signal 확인(②)
⇨ NL하향돌파시는 적극적 매도 단행(③)

2 지속형패턴(Continuation Pattern)

1. 개 념

지속형 패턴은 기존의 추세가 일시적으로 보합국면을 나타내면서 조정기를 거치는 과정이다. 즉, 현재의 시장추세가 계속 진행되기 위한 일종의 휴식기간을 말한다.

따라서 추세가 지속형 패턴을 보인 이후에는 재차 이전의 방향과 동일한 방향으로 진행될 것임을 암시한다.

2. 반전형과 차이점

반전형의 경우 기존추세의 막바지에 형성되기 때문에 패턴이 완성되는 기간이 중장기적이며, 또한 반전패턴이 형성된 이후에는 그 영향력도 오랜 기간 계속된다.

지속형의 경우 기존추세가 형성되는 과정에 나타나는 것이므로 패턴이 완성되는 기간이 단기적이며, 또한 지속패턴이 형성된 이후 그 영향력도 단기에 그친다.

3. 지속형의 유형

(1) 삼 각 형 (Triangle Pattern)

(2) 깃 발 형 (Flag Pattern)

(3) 패넌트형 (Pennant Pattern)

(4) 쐐 기 형 (Wedge Pattern)

(5) 직사각형 (Rectangle Pattern)

삼각형패턴(Triangle Pattern)

(1) 개 념
- 주가의 등락이 처음에는 큰 폭으로 진행되다가 시간이 흐를수록 진폭이 줄어들면서 가상의 한 점으로 수렴되는 패턴으로, 지속형 중 대표적인 형태이며, 자주 출현하는 패턴이다.
- 지지선 : 저점을 연결한 직선
- 저항선 : 고점을 연결한 직선

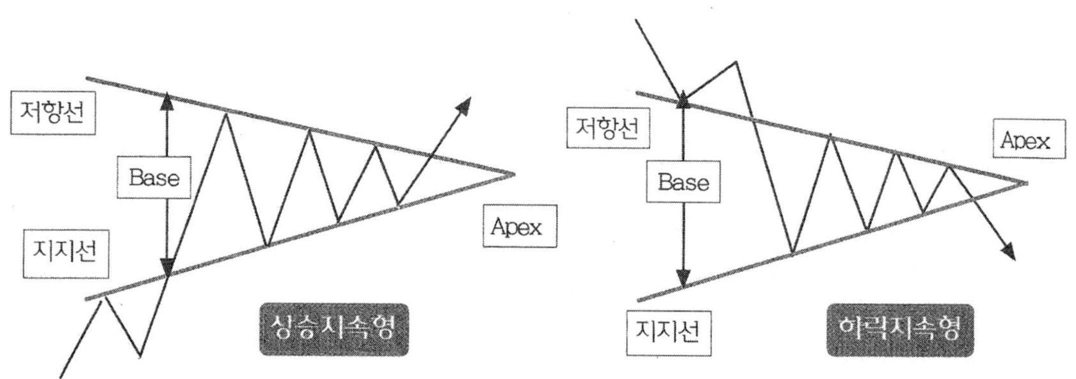

(2) 조건
- 상하 각각 2개의 고점과 저점이 있어야 하며, 확실한 패턴이 되기 위해서는 3개의 고점과 저점이 있어야 한다.

(3) 전환시점 분석
- 밑변(base)과 꼭지점(apex)간 수평거리의 1/2에서 3/4 정도의 지점에서 추세선을 돌파하게 된다.
- 밑변 : 삼각형 패턴이 형성되는 최초의 시점에서 시장가격 움직임.

(4) 목표치 예측
- 저항선 또는 지지선을 돌파하는 시점부터 밑변의 폭을 합산하여 추정한다.

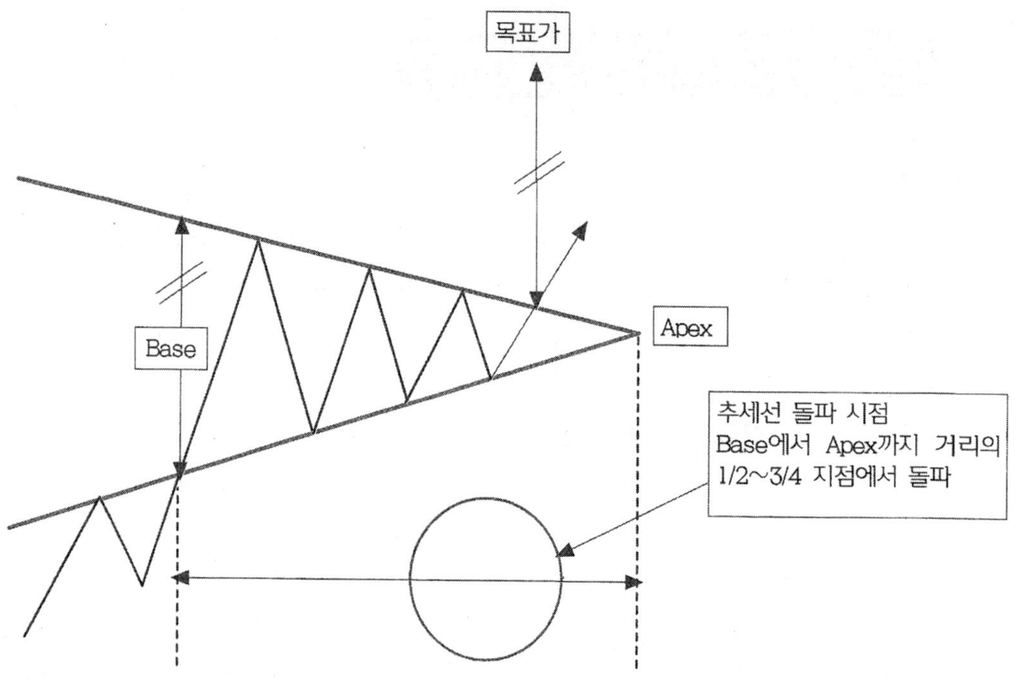

(5) 대칭 삼각형 패턴 (symmetrical triangle pattern)

① 형 태 : 지지선과 저항선의 형태가 어느 한 쪽으로 치우치지 않고 아래 위의 모양이 똑같은 형태를 가진다.

② 시장분석 : 매도vs매수 세력간 팽팽한 균형이 유지되는 형태로 이는 기존 추세가 진행되는 과정에서 그 방향을 반전시키려는 세력의 강한 도전을 받아 시장가격의 움직임이 잠시 휴식을 취하고 있는 것으로 판단한다.

③ 주 의 점 : 단, 주가바닥 또는 주가천정권이라는 인식 속에서 이러한 패턴이 출현할 경우는 지속형으로 단정지어서는 아니 될 것이며, 새로운 접근법이 필요하다.

④ 목표가 예측 : 상기 내용과 동일.

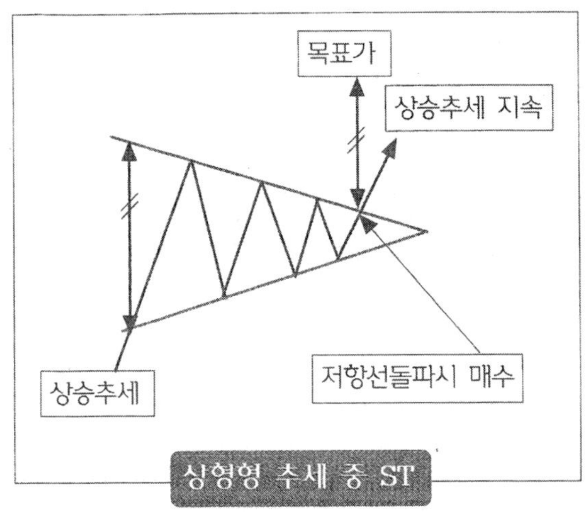

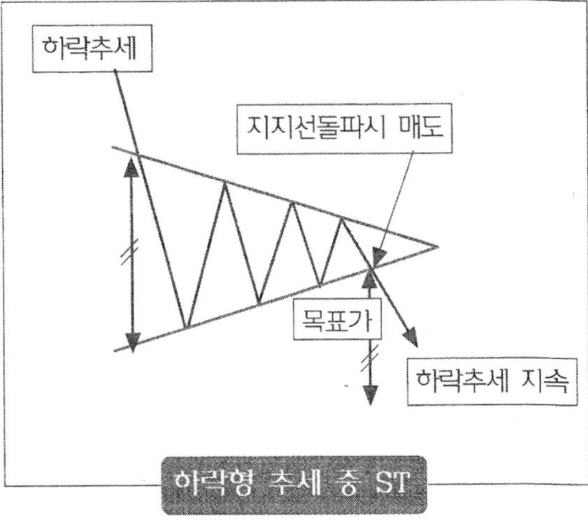

(6) 상승삼각형 패턴 (ascending triangle pattern)

① 형 태 : 고점을 연결한 저항선은 수평을, 저점을 연결한 지지선은 상향 (upwardslope)으로 수렴하는 모양.

② 시장분석 : 저점이 상승한다는 것은 주가의 상승을 예상하는 매수세력의 움직임이 매도세력에 비해 강력하고, 적극적임을 나타낸다. 따라서 상승추세 중간에 출현하여야 한다. ➡ 저점매수시점

③ 주의점 : 예외적이나 종종 하락추세 막바지에 출현하여 추세반전형 패턴으로 작용하기도 한다.

④ 목표치 예측 : 상기 내용과 동일.

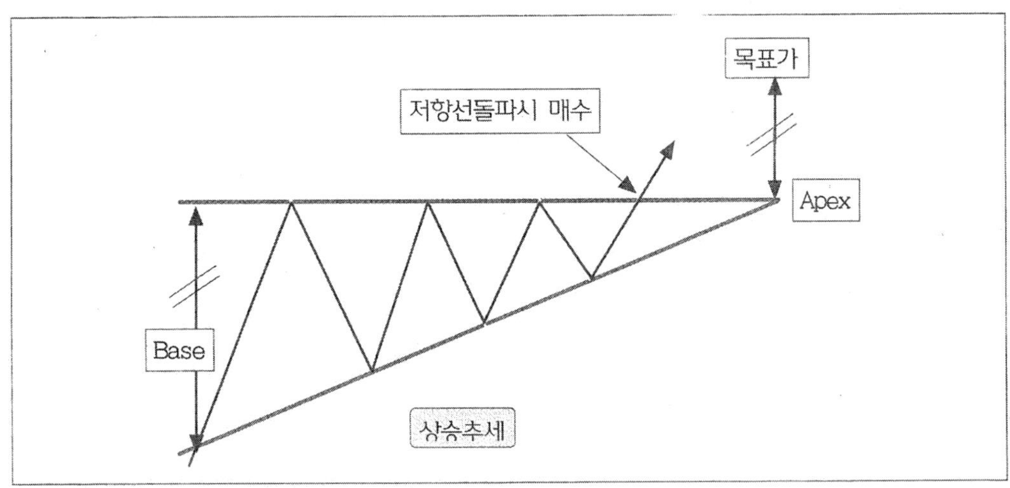

(7) 하락삼각형 패턴 (descending triangle pattern)

① 형 태 : 고점을 연결한 하향(downslope)하는 저항선과 저점을 연결한 수
   평을 보이는 지지선이 수렴하는 모양.

② 시장분석 : 매도세력에 의해 주가가 하락하는 과정에서 하락세에 반발
   하는 매입세력의 개입으로 주가의 하락이 잠시 휴식을 취하는 것으로,
   하락추세의 중간에 출현한다. ⇨ 분할매도시점

③ 주의점 : 예외적이나 종종 상승추세의 막바지에 출현하여 추세반전형
   패턴으로 작용하기도 한다.

④ 목표치 예측 : 상기 내용과 동일.

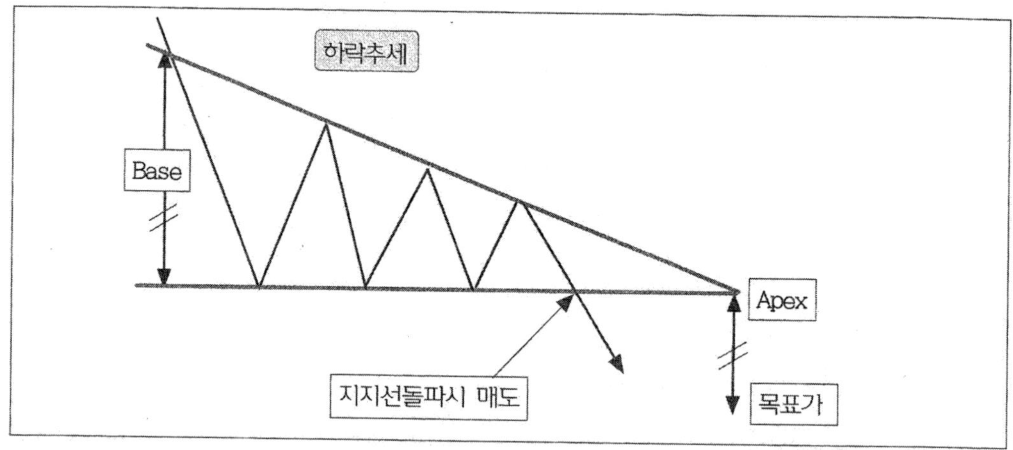

깃발형과 패넌트형패턴

(1) 개념 : 주가가 급등 또는 급락하는 활발한 동적인 시장 이후 나타나는
한동안의 조정기간을 말하며, 발생빈도가 높은 편이다.

(2) 전제조건 : 반드시 주가의 움직임이 급격하여야 한다.(급등 또는 급락
후 출현)

(3) 형성기간 : 통상 1~3주에 걸쳐 출현하나, 하락추세에서는 1~2주 정도로
더욱 빨리 형성된다.

(4) 특징 : 반전형으로 작용하지 않는다.

(5) 구분

- 깃 발 형 : 아래위의 추세선이 서로 평행을 이루는 형태
- 패넌트형 : 아래위의 추세선이 평행하지 못하고 한 점에서 수렴되는 형태

(6) 전개과정

⇨ 급격한 주가변동(급등 또는 급락)

⇨ 기존의 수직적 추세와 반대되는 움직임 전개(급등 : 이익실현매물, 급락 : 투기적 매수세 유입)

⇨ 수직상승시는 하락조정을, 수직하락시는 반등조정을 전개(휴식국면)

⇨ 1~3주간에 걸쳐 형성 : 수직상승 이후라면 거래량이 재차 활발해지면서 저항선을 돌파할 것이며, 수직하락 이후라면 거래량이 재차 급감해지면서 지지선을 돌파할 것이다.

⇨ 이후 기존 진행방향과 동일한 방향으로 주가는 움직이게 된다.

(7) 목표치 예측 : 지지선 또는 저항선 돌파시점부터 깃대길이를 합산하여 추정한다.

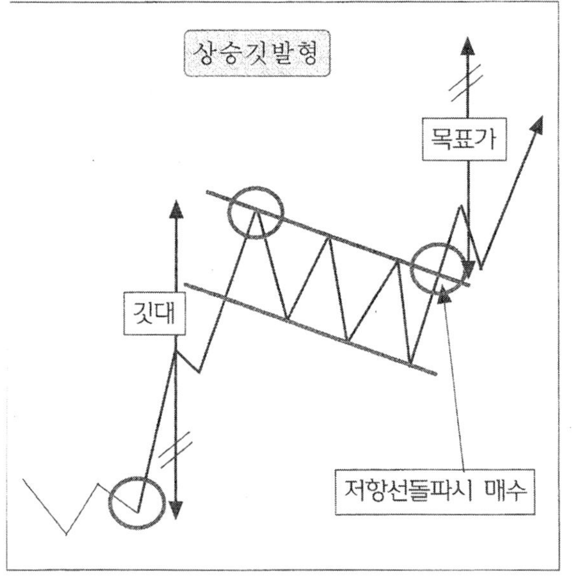

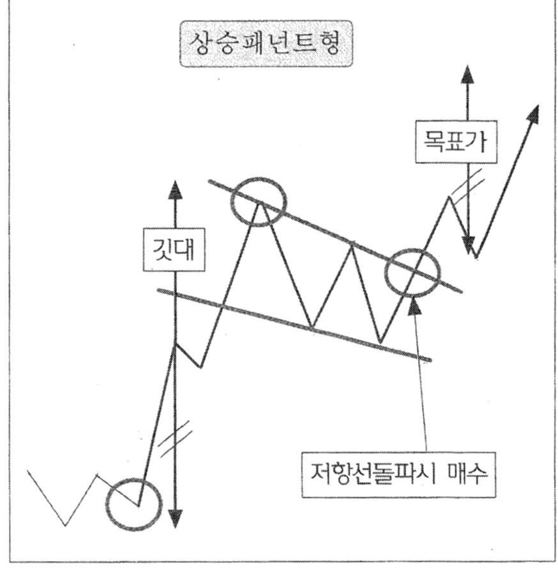

※ 하락형 : 상기와 반대개념으로 분석

(1) 개념 : 모양이나 형성기간은 삼각형과 유사하며, 조정국면 속에서 아래 위의 추세선이 형성되고 한 점에서 수렴하게 된다.

(2) 형성기간 : 비교적 장기간이며, 통상 2주에서 3개월 정도의 기간내 형성 된다.

(3) 상향쐐기형 : 아래위의 추세선이 모두 상향의 기울기를 가지고 있으며, 아래 추세선의 기울기가 위쪽 추세선의 기울기 보다 급한 형태이다.

(4) 하향쐐기형 : 아래위의 추세선이 모두 하향의 기울기를 가지고 있으며, 위쪽 추세선의 기울기가 아래 추세선의 기울기 보다 급한 형태이다.

(5) 쐐기형 완성시점 : 쐐기 길이의 3/4정도의 지점에서 거래량 변화와 함께 추세이탈 시도.

(6) 전개과정
   ⇨ 추세진행 중(상승 또는 하락추세)
   ⇨ 상승추세 중에는 차익실현 매물출회, 하락추세 중에는 낙폭에 따른 매 수세 유입
   ⇨ 시장 조정국면 진입
   ⇨ 쐐기형 패턴을 보이면서 제한적인 등락 반복
   ⇨ 상승추세의 경우 거래량 증가와 함께 재상승, 하락추세의 경우 거래량 감소와 함께 재하락

(7) 투자원칙 : "상향쐐기형은 향후 주가의 하락을 예고하고, 하향쐐기형은 향후 주가의 상승을 예고한다."

직사각형(rectangle pattern)

(1) 개념 : 수평으로 평행을 이루는 위아래 두개의 추세선 사이에서 주가가
박스권 등락을 반복하는 패턴으로, 매수매도 세력간 일시균형을 의미한다.

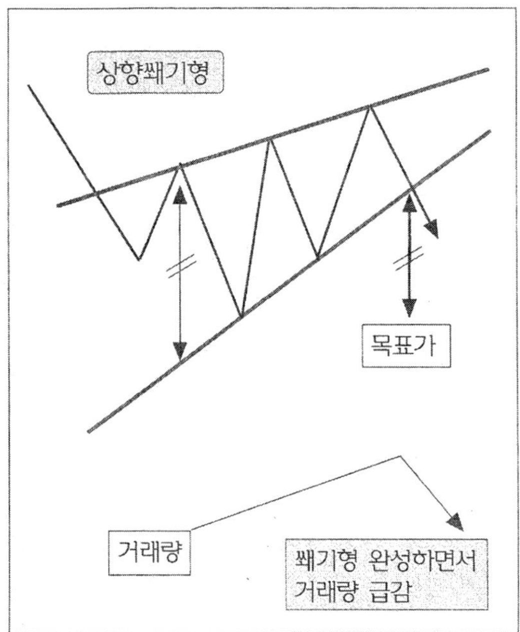

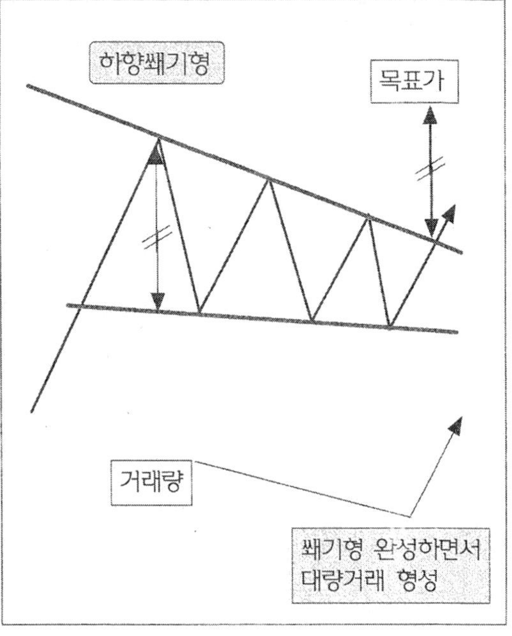

(2) 형성기간 : 통상 수주일에서 수개월에 걸쳐 완성된다.

(3) 상승직사각형 : 상승추세 중 차익실현 매물로 인해 상승이 저지되지만
저가매수세의 유입으로 일정수준에서는 주가의 하락이 방어되면서 형
성되는 횡보형(sideway consolidation) 패턴.

➡ 상승추세 중 매물출현⇨ 상승저지 ⇨ 조정시마다 저가매수세 유입⇨
거래량 감소⇨ 횡보국면전개⇨ 거래량 급증과 함께 저항선 상향이탈
⇨ 상승지속

(4) 하락직사각형 : 하락추세 중 저가매수세의 유입으로 하락이 방어되지만
일정수준 이상에서는 매물이 출회되면서 주가의 등락이 제한적인 양상

을 보이는 패턴.

　⇨ 하락추세 중 저가매수세 유입⇨ 하락방어⇨ 반등시마다 매물출회⇨ 거래량 증가⇨ 횡보국면 전개⇨ 거래량 급감과 함께 지지선 하향이⇨ 하락지속

(5) **특 징** : 반전형으로 전개되지는 않고 반드시 지속형을 암시한다.

(6) **형성요건** : 위아래 수평지지선과 저항선이 있어야 하며, 이를 위해서는 최소한 고점2, 저점2개가 형성되어야 한다.

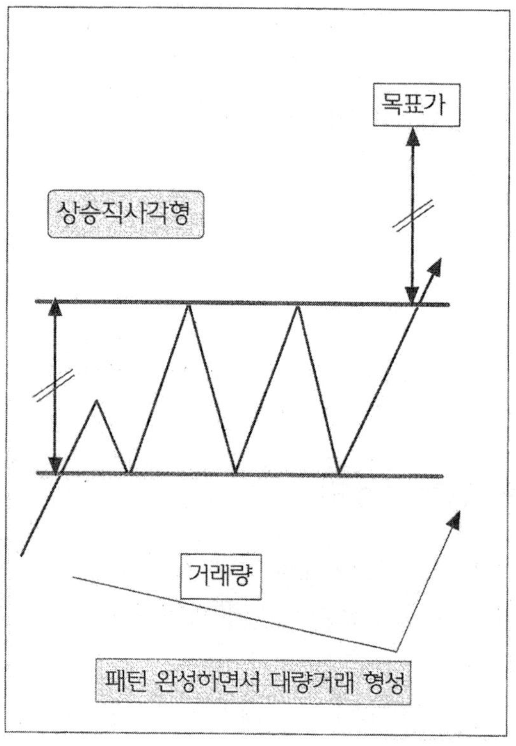

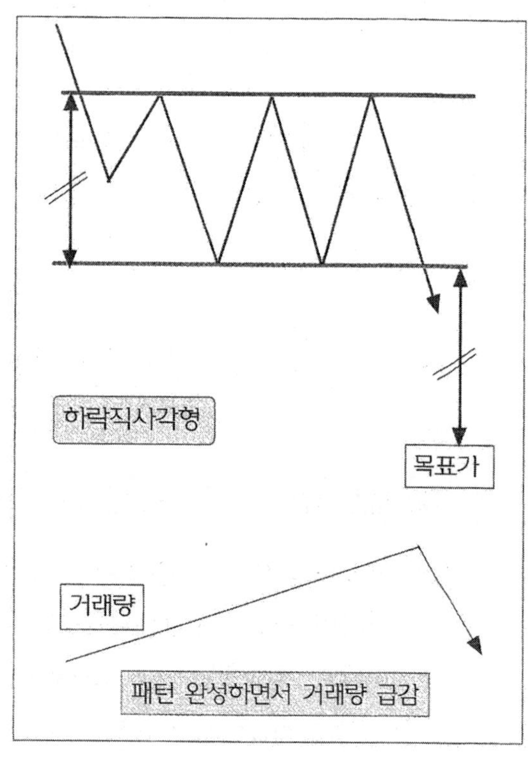

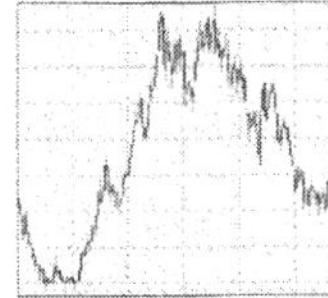

주식투자 격언

1. 주식을 사기보다는 때를 사라.

주식투자의 가장 큰 목적은 투자차익에 있다. 최대의 투자 차익을 남기기 위해서는 사는 시점과 파는 시점의 선택이 가장 중요하다. 아무리 부실주라도 돈의 힘으로 상승하는 금융장세에선 이익을 낼 수 있다.

반면에 우량주라도 천정권에서 산다면 손실이 불가피하다. 주식투자의 목적은 투자이익을 내는 것이고 이익을 내려면 매수·매도 시점을 잘 잡아야 한다.

2. 차트는 시세의 길잡이다.

차트를 보지 않고 매매를 하는 것은 맹인이 지팡이를 잡지 않고 길을 걷는 것과 같다. 차트를 노련하게 해석할 수 있으면 70~80% 이상 주식 성공이 보장된다. 챠트로 무장하자.

3. 숲을 먼저 보고 나무를 보아라.

주가의 일일 변동이나 단기적인 파동만 보고 투자를 하면 시세의 큰 흐름을 보지 못한다. 강물의 잔 파도만 보고 배를 노 저어 가면 자기도 모르는 사이에 엉뚱한 곳으로 흘러내려 가고 만다. 먼저 시세의 큰 흐름과 그 배경을 이해하고 그러한 바탕 위에서 눈앞의 시세를 해석해야 한다. 증권시장은 흔히 자본주의의 성감대라고 할 정도로 정치·사회·경제 모든 부문의 각종 요인이 작용하므로 이를 종합적으로 해석 할 수 있는 안목을 기르는 것이 중요하다.

4. 사는 것 보다 파는 것이 더 중요하다.

주식투자는 차익이 나고 있을 때에는 파는 시점이 중요하다. 불안해서 너무 일찍 팔아도 안되고 욕심 때문에 너무 끝까지 이익을 추구해서도 안된다. 손해보고 있을 때도 적은 손해로 투자를 마무리할 줄 알아야 한다. 대부분의 투자자들은 파는 마무리를 잘 하지 못해서 실패한다.

5. 자신에게 가장 알맞은 투자 방법을 개발하라.

주식투자의 원칙이나 요령을 모두 실천할 수 있으면 반드시 성공할 수 있다. 그러나 시세의 명인이라 하더라도 그 많은 투자 원칙을 100% 실천할 수 없다. 자기의 성격이나 습관성 자기에게 가장 알맞는 투자방법을 개발해야 한다. 예를 들어 인기주의 편승매매에 능한 사람은 그 계통으로 주력하고 유연성에 좀 부족한 사람은 좋은 종목을 주가가 낮을 때 사놓고 장기적으로 기다리는 것이 유리하다.

6. 대중이 가는 뒤안길에 꽃길이 있다.

인기의 뒤안길을 가라. 사람들이 사는 것을 생각도 못할 때가 살 때이다. 초보자에게 좋게 주식이 보일 때 이미 그 주식의 주가가 많이 올라 있는 상태이다. 따라서 대중이 미처 알아채지 못하고 있는 재료주를 찾아 투자하면 큰돈을 벌 수 있다.

8. 시세는 시세에게 물어라.

주식투자에서 가장 기본적 투자원칙이면서 잘 모르는 게 바로 이 격언이다. 시세가 가는 대로 순응하며 따라 가는 것이 주식투자의 성공비결이며 시세의 흐름을 거역하는 자는 자기 파멸을 초래한다. 시세는 주가를 끌어올리는 힘이며 이는 거래량으로 통상 나타난다. 따라서 기술적 분석이 중요하다.

10. 사고 팔고 쉬어라. 쉬는 것도 투자다.

빈번한 매매는 실패의 근본이다. PRO라도 약세장에서 큰돈 벌기는 어렵다. 대세의 큰장에서 수익을 올렸으면 다시 들어갈 것이 아니라 쉬면서 추세를 분석하는 것이 좋다.

11. 생선의 꼬리와 머리는 고양이에게 주라.

주식을 천정에서 팔고 바닥에서 살 생각을 버려야 한다. 무릎에서 사고 어깨에서 팔아야 한다. 바닥에서는 사기 어렵고 천정에서 팔기 어렵기 때문이다. 장미를 꺾듯이 8할 정도에 팔아야 한다.

13. 주식이 잘 될 때 너무 자만하지 마라.

주식에서 한번의 승리로 자만해선 안된다. 초심자의 대성공은 큰 함정이다.

14. 시장분위기에 도취되지 마라.

주식시장에는 항상 어떤 분위기가 형성되어 있다. 낙관적 분위기라든지 비관적 분위기, 관망분위기 등이 그것이다. 이러한 분위기는 불합리한 인간심리나 단면적인 투자판단에 좌우되므로 수시로 변한다. 시장 분위기를 벗어나서 객관적이고 냉정한 상태에서 시장의 흐름을 분석하고 투자판단을 내려야 성공확률이 높아진다.

15. 충동매매는 후회의 근본이다.

남의 이야기나 시장분위기에 영향을 받아서 충동적으로 매매를 결정하는 사람은 대개 투자결과가 좋지 않은 것이 보통이다. 시세의 장기적인 흐름이나 기업내용, 주가의 현재까지의 움직임 등을 충분히 생각해 보지도 않고 즉흥적인 감정으로 뇌동매매를 하기 때문에 실패하기 쉽다.

16. 투자에 성공하려면 타이밍과 종목선택 둘다 잘해야 한다.

주식투자는 두 가지 선택문제로 귀결된다. 타이밍 선택과 종목선택이 그것이다. 주식시장에는 종합주가가 올라가도 못 오르는 주식이 있고, 거꾸로 하락하는 주식이 있다. 타이밍 선택과 종목선택을 잘해야 투자에 성공할 수 있다.

17. 주식투자는 절대적 유연성이 필요하다.

주식투자는 자기 나름의 소신을 가지고 해야겠지만 너무 자기생각에만 집착해서는 안된다. 고집이 지나치게 세고 융통성이 부족한 성격의 사람은 주식투자가 적성이 아닌 것으로 알려지고 있다. 상황이 불리하고 자기 판단이 잘못되었다고 생각하면 하루아침에 시세관을 180도 바꾸는 유연성이 주식투자에는 절대적으로 요구된다.

18. 팔고나서 올라도 애통해 하지 마라.

주식을 팔고 나서 오르면 일반 투자자들은 몹시 애통해 하는 것이 보통이다. 팔고 나서 오르는 것이 겁이 나서 제때에 팔지 못하는 사람도 많다. 주식은 천정에서 파는 소수의 사람을 제외하고는 팔고 나서 오르는 것이 정상이다. 팔고 나서 오르면 여유 있게 웃어라.

19. 움직이지 않는 주식에는 손을 대지 마라.

주가의 진행방향은 한번 정해지면 상당기간 동안 같은 방향으로 움직이므로 움직이는 방향에 편승하는 것이 가장 쉽고 확실한 투자방법이다. 움직이지 않는 주식은 지루하고 앞으로 오르게 될지 내리게 될지 잘 알 수 없으므로 그만큼 투자 위험이 커진다.

20. 인기주는 초기시세에 따라 붙어라.

주식에는 항상 인기주라는 것이 있어서 이들이 시장을 선도하고 등락폭이 심한 것도 인기주이다. 인기주는 초기에 뛰어들면 대성하고 뒤늦게 뛰어들면 대패한다.

21. 하루 이틀의 잔파도는 타지 마라.

하루 하루의 주가 등락은 거의 100% 우연성에 의해서 결정되기 때문에 그것을 예측하고 편성하는 것은 거의 불가능하다. 1일 파동 또는 2-3일 단위의 초단기매매는 결국 손실만 쌓아 가는 결과가 된다.

22. 10%의 주가 등락은 대세 전환일 경우가 많다.

주식투자는 시세의 큰 흐름에 편승하는 것이 기본이다. 그러나 대세가 전환되기 전에 빠져 나와야 하는 것이 중요하고 어려운 일인데 대세전환을 기계적으로 파악하는 방법이 이 방법이다. 주가가 바닥에서 10% 정도 오르면 대세 상승 전환인 경우가 많고 천정에서 10% 정도 하락하면 대세가 하락세로 전환되는 경우가 많기 때문이다.

23. 여유자금으로 투자하라.(생명줄에는 손대지 마라)

목숨이 걸린 돈이나 비상금으로 주식투자를 해서는 안된다. 주식시장의 시세가 좋다고 해서 생활비나 용도가 정해진 자금들을 동원해서 투자했다가 주가가 크게 하락하면 큰 손해를 보고 팔아야 한다. 그러므로 투자자금은 여유자금으로 한정해야 하며 투자자금을 항상 100% 주식에 투자한 상태로 끌고 가는 것은 좋은 방법이 못된다. 항상 현금보유비율이 30% 정도는 유지되는 것이 좋다.

25. 매입가격은 잊어버려라.

많은 투자자들이 자기의 원금을 기준으로 매매를 결정하기 때문에 적절한 매도 시점을 놓친다. 매매시점 결정에 있어서 자기가 산 값 같은 것은 전혀 고려되어서는 안되고 오로지 앞으로 주식이 더 오를 것인가 내릴 것인가의 전망에 따라서만 투자결정을 하여야 한다.

26. 하루종일 시세판을 쳐다보고 있어도 돈을 벌 수 없다.

주식에 중독이 되면 매분 매시간 주가 변화를 알고 싶어 못 견디지만 시간 시간의 주가 변화를 안다는 것은 투자에 휩쓸려 본의 아니게 뇌동매매를 하게 되므로 증권사 객장에는 되도록 나가지 않는 것이 좋다.

28. 매입은 천천히 매도는 신속하게 하라.

매입은 좀 느긋한 마음으로 낮은 가격을 골라서 사야하며 조급하게 따라 사는 것은 금물이다. 반대로 매도는 판다고 일단 생각했으면 가격고하를 불문하고 하루라도 빨리 파는 것이 좋다.

29. 나누어서 사고 나누어서 팔아라.

투자자들은 누구나 시세에 대한 100% 확신을 가질 수 없기 때문에 나누어서 매매함으로써 시황의 변화에 따라 매매를 조정할 수 있다. 따라서 분할매수와 분할매도만이 저점매수와 고점매도의 가장 효율적인 기법이다.

30 소문에 사고 뉴스에 팔아라.

재료는 소문단계에서 이미 주가에 대부분 반영되어 버리는 것이 보통이기 때문에 그것이 공식적으로 발표되면 재료로서의 가치가 거의 없어진다.

33. 재료가 반영되지 않으면 팔아라.

주식시세는 수급(需給)관계가 기본이고 재료는 부차적인 것이다. 호재가 반영되지 않으면 수급관계가 나쁜 증거로 장차 하락할 가능성이 많으며, 악재가 둔감하면 시장은 매수세력이 우세한 증거이므로 주가는 상승할 가능성이 많다.

35. 보합시세는 무너지는 쪽으로 붙어라.

보합은 언젠가 한쪽으로 무너지는데 어느 쪽으로 무너질지 사전에는 알 수 없는 것이 보통이다. 따라서 보합시세에서는 주식을 팔아 현금을 보유한 후 보합이 깨어질 때 깨어지는 방향으로 따라붙는 것이 원칙이다.

36. 천정권의 호재는 팔고 바닥권의 악재는 사라.

주가는 오르는 힘이 다하면 저절로 떨어지고, 장기간 바닥을 굳힌 후 서서히 오르기 시작하는 주가는 어떤 악재가 나와도 오른다. 그러므로 천정권에서 큰 호재로 주가가 폭등하면 팔아야 하고 바닥권에서 악재로 주가가 폭락하면 사야된다.

37. 대세는 오래가도 개별 종목시세는 짧다.

주식시장에서 장기간에 걸친 큰 시세가 나오는 경우에 모든 종목이 함께 상승하는 것은 아니다. 먼저 우량주가 오르고 다음에 보통주가 오르고 마지막에는 부실저가주가 오른다. 종합주가는 계속 오르지만 부실주가 천정부지로 오르는 동안에 먼저 오른 우량주는 시세가 끝나고 하락세로 들어간다.

38. 종목별로 상승하고 일제히 하락한다.

주가가 오르는 것은 미래에 대한 어떤 기대심리 때문이다. 기대는 단계적으로 커지기 때문에 주가도 업종별,종목별로 순환하면서 단계적으로 오른다. 반면에 주가가 하락하는 것은 인간의 불안 공포심 때문인데 인간의 불안의식은 순식간에 모든 사람에게 전파되는 경향이 있어서 주가가 하락할 때에는 업종이나 종목의 구분 없이 일제히 하락한다.

39. 달걀은 한 바구니에 담지마라.

주식시장에는 성격이 다른 여러 종류의 주식이 거래된다. 안정적인 자산주, 꿈이 있는 성장주, 인기류주, 저가부실주 등은 그 움직임이나 패턴이 있어서 한 두 종목에 집중하면 성공할 때에는 크게 남기지만 실패하면 크게 손해본다. 그러므로 적당한 종목수로 나누어 분산 투자하는 것이 종목선택의 기본이다.

40. 모두가 좋다는 종목은 피하는 것이 좋다.

모든 사람이 다 좋다는 주식은 모든 사람이 다 이미 주식을 사놓고 주가가 오르기만은 기다리고 있는 상태라고 볼 수 있다. 모든 사람이 주식을 다 사놓았기 때문에 더 이상 살 사람이 없어 주가가 오르기 어려울 뿐만 아니라 주가가 오르면 모든 사람이 다 팔려고 하기 때문에 주가는 오리려 떨어지기 쉽다.

41. 모든 재료가 곧 바로 주가에 반영되지는 않는다.

주가는 장래에 대한 기대를 가지고 오르지만 너무 먼 장래의 꿈은 재료로서의 가치가 미약하다. 먼 재료가 주가에 반영될 때까지는 시간이 오래 걸리므로 먼 정보를 미리 입수하거나 장래의 먼 전망을 가지고 주식을 사 놓아도 주가는 오르지 않는다. 재료는 일반 투자자에게 알려져야 주가에 반영되며 알려진 후에도 시장분위기나 인기흐름에 부합될 때까지는 주가가 오르지 않는다.

42. 신고가는 따라 붙어라.

신고가(新高價)가 나오면 주가가 너무 올랐다고 생각하지 쉽지만 긴 흐름으로 보면 신고가의 출현은 본격적인 상승의 신호인 경우가 많다. 신고가가 나오면 팔 것이 아니라 주식을 사야 하는 경우가 많다.

44. 매매기준은 주가 수준보다 대세흐름을 봐야한다.

주가의 수준을 가지고 매매기준을 삼아서는 안된다. 대시세의 시작이라고 생각하면 주가가 아무리 많이 올라도 따라 사야 하며 천정을 치고 하락하는 시세에서는 주가가 아무리 싸도 매입해서는 안된다. 주가 수준보다는 주가의 흐름을 봐서 매매해야 한다.

45. 기업분석에 지나치게 치중하지 마라.

기업내용이 좋은 주식을 언젠가는 오르고 기업내용이 나쁜 주식은 언젠가는 떨어진다. 그러나 주가는 기업내용과 일치하는 기간은 짧고 항상 기업내용과 동떨어진 상태에서 형성된다. 지나치게 기업내용에만 치중하면 시장의 흐름을 따라가지 못해서 투자에 크게 성공하지 못한다.

46. 장기간 움직임이 없던 주식이 오르기 시작하면 크게 오른다.

장기휴면 주식이 움직이기 시작하면 그만한 이유가 있어서 움직인다. 오랫동안 움직이지 않던 주식이 한번 오르기 시작하면 크게 오르는 것이 보통이므로 조금 올랐다고 좋은 기회라 생각하고 팔아버리는 것은 잘못된 방법이다.

47. 끼 있는 주식이 가장 잘 올라간다.

과거 주식시장의 총아로서 크게 활약을 한 바가 있는 주식이 다음에 오를 때에도 크게 오르는 경향이 있다. 큰손들이 작전에 한번 성공했기 때문에 다시 작전을 시도하는 경우도 있고 과거 재미를 보았던 주식은 투자자들이 좋은 인식을 가지고 있기 때문에 시세가 쉽게 형성되는 면이 있기 때문이다.

50. 밀짚모자는 겨울에 사라.

종목선택에 있어서 가장 중요한 격언으로 좋은 주식이 투자자들의 관심밖에 있어서 저가에 방치되어 있을 때 미리 사놓고 기다리는 방법을 말한다. 가장 쉽고 가장 크게 벌 수 있는 투자방법이 바로 이것인데 대부분의 투자자들은 움직이는 인기주만을 따라다니기를 좋아한다. 모든 물건은 수요가 있을 때 높은 가격을 형성한다. 투자자들이 증권·건설주에 집중하는 동안 소외된 종목을 사서 기다리는 것도 한 방법이다.

52. 손해보고 있는 종목부터 팔아라.

경험 없는 투자자들은 이익 나는 종목은 얼른 인식하고 손해난 종목만 장기간 가지고 있는데 돈을 벌려면 그 반대로 해야 한다.

53. 주식과 결혼하지 마라.

자기가 가진 주식에 지나친 애정을 가지고 장기간 보유하면 주식을 팔 기회를 잃어버린다. 또한 손해 본 주식을 장기간 버티기 작전을 하면 손실만 깊어질 따름이다. 달도 차면 기울고 화무십일 홍이며 권불십년이다.

54. 주가는 재료보다 선행한다.

투자자들이 주식을 사는 것은 미래에 대한 기대를 가지고 산다. 투자의 기준은 미래에 있으며 미래의 예상되는 재료에 따라서 현재의 주가가 결정되므로 주가는 언제나 재료보다 선행한다. 경기가 회복 기미만 보여도 주가는 이미 상승세로 바뀌고 재료가 실현되기 전에 주가는 이미 다 올라버린다.

55. 오르는 힘이 다하면 주가는 저절로 떨어진다.

주가는 재료를 가지고 움직이지만 재료가 주가를 올리는 원동력은 아니다. 주식시세를 올리는 원동력은 주식시장에 들어오는 자금이나 인기 등으로 구성되어 있는 추진에너지이다. 자금이나 인기는 어느 정도 기간이 지나면 한계에 달하여 추진에너지가 약화된다. 에너지가 약화되면 주가는 저절로 떨어진다.

56. 시세는 인기 7할, 재료 3할

주가는 재료만으로는 크게 오르지 못하고 인기가 붙어야 큰 시세가 날 수 있다. 재료만으로는 시세가 안되지만 인기가 강하면 재료를 만들어 낸다.

57. 금융장세는 대시세가 나온다.

주가는 대개 재료를 가지고 움직이는 것이 보통이다. 재료를 수반하고 움직이는 시세를 재료시세 또는 실적시세라 한다. 그러나 아무 재료도 없이 시중의 과잉유동성이 주식시장으로 몰려와서 큰 시세를 형성하는 것을 금융장세라고 하며 재료시세 보다 훨씬 큰 것이 보통이다.

58. 최후시세가 가장 크다.

시세가 처음 출발할 때에는 지루할 정도로 그 움직임이 완만하다. 주가상승이 어느 정도 진행하면 일반투자자들이 가세하기 시작하며 주가의 상승속도가 빨라진다. 주가가 눈에 뜨이게 상승하면 마침내 일반대중 투자자들이 구름 떼처럼 몰려와서 주가는 폭등세로 바뀐다. 대중 투자자들이 주식을 다 사고나면 더 이상 살 세력이 없어 주가는 천정을 치고 시세는 끝난다.

59. 수급은 모든 것에 우선한다.

주가도 일반상품 시세와 마찬가지로 근본적으로 수요와 공급에 의해서 결정된다. 사회적으로 유동성이 풍부하여 주식시장으로 자금이 밀려올 때에는 어떠한 악재에도 주가는 오르고 증자 등으로 주식물량이 과다해진 상태에서는 어떠한 호재나 부양책에도 주가는 하락하게 된다.

60. 촛불은 꺼지기 직전이 가장 밝다.

만인이 경악하는 시세가 나오면 주가는 천정을 치고 폭락한다.

61. 대량거래가 지속되면 천정의 징조다.

주식시세는 큰손이나 전문투자가들에 의해서 주도되는 것이 보통이다. 이들 시장전문가들은 바닥권이나 시세의 초기단계에서 매입했다가 시장활황을 보고 몰려드는 일반투자자나 대중투자자들이 매입에 열중할 때 보유주식을 사정없이 내다 판다. 전문가와 아마추어간에 손이 바뀌는 과정에서 대량거래가 수반되고 주가도 등락이 교차되는 혼조장세가 연출된다. 전문가들이 시장을 빠져나가면 시세는 대개는 천정을 친다.

62. 경계심이 강할 때에는 시세는 좀처럼 천정을 치지 않는다.

주식시세는 대개 급등세로 천정을 장식한다. 극단적으로 낙관적인 분위기가 천정의 중요한 특징이다. 경계심이 강한 시장 분위기는 아직 천정에 이르지 않았다는 증거가 된다.

63. 천정과 바닥은 계기가 된다.

익은 감은 건드리기만 해도 떨어지듯이 오르는 힘이 다한 주식시세는 조그마한 악재만 있어도 쉽게 무너진다. 또한 오랜기간 바닥을 굳힌 후 주가가 상승할 수 있는 충분한 에너지가 축적된 시세는 하찮은 핑계를 가지고 주가가 오르기 시작한다. 천정과 바닥의 여건이 충분히 성숙되면 조그마한 계기로 대세가 전환된다.

64. 바닥은 깊고 천정은 짧다.

주식시세가 진행되는 일반적인 패턴은 바닥기간이 가장 길고 상승기간은 매우 짧다. 주가가 급등하는 천정권의 시세는 극히 짧은 기간에 머물고 그로부터 또다시 기나긴 하락기간으로 들여가는 것이 보통이다. 시세가 천정권에 머무는 기간이 짧기 때문에 머뭇머뭇해서 주식을 팔 기회를 놓치지 말라는 격언이다. 천정3일 바닥 100일 이라는 격언도 있다.

65. 산이 높으면, 계곡도 깊다.

경제상황의 호전이나 시장인기에 의해서 주가가 크게 오르면 나중에 경제여건이 다시 악화되고 인기가 식으면 주가도 폭락한다. 따라서 주가가 큰 폭으로 오르면 계곡을 조심해야 한다.

66. 합창을 하면 주가는 반대로 움직인다.

모든 사람들이 주가가 반락하면 사겠다고 생각하고 있으면 반락은 오지 않고 많은 사람이 반등이 오면 팔겠다고 생각하면 반등은 오지않는다. 모든 사람이 큰 시세가 올 것이라고 생각하고 있으면 미리 주식을 모두 사놓고 큰 시세가 오면 팔겠다고 생각하고 있는 상태이므로 그런 경우 큰 시세는 오지 않는다.

67. 긴 보합은 폭등이나 폭락의 전조이다.

바닥권이나 상승시세의 중간의 큰 보합에서는 상승을 위한 충분한 시장에너지가 축적되었기 때문에 주가가 상승하면 큰 시세가 나올 가능성이 많다. 반대로 천정권이나 하락시세의 중간에서 생기는 긴 보합은 시세의 추진에너지가 소진되어 버린 것이므로 주가가 하락할 때 큰 폭으로 하락하는 것이 보통이다.

68. 인기는 순환한다.

인기는 유행처럼 변하는 것이 속성이다. 주식시세에서 한 업종이나 종목 집단에 인기가 집중해도 시간이 지나면서 신선미가 없어지면 인기는 식어지고 새로운 종목집단으로 이동한다. 주식시장의 인기는 업종별로 순환하는 것이 일반적인 패턴이다. 어떤 특정업종에만 인기가 지속되는 소위 파행인기시세도 있지만 그것도 그 업종의 인기지속기간이 길기 때문인 것으로 결국은 인기는 퇴조하고 새로운 인기대상을 찾아 주가는 이동한다.

69. 반락이 얕으면 큰 시세가 온다.

시세는 수요와 공급에 의해서 결정되지만 공급보다는 주로 수요의 크기 여하에 따라 시세의
방향이 결정된다. 조정국면에서 반락이 얕으면 대기매수세가 강하다는 증거이므로 반등할 때
크게 오르고 반락이 깊으면 매수세가 약한 것이므로 반등시세는 강하기가 어렵다.

70. 기회는 소녀처럼 왔다가 토끼처럼 달아난다.

주식투자는 매입시점과 매도시점을 잘 잡느냐에 따라서 성패가 좌우된다. 주식시세는 일년
열두 달 내내 있지만 최선의 매입시점과 매도시점은 순간적으로 지나가 버린다. 주식투자는
기회를 잘 활용하여야 하는 게임이다. 주가가 천정권에 있을 때 어물어물해서 팔 기회를 놓치면
순식간에 주가가 폭락하여 큰 손해를 보게 된다. 일단 결정했으면 바로 행동해야 하며 결단이
늦으면 투자를 그르친다.

●수급은 모든 재료에 우선한다

일반적으로 투자자들은 재료를 과신하는 경향이 있고 정보에 의존하려 한다. 그러나 주식
역시 하나의 상품이다. 수요가 있으면 어떤 악재가 있더라도 주가가 오르고 반대로 시중
자금이 말라 수요가 부족하면 아무리 좋은 재료가 있더라도 주가는 약세를 면치 못할
것이다. 이와 관련한 다른 격언으로 '오름시세의 악재는 사라'는 것이 있다.

●대중은 항상 틀린다

일반 투자자들은 항상 주가상승 초기에는 손실에 대한 두려움을 갖고 있다. 이 같은 두려움
은 기관들이 한창 이익을 낸 후에야 가시게 된다. 대중들이 자신감을 가지고 증시에 들어
올 때 기관들은 물러날 준비를 하게 된다. 이와 유사한 격언으로 '대중이 가는 뒷길에
꽃밭이 있다'라는 것이 있다. 대중들이 손실을 보고 바닥권에서 주식을 팔면 다시 그 주식
이 오를 때가 된다는 데서 나온 것이다.

●무릎에서 사고 어깨에서 팔아라=주가는 항상 움직이지 않는다.

침체기를 거친 주가는 대체로 수직 상승하는 경우는 드물고 커브를 그리며 올라간다.
전문가들은 침체기보다는 일정수준 움직이기 시작할 때 투자를 한다. 반대로 주가가

오를 만큼 올라가 모두가 팔려고 할 때는 팔 수 없기 때문에 일정 수준 이익을 내면 팔고 다른 종목으로 옮겨간다. 전문가는 바닥 상투에서 승부를 내지 않는다라는 격언도 같은 것이다.

●'싼 게 비지떡'

싼 게 비지떡. 값이 싼 주식이 앞으로 오를 가능성이 높다고 생각하기 쉽다. 그러나 주식값이 싼 것은 기업내용이 좋지 않거나 전망이 불투명하기 때문인 경우가 많다. 주가가 상승할 땐 우량 고가주가 먼저 움직인다.

●'오를 때 팔아라'

증권 투자자들은 갖고 있는 주식의 가격이 떨어지면 팔고 오르면 보유하려는 경향을 보인다. 이 같은 성향을 반대로 이용, 오를 때 팔고 내릴 때 사는 것이 시세 차익을 극대화하는 길이다.

●'잘 뛰는 말을 타라'

확신이 있으면 가격이 올랐더라도 가격에 구애받지 말고 소신껏 투자하라.

●증시는 물레방아… 자금력이 원천

물레방아의 에너지원은 물이다. 물의 낙차를 이용해 방아를 찧기 때문에 수량이 풍부하면 힘차게 돌아간다. 주식시장도 마찬가지다. 증시 주변자금이 풍부해지면 힘차게 돌아간다. 이때는 조그만 호재도 크게 부풀려지고 웬만한 악재는 무시된다.
반면 시중유동성이 부족해지면 상승은 일시적이고 제한적일 수밖에 없다. 증시의 자금동향을 알려면 증시뿐만 아니라 금융 산업 등 전체적인 흐름을 주시해야한다.

●시작은 소녀, 마무리는 토끼처럼

주식을 살 때는 느긋한 마음을 가지고 고르는 것이 좋다. 조급하게 따라 사는 것은 금물이다. 반면 일단 판다고 생각했으면 가격을 불문하고 하루라도 빨리 파는 것이 좋다. 팔아놓은 다음 생각하고 생각해보고 사라.

●"기다리는 봄은 오지 않는다"

"기다리는 봄은 오지 않는다"라는 매우 흔한 증시격언이 있다. 이 말은 전체적인 장세에만 해당되는 것이 아니라 매매시점을 선택할 때도 상당히 유용하다. 예컨대 주식시장에서 각종 악재와 매물소화를 기다리면서 철저하게 저점매수 기회를 엿보고 있는 사람들이 많이 있다. 그러나 누구나 그런 기회를 기다리고 있기 때문에 결국 적절한 매수시점을 포착하지 못할 수 있다. 투자자들은 발만 동동 구르고 있다가 상승하는 주식을 잡지 못한다. 이런 경우에는 다른 투자자와는 전혀 다른 매매패턴이나 예상되지 않는 방식의 매매를 고려해 보는 것도 수익달성을 위한 하나의 방법일 것이다.

●'시세는 천리동풍'

주식과 부동산 시세는 천정과 바닥이 어딘지 아무도 모른다. 그러나 분명한 것은 상승이나 하락바람이 불면 결정적인 계기가 생길 때까지 오래 간다는 점. 한번 상승세로 전환했다고 쉽게 팔아서도 안되고 하락 과정중 잠시 반등할 때 사서도 안된다. 기다리는 자에게 돈복은 돌아가게 마련이다.

●제철이 지난 과일은 먹지 마라.

겨울에 먹는 수박, 여름에 먹는 배는 귀하기 때문에 색다른 맛이 있을 수 있으나 제 맛을 느끼기도 어렵고 비싸다. 과일은 제철이 시작될 때 사 먹어야 제 맛을 느끼며 값싸게 많이 먹을 수 있다. 그렇다면 주식은 어떨까. "하락장세 이후에는 안이하게 사지 말라"란 증시격언이 있다. 여기서 큰 장세란 제철을 말하는 것이고 수익률을 크게 냈던 주식은 조금 쌀지 모르나 한물 지나간 떨이 과일인 것이다.
이러한 흐름에 비춰본다면 투자자는 지금이 어느 계절이고 어떤 과일이 열릴 차례인지 파악해야 한다.
지금 자신이 보유한 종목이 제철에 맞는 주식인지 판단해보고 제철이 다가올 수 있는 종목이라면 우직하게 기다리는 자세도 필요하다.

●장세의 흐름을 읽어라

눈앞의 시세로 장세를 예측하지 말라는 투자격언이 있다.
이는 투자자들이 감각적인 기준으로 장세를 예측해 오르면 끝없이 오를 것 같은 탐욕이 생기고, 내리면 끝없이 내릴 것 같은 공포감이 생겨 장세의 흐름을 거꾸로 타는 경우가 많음을 두고 한 말이다.
검술에서 상대를 이기려면 상대의 칼끝을 보기보다는 상대의 마음을 읽어야 하며, 바둑에서 상대를 이기려면 상대의 동작보다 바둑전체의 흐름을 읽어야 하듯이 주식투자에서 성공하려면 하루하루의 등락에 신경 쓰기보다는 전체 장세의 흐름을 읽어야 한다. 장세의 흐름을 정확히 읽으려면 단기적인 주가등락보다도 경제여건 분석과 구조적인 증시환경 분석에 더 초점을 맞춰야 함은 물론이다.

● 떨어지는 칼을 손으로 잡지 말라

"떨어지는 칼을 손으로 잡지 말라"는 증시격언이 있다.

이는 일봉이 음선을 연속으로 내면서 완전한 하락기에 접어들 때는 함부로 매수에 가담해서는 안된다는 뜻이다. 칼을 손으로 잡을 수 없듯 떨어지는 주가를 투자자들이 감당해 내지는 못하기 때문이다.

하락기에서 일시적인 반등이 있을 수 있지만 이는 추가적인 하락을 위한 조정일 뿐이며 대세의 상승반전을 위해서는 통상 작은 봉우리를 몇 개씩 만들고 쉬어 가는 체력의 비축과정이 필요하다.

이때의 이동평균선은 우하향하는 모습을 나타내고 반전을 모색하더라도 상당기간 이동평균선이 꼬이는 모습이 나타난다. 따라서 정배열상태로 재수습하는 과정까지는 상당기간이 소요된다. 이러한 시기에는 목표수익률을 낮추고 발빠르게 매매에 임하는 전략이 필요하다.

● 1%가 소문을 만들고 99%가 뒤를 쫓는다 ＝증시에서 떠도는 소문을 과신하지 말라는 뜻이다.

시장은 흔히 풍문의 진원지로 지목된다. 그러나 증권시장은 풍문의 출발지라기보다 풍문이 모여드는 곳이다. 주식투자자들은 각계각층에 분산돼 있는 만큼 각종 정보가 쉽게 증시로 흘러 들어오기 때문이다.

따라서 증시주변에는 기업에 대한 소문뿐만 아니라 정치 사회 경제 등주가를 움직일 수 있는 각종 풍문이 많다. 그러나 풍문은 여러 사람을 거치는 사이에 과장되기 쉽고 심지어 사실과 전혀 다른 것으로 변질되는 경우도 많다.

● 연 날릴 때는 줄을 모두 풀지 않는다 ＝기회가 왔다고 해서 모든 자금을 쏟아 붓지는 말라는 의미다.

주식투자의 기본은 나누어 사고 나누어 파는 기술이다. 오를 때는 나누어 팔면서 따라가고 내릴 때는 조금씩 나누어 사면서 따라가도 충분하다."지금이 정말 기회"라고 생각되어도 절반만 투자하라. 그러면 실패할 확률은 4분의1로 줄어든다.

●꼬이기 시작하면 그만둬라

주식투자는 리듬이 잘 맞을 때는 투자하는 족족 크게 성공하지만 한번 꼬이기 시작하면 실패를 거듭하게 된다. 이럴 때에는 모든 것을 정리하고 몇 개월 정도 쉬고 나서 새로운 마음으로 시작하라는 뜻이다.

●노력하는 사람만이 성공한다.

주식투자에 성공하기 위해서는 침착. 냉정해야 하며 사물의 이면을 꿰뚫어 볼 수 있는 예리한 판단력이 있어야 한다. 매사에 세심한 조심성이 있어야 하지만 때로는 얼음구덩이 속으로 뛰어들 수 있는 과단성도 있어야 한다. 기회가 올 때까지 바위처럼 기다리는 인내심이 있어야 하고 기회를 놓치지 않는 기민성도 있어야 한다. 이렇게 볼 때 주식투자에 성공하기 위해서는 완벽한 인간이 되어야 한다는 의미가 된다.

그러나 불완전한 것이 인간이기 때문에 완전할 수는 없지만 완전을 향한 끊임없는 자기노력 없이는 투자성과의 향상을 기대할 수 없다. 주식투자에서 얻어지는 성과는 흔히들 생각하듯 불로소득이나 투기에 의한 횡재가 아니라 피나는 노력을 한 투자자들에게만 돌아가는 하나의 인간승리다

●천정과 바닥은 때가 있다

주가는 하락할 만큼 하락하면 더 이상 떨어지지 않는다. 이를 "바닥시세"라 하는데 이것이 일정기간 계속되고 주가상승여건이 충분히 조성되면 주가는 저절로 상승하게 된다. 작은 계기만 있어도 이를 펑계로 주가가 상승세로 돌아선다. 반대로 주가가 장기간에 걸쳐 큰 폭으로 오르고 나면 주가는 크게 무너진다. 익은 감은 건드리기만 해도 떨어지듯이 상승추진력이 다한 시세는 하찮은 계기로도 천정을 치는 일이 많다. 따라서 상승여건이 조성되지 않은 주가는 아무리 큰 재료나 부양책이 있어도 오르지 못한다. 또 아직 상승여력이 있는 시세는 시장규제 등으로도 여간해 선 상승세가 꺾이지 않는다. 주가는 내릴 만큼 내리면 저절로 올라가고 오를 만큼 오르면 저절로 떨어진다.

●귀가 얇으면 득보다 실이 많다.

증권시장 주변에는 크고 작은 소문이 끊임없이 나돈다. "어느 회사가 신약을 개발했다" "외자유치에 성공했다"는 등 개별기업에 대한 풍문이 나돈다. 또 큼직한 부양대책이 곧 발표될 것이라는 등 장세 전체를 움직일 만한 소문들도 나온다. 이들 풍문은 가끔 사실로 확인되는 경우도 있지만 대부분 루머로 끝난다.

특히 장세가 대호황을 보일 때는 좋은 풍문이 많이 나와 호황을 더욱 부추기고 장세가

침체됐을 때는 좋지 않은 풍문이 쏟아져 계속 침체될 것 같은 분위기를 조성한다.
따라서 증시 주변에 나도는 크고 작은 풍문에 너무 민감하다 보면 사야할 때 팔고 팔아야
할 때 사는 오류를 범해 결국 손실을 보게 된다. 주위에서 나도는 온갖 풍문에 너무 현혹
되지 말고 대세를 나름대로 파악해 소신껏 투자하는 자세가 필요하다.

●아무리 깊은 바다라도 바닥이 있다

주식시세가 오를 때는 계속 오를 것 같고 반대로 내릴 때는 한없이 내릴 것 같은 생각이
든다. 그래서 좀처럼 매입이나 매도대열에 가담하기 힘든 게 사실이다. 그러나 주가 상승
이나 하락에는 반드시 한계가 있다. 침체장세에서 바닥시세로 판단하고 주식을 매입했는
데 계속 시세가 내릴 경우에는 당황하기 쉽다. 얕은 물은 바닥을 볼 수 있지만 깊은 바다
일수록 앞을 볼 수 없는 어둠이 계속될 것이다.

 그러나 설움을 삭이고 기다리면 결국 바닥이 오기 마련이다. 현명한 투자자라면 모든
투자자들이 어둡고 지루한 장세라고 팔 기회만을 노릴 때 언젠가는 바닥이 있을 것이라
는 기대로 주식매입에 나설 것이다. 쌀 때 사서 비쌀 때 파는 것이 주식시장에서 돈을
벌 수 있는 영원한 진리임을 음미하면…

●처분한 주식은 돌아보지 말라

주식투자자들은 흔히 자신이 내린 판단에 대해 의심을 갖고 갈등에 빠지는 경우가 많다. 한번
팔아 치운 주식에 대해 끊임없이 관심을 가지고 매일 시세판을 들여다본다.
특히 매도한 주식이 상승할 때는 "더 높은 수익을 얻을 수 있었는데"하는 아쉬움을 떨치
지 못하고 미련을 갖는다. 그러나 이미 지나가 버린 일에 대해 또 다시 생각하는 것은
주식투자에 아무런 도움이 되지 않는다는 점을 명심해야 한다.
아무리 안타까워해도 그 주식은 더 이상 내 것이 아니기 때문이다. 또 내재가치에 합당한
주가가 형성돼 적당한 이익을 실현하고 주식을 처분했는데도 가격이 오른다면 대체로
거품인 경우가 많다.
충분히 생각한 후 매도한 주식이라면 다시 돌아보지 말자. 오히려 그 시간을 다른 내재가
치 우량종목을 찾는데 투입하는 게 투자에 훨씬 도움이 된다.

●반드시 여유자금으로

증권시장의 투자격언 중엔 "주가와 개구리 뛰는 방향은 알 수 없다"는 얘기가 있다. 주가움
직임을 예견하는 것은 그만큼 어렵다는 뜻이다. 여유자금이 아니라면 아쉬운 생각이 들
더라도 미련을 가지거나 투자를 해서는 안된다는 말이다.

여유자금이 아닐 경우 "꼭 돈을 벌어야 한다"거나 "단시일 내에 결판을 내겠다"는 생각이 앞서게 되는 것이 일반적이다. 이처럼 초조해질 경우 성공투자는 멀어질 수밖에 없다. 남으로부터 빌린 돈은 주식투자에 가장 곤란한 자금중의 하나이다. 빌린 돈으로 주식을 사면 "손해를 보면 큰 일"이라는 부담감을 피하기가 어렵다. 이런 마음상태로는 판단이 흐려지고 무리수도 두게 돼 성공투자와의 거리가 멀어진다.

빌린 돈에 대한 이자부담과 주식투자의 손해가 겹칠 경우 물질적 정신적으로 엄청난 고통을 겪기도 한다. 만약에 이런 초조함을 느끼지 못하는 사람이 있다면 돈을 빌려 투자해도 괜찮겠지만 이처럼 도통한 사람이 과연 몇이나 될까싶다. 오래지않아 써야될 생활비나 아파트 중도금 혹은 학자금 등을 이용해 잠시투자를 하겠다고 나서는 것도 금물이다. "주가가 조금만 올라도 은행예금보다는 나을 것"이라고 생각하겠지만 주식시장은 그처럼 만만한 곳이 아니다. 까딱 잘못하면 고생 끝에 마련한 자신의 아파트에 입주하지 못하거나 등록금문제로 아이들을 휴학시키는 비극이 초래될 수도 있다. 회사를 그만두고 받은 퇴직금으로 주식투자에 나서는 것도 결코 권할 바가 못 되는 일이다. 물론 퇴직금을 제법 많이 받았다면 그중 일부로 주식투자를 할 수는 있겠지만 퇴직금을 전액 주식에 쏟아 붓거나 주식투자로 생활비를 벌겠다는 생각은 곤란하다. 극단적으로 말하면 "이 돈은 잃어버려도 아깝지 않다"는 생각을 할 수 있는

자금이 아니라면 주식투자에 나서지 말라는 얘기다.

●가장 어리석은 11가지 주식투자 – 피터린치

1. 떨어질 만큼 떨어졌기 대문에 더 이상 떨어질 리 없다.
2. 바닥 시세로 잡을 수 있다.
3. 이미 오를 만큼 올랐는데 어떻게 더 오를 수 있겠는가?
4. 고작 3달러 짜리 주식인데 손해봐야 얼마나 더 보겠는가?
5. 언젠가는 결국 회복되겠지!
6. 어두운 밤이 지나면 새벽이 온다.
7. 10달러까지 회복되면 팔겠다.
8. 걱정할 게 없어. 안정주는 가격변동이 심하지 않으니까!
9. 무언가 터지기를 기다리기엔 너무 지겹다.
10. 그 주식을 샀더라면 떼돈을 벌었을 텐데.
11. 이번에는 놓쳤지만 다음 번에는 꼭 잡고야 말겠다.

●존템플턴 투자 9원칙

1. 실제수익을 보고 투자하라=세금 물가상승률 등을 감안해 이익을 남길 수 있어야 하며 장

기 고정금리상품은 바람직하지 않다

2. 마음을 열어 두라＝오늘의 비인기종목이 내일의 인기종목이 될 수도 있다

3. 일반대중을 따르지 말라

4. 모든 것은 변한다＝강세장과 약세장은 항상 일시적이기 마련이다

5. 인기를 피해 투자하라＝인기종목이 계속 지속되는 것은 아니다

6. 실패를 통해 배워라＝과거의 실수를 되풀이하지 않는다

7. 저평가주식을 찾아라

8. 전 세계를 대상으로 투자하라＝분산 투자해야 한다

9. 모든 것을 아는 투자자는 없다.